万卷方法®

$$s = \sqrt{\dfrac{\Sigma\left(X - \overline{X}\right)^2}{n-1}}$$

STATISTICS FOR PEOPLE WHO
(THINK THEY) HATE STATISTICS **3rd ed**

爱上统计学

中译本 第2版

(美)尼尔·J.萨尔金德 著

史玲玲 译

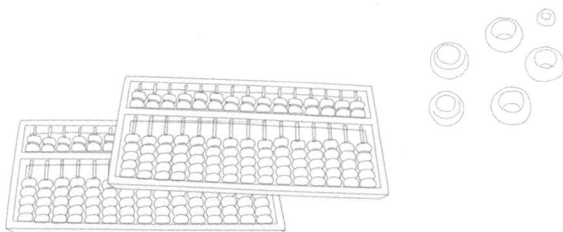

重庆大学出版社

STATISTICS FOR PEOPLE WHO (THINK THEY) HATE STATISTICS, 3rd edition by Neil J. Salkind.
English language edition published by Sage Publications of Thousand Oaks, London, New Delhi, Singapore and Washington D. C., © 2008 by Sage Publications, Inc.

All rights reserved, No part of this book may be reproduced or utilized in any form or by any means, electronic or mechanical, including photocopying, recording, or by any information storage and retrieval system, without permission in writing from the publisher. CHINESE SIMPLIFIED language edition published by CHONGQING UNIVERSITY PRESS, Copyright © 2011 by Chongqing University Press.

《爱上统计学》原书英文版由 Sage 出版公司出版。原书版权属 Sage 出版公司。

本书简体中文版专有出版权由 Sage 出版公司授予重庆大学出版社,未经出版者书面许可,不得以任何形式复制。

版贸渝核字(2010) 第 16 号

图书在版编目(CIP)数据

爱上统计学/(美)萨尔金德(Salkind, N.J.)著;
史玲玲译.—2 版.—重庆:重庆大学出版社,2011.1(2024.9 重印)
(万卷方法)
书名原文:Statistics for People Who(Think They)
Hate Statistics
ISBN 978-7-5624-5891-3

Ⅰ.①爱⋯ Ⅱ.①萨⋯②史⋯ Ⅲ.①统计学—研究
Ⅳ.①C8

中国版本图书馆 CIP 数据核字(2010) 第 252975 号

爱上统计学

(中译本第 2 版)

萨尔金德(Salkind, N. J.) 著
史玲玲 译
策划编辑:雷少波 林佳木
责任编辑:林佳木 版式设计:林佳木
责任校对:关德强 责任印制:张 策

*

重庆大学出版社出版发行
出版人:陈晓阳
社址:重庆市沙坪坝区大学城西路 21 号
邮编:401331
电话:(023) 88617190 88617185(中小学)
传真:(023) 88617186 88617166
网址:http://www.cqup.com.cn
邮箱:fxk@ cqup.com.cn (营销中心)
全国新华书店经销
重庆市正前方彩色印刷有限公司印刷

*

开本:787mm×1092mm 1/16 印张:17 字数:325千
2011 年 1 月第 2 版 2024 年 9 月第 13 次印刷
ISBN 978-7-5624-5891-3 定价:39.80 元

给学生的话：我为什么写这本书

作者前言

这是新的版本，也是我教学生涯的新时期。我很幸运能够继续给不同水平、不同类型的学生教授基础统计学，而且在教学中获得的受益远甚于过去。

大多数学生（这么多年仍然）具有的共同特点（至少在这门课程开始的时候）是相当的焦虑，焦虑的原因通常来自他们从其他学生那里**听来**的经验之谈。一般来说，他们听到的一小部分是正确的——学习统计学要投入很多的时间和精力（而且偶尔还会遇到"怪物"老师）。但是他们听到的大部分（这是他们焦虑的主要原因）——统计学特别难学，令人困扰——是不正确的。实际上大多数被吓倒的学生都通过了他们以为不能通过的课程。只要集中精力，按部就班，将基本原理应用于真实的生活来理解，他们都能通过这门课程，甚至能够在这个过程中得到乐趣。这是我在写《爱上统计学》前两版时尽力去做的，在这一版的修订中我会更加努力来做到这一点。

在经过不断地摸索以及少量成功大量失败的尝试之后，我已经学会了以某种方式教授统计学，我和我的许多学生认为这种方式不会让人感到害怕，同时能够传递大量的信息。我已经尽了最大的努力将所有的经验都吸收到这本书中。

通过这本书可以了解基础统计学的范围并学习所有应该掌握的知识，也可以了解整理和分析数据的基本思路和最常用的技术。本书理论部分有一些，但是很少，数学证明或特定数学公式的原理讨论也很少。

为什么《爱上统计学》这本书不增加更多理论内容？很简单，初学者不需要。这并不是我认为理论不重要，而是在学习的这个阶段，我想提供的是我认为通过一定程度的努力可以理解和掌握的资料，同时又不会让你感到害怕而放弃将来选修更多的课程。我和其他老师都希望你能通过这门课程。

因此，如果你想详细了解方差分析中 F 值的含义，可以从 Sage 出版社查找其他的好书（很乐意给大家推荐书目）。但是如果你想了解统计学为什么以及如何为你所用，这本书很合适。这本书能帮助你理解在专业文章中看到的资料，解释许多统计分析结果的意义，并且能教你运用基本的统计过程。

如果你想讨论教授或学习统计学的任何问题，可以随时和我联系。我的学校 E-mail 是 njs@ ku.edu。祝大家好运，希望你们能让我知道如何修订这本书才能更好地满足初学统计学的学生的需求。

致　谢

每一个人，我是说在 sage 出版社工作的每一个人（包括投递服务部的斯蒂夫和合约部的沙伦）都应该得到衷心的感谢，感谢他们的支持、建议和专业修养，这样的专业修养让他们采纳了我的一个小想法（那是在第一版出版以前），使其变成大家现在正在阅读的这本书，并且很成功。

但是这里必须特别感谢一些人的关注和辛勤工作。莉萨·奎瓦斯·肖（Lisa Cuevas Shaw）是每个作者梦想中的编辑——她是作者和他的工作的支持者，各种好的、坏的想法的聆听者，而且始终能够提供反馈和支持。她引导这项工作的两个版本（我的另一本题为"for people"的书）达到现在可见的成功。副主编马戈·克鲁彭（Margo Crouppen）是另一个每天都联络的人，她能看到每天需要完成的重要的工作，而且使得工作保持正规，直到出版。我欠她人情。其他需要特别提到的人是编辑助理卡伦·格林（Karen Greene）、市场经理斯特凡妮·亚当斯（Stephanie Adams）和制作编辑韦罗妮卡·斯特普尔顿（Veronica Stapleton）。特别感谢里安·列赫（Liann Lech），她有锐利的眼睛和很好的平面排版技术，使得这本书以现在这种好读的形式呈现。

Sage出版社感谢以下书评人的洞见和建议：

Paul L. Jamison
印地安那大学伯明顿分校

Mark E. Correia
圣何塞州立大学

Jiunn—Jye（JJ）Sheu
佛罗里达大学健康教育和行为系

Autumn R. Benner
明尼苏达州立大学曼卡多分校

Thom Dunn
北科罗拉多大学

Alan Bougere，PhD，LCSW
南密西西比大学

Lisa S. Patchner，MSW，DrPH
波尔州立大学

Ron Oliver
加州州立大学富尔顿分校

Joseph P. Schwieterman
德保罗大学

Robert W. Quesal
西伊利诺伊大学

现在，关于第3版……

以上的内容说明了我写这本书的最初想法，但是关于新的版本介绍很少。

任何一本书都需要不断修订，《爱上统计学》也不例外。过去的六年许多人曾告诉我这本书是多么的有帮助，但是其他人也告诉我他们多么想让这本书做出修订以及为什么。在修订的过程中我尽力满足这两部分人的需求。书中部分内容仍保留，部分做出了修订。

总是有新的事物值得关注,同时也需要用不同的方式重新理解老的主题和观念。以下的清单是《爱上统计学》中新的内容。

- 在每一章的最后增加了新的练习题。不是简单的数量增加,每一个题在应用水平和兴趣(我希望大家有)方面都有很大的变化。这些练习题使用的数据集可以在 http://www.sagepub.com/salkindstudy 下载,也可以在作者主页 http://soe.ku.edu/faculty/salkind/stats_fpwhs3e 下载。

- 这些数据集仍然以两种形式存在——SPSS(流行的统计分析软件)和 Excel(许多人使用电子表格分析数据)。可以在本书附录 C 获得这些数据,也可以在 http://www.sagepub.com/salkindstudy 和作者主页 http://soe.ku.edu/faculty/salkind/stats_fpwhs3e 获得在线数据。

- "练习时间"中问题的答案放在本书的最后,不再放在每章的最后。这样更容易让问题集中排列在一起(而且学生偷看答案会困难一点)。

- 信度和效度的内容移到本书的第一部分,而不再放在后面的部分。这样做是接受了本书读者的一些建议——这部分的内容越早出现越容易理解。这是本书资料组织方面唯一重要的改变。

- 第 3 版使用 SPSS 提供的较新的版本——SPSS 15.0。通常情况下,使用 SPSS 11.0 甚至更早的版本可以完成大多数练习题,也可以打开最新版本建立的数据文件。

- 第 3 版中出现的所有错误都是我的责任,我向被这些错误困扰的老师和学生道歉。我非常感谢所有那些指正错误并使得本版更好的信件、电话和电子邮件。在这一版,我们每个人都尽力修改之前的错误,并希望工作做得更好。期望能收到大家的建议、批评和意见。祝大家好运。

尼尔·J.萨尔金德

堪萨斯大学

njs@ku.edu

作者简介

尼尔·J.萨尔金德(Neil J. Salkind)在堪萨斯大学心理学和教育学研究系从教 35 年。他开设的课程有发展理论、生命全程发展理论、统计学和研究方法。他获得马里兰大学人类发展的博士学位,发表了 80 多篇专业文章,也是一些大学教材的作者,如《人类发展理论导论》(Sage,2004)、《爱上检验和测量》(Sage,2006)。他是 1989—2002 年的《儿童发展研究摘要和目录》的编辑。他在儿童发展协会和美国心理学协会很活跃,并担任美国心理学协会第七发展分部的部长。他在贸易领域也有很多著述。他住在堪萨斯州劳伦斯市一所需要经常维护的老房子里,喜欢烹饪、游泳、收集图书、阅读以及收藏古典沃尔夫 P1800。

目录

第 I 部分 耶！我在学统计学

1 统计学还是虐待学？由你决定 ················· 4
　为什么学习统计学 ····················· 4
　5 分钟统计学简史 ····················· 4
　统计学：是什么（或不是什么） ············· 5
　我在统计学课堂上做什么 ················· 7
　使用这本书的十种方式（同时也在学统计学略！） ··· 8
　关于那些符号 ······················· 9
　难度指数 ·························· 10

第 II 部分 西格玛·弗洛伊德和描述统计

2 必须完成的功课——计算和理解平均数 ········· 14
　计算均值 ·························· 14
　需要记忆的内容 ····················· 15
　计算中位数 ························· 17
　需要记忆的内容 ····················· 19
　计算众数 ·························· 19
　何时用什么 ························· 20
　应用计算机并计算描述统计值 ·············· 21

3 性别差异——理解变异性 ················· 25
　为什么理解变异性很重要 ················· 25
　计算极差 ·························· 26
　计算标准差 ························· 26
　需要记忆的内容 ····················· 29
　计算方差 ·························· 29
　使用计算机计算变异性量数 ··············· 30

4 一幅图真的相当于千言万语 ··············· 33
　为什么要用图表说明数据 ················· 33
　好图表的十个方面（少贪新，多练习） ·········· 33
　初步之初：建立频数分布 ················· 34
　图形密度：建立直方图 ·················· 35
　扁平和狭长的频数分布 ·················· 40

其他用图表显示数据的绝妙方法 ·· 42

使用计算机图示数据 ·· 44

5 冰淇淋和犯罪——计算相关系数 ·· 51

相关系数到底是什么 ·· 51

需要记忆的内容 ·· 52

计算简单相关系数 ·· 53

理解相关系数的含义 ·· 58

决定性的努力:相关系数平方 ·· 59

其他重要的相关系数 ·· 61

使用计算机计算相关系数 ·· 61

6 这就是真相——理解信度和效度 ·· 67

信度和效度介绍 ·· 67

关于测量尺度 ·· 68

信度——再做一次直到得到正确的值 ······································ 70

使用计算机计算克隆巴赫系数 ·· 75

效度——哦! 什么是真实的 ·· 77

信度和效度:很亲密的堂表兄弟关系 ·· 79

第Ⅲ部分 抓住那些有趣又有利的机会

7 你和假设:检验你的问题 ·· 82

也许你想成为一个科学家 ·· 82

零假设 ·· 83

研究假设 ·· 84

好假设的标准是什么 ·· 87

8 你的曲线是正态的吗——概率和概率的重要性 ···························· 90

为什么学习概率 ·· 90

正态曲线(或钟型曲线) ·· 90

我们最中意的标准值:z 值 ·· 94

使用计算机计算 z 值 ·· 100

第Ⅳ部分 显著性差异——使用推论统计

9 显著性的显著——对你我来说意味着什么 ·································· 104

显著性的概念 ·· 104

显著性与意义 ·· 108

推论统计介绍 ·· 109

显著性检验介绍 ·· 112

10 两个群体的 t 检验——不同群体的均值检验 ···························· 115

独立样本 t 检验介绍 ·· 115

计算检验统计量 ·· 116

特殊效果:差异是真实的吗 ·· 120

使用计算机进行 t 检验 ·· 122

11　两个群体的 t 检验（又是）——两个相关群体的均值检验 ……………… 127
　　　非独立样本 t 检验介绍 ………………………………………… 127
　　　计算检验统计量 ………………………………………………… 129
　　　使用计算机进行 t 检验 ………………………………………… 131

12　两个群体是否太多？——尝试进行方差分析 ……………………………… 136
　　　方差分析介绍 …………………………………………………… 136
　　　计算 F 检验统计量 …………………………………………… 139
　　　使用计算机计算 F 比率 ……………………………………… 144

13　两个因素——析因方差分析 ………………………………………………… 149
　　　析因方差分析介绍 ……………………………………………… 149
　　　主要方面：析因方差分析中的主效应 ………………………… 152
　　　更有趣的方面：交互效应 ……………………………………… 153
　　　需要记忆的内容 ………………………………………………… 154
　　　计算检验统计量 ………………………………………………… 154

14　近亲还是好朋友——使用相关系数检验关系 …………………………… 158
　　　相关系数检验的介绍 …………………………………………… 158
　　　计算检验统计量 ………………………………………………… 160
　　　使用计算机计算相关系数 ……………………………………… 163

15　预测谁将赢得超级杯——使用线性回归 ………………………………… 166
　　　什么是估计 ……………………………………………………… 166
　　　估计的逻辑 ……………………………………………………… 167
　　　绘制拟合数据的最优直线 ……………………………………… 169
　　　使用计算机计算回归线 ………………………………………… 172
　　　估计变量越多就越好？也许是 ………………………………… 174

16　非正态分布时做什么——卡方和其他非参数检验 ……………………… 178
　　　非参数统计的介绍 ……………………………………………… 178
　　　单样本卡方检验介绍 …………………………………………… 178
　　　计算卡方检验统计量 …………………………………………… 179
　　　使用计算机进行卡方检验 ……………………………………… 181
　　　你应该了解的其他非参数检验 ………………………………… 183

17　你应该了解的其他重要的统计过程 ……………………………………… 185
　　　多元方差分析 …………………………………………………… 185
　　　重复测量的方差分析 …………………………………………… 185
　　　协方差分析 ……………………………………………………… 186
　　　多元回归 ………………………………………………………… 186
　　　因子分析 ………………………………………………………… 187
　　　路径分析 ………………………………………………………… 187
　　　结构方程模型 …………………………………………………… 188

18　统计软件简介 ……………………………………………………………… 189
　　　选择合适的统计软件 …………………………………………… 189
　　　具体介绍 ………………………………………………………… 190

第 V 部分　你得了解和记忆的内容

19　10 个(或更多)最好的统计网址 …………………………………………… 198

　　成堆的资源 ……………………………………………………………… 198

　　大量的计算器 …………………………………………………………… 198

　　谁是谁以及发生了什么 ………………………………………………… 199

　　都在这里 ………………………………………………………………… 199

　　超级统计(HyperStat) …………………………………………………… 199

　　数据,你想要数据 ……………………………………………………… 200

　　越来越多的资源 ………………………………………………………… 201

　　容易,但是有趣 ………………………………………………………… 201

　　通过网络学习统计学如何 ……………………………………………… 201

　　在线统计学教学资料 …………………………………………………… 201

　　越来越多的资料 ………………………………………………………… 201

20　收集数据的 10 个原则 …………………………………………………… 203

附录 A　30 分钟 SPSS 教学 …………………………………………………… 205

附录 B　数据表 ………………………………………………………………… 222

附录 C　数据集 ………………………………………………………………… 232

附录 D　练习题参考答案 ……………………………………………………… 243

词汇表 …………………………………………………………………………… 261

耶！
我在学统计学

Yippee! I'm in Statistics

这有什么好欢呼的,你会这样说吗? 现在给我几分钟的时间向你展示一些非常成功的科学家如何使用被广泛应用的叫作统计学的工具。

- 米歇尔·兰普尔(Michelle Lampl)是艾莫里大学的儿科专家和人类学家。她和朋友喝咖啡的时候,朋友谈到她的孩子长得多么多么的快。实际上,这个初为人母的朋友几乎是说她的儿子"像野草一样疯长"。兰普尔博士十分的好奇(像所有的科学家对事物感到好奇一样),她想她应该实际测量这个孩子以及其他孩子在婴儿期的生长速度。她着手测量一群孩子每天的生长,让她非常吃惊的是她发现一些婴儿差不多一个晚上就长一英寸! 确实是爆发式生长。

想知道更多吗? 请阅读原文:你可以从兰普尔、费尔德伊斯和约翰森(Lamp, M., Veldhuis, J. D., and Johnson, M. L.)(1992)发表在《科学》258 期 801~803 页上的文章"突变和停滞:人类生长模式(*Saltation and stasis: A Model of human growth.*)"中了解更多。

- 苏·肯珀(*Sue Kemper*)是堪萨斯大学心理学教授,曾经研究许多非常有趣的项目。她和其他的研究者正在研究修女群体,分析她们的早期经验、活动、人格特征和其他信息与她们中年以后的健康状况之间的关系。最特别的是这个由不同科学家组成的小组(包括心理学家、语言学家和神经学家,等等)想知道所有信息多大程度上可以预测老年痴呆病的发生。她发现修女在 20 多岁时写作的复杂性和她们在 50、60 年或者 70 年后患上老年痴呆病的可能性有关。

想知道更多吗? 请阅读原文:你可以从斯诺顿、肯珀、莫蒂默、格雷纳、韦斯坦因和马克斯贝里(Snowdon, D. A., Kemper, S. J., Mortimer, J. A., Greiner, L. H., Wekstein, D. A., and Markesbery, W. R.)(1996)发表在《美国医学协会杂志》275 期 528~532 页上的文章"早期生活的语言能力和认知功能与晚期生活的老年痴呆症:修女研究的发现(*Linguistic ability in early life and cognitive function and Alzheimer's disease in late life: Findings from the nun study.*)"中了解更多。

- 阿莱莎·休斯顿(Aletha Huston)是德州大学奥斯汀分校的研究者和教师,她投入大量的研究来分析看电视对幼儿心理发展的作用。其中之一的工作是她和她后来的丈夫约翰·赖特(John. C. Wright)调查入学前观看一定量的电视教育节目对入学后学习的影响。他们发现了确实的证据可证明,观看教育节目如《罗杰斯先生》或《芝麻街》的儿童比没有看的儿童在学校表现得更好。

想知道更多吗? 请读原文:你可以从柯林斯、赖特、安德森、休斯顿、施密特和麦凯尔伊(Collins, P. A., Wright, J. C., Anderson, D. R., Huston, A. C., Schmitt, K. and McElroy, E.)(1997)提交于在美国阿尔伯克基举行的儿童发展研究协会年会的论文"幼儿时期媒体教育对青少年学习成绩的影响(*Effects of early childhood media use on adolescent achivement.*)"中了解更多。

所有的研究者都有一个特别的问题,他们对这个问题有兴趣并用他们的直觉、好奇心和学术训练来回答这个问题。作为调查的一部分,他们使用我们称作统计学的工具分析所收集到的所有资料的意义。如果没有这些工具,所有的资料就是不相关的资料的汇集。那么这些资料就不能在兰普尔的研究中用于得出儿童生长的结论,不能在肯珀的研究中用于对老年痴呆病有更好的理解,也不能在休斯顿和赖特的研究中用于更好地理解看电视对幼儿学习和社会发展的影响。

统计学——整理和分析资料以使得资料更容易理解的科学——使得研究任务可行。

通过这样的研究所得出的任何结论都是有用的,原因是我们使用统计学使得这些结果有意义。这也正是本书的目标——让你理解这些基本的工具以及这些工具的用途,当然也包括如何使用这些工具。

在《爱上统计学》的第 I 部分介绍统计学学习的内容,以及为什么值得花费精力来掌握这个领域关键的基本术语和思路。这都是为学习本书其他部分做准备。

统计学还是虐待学？由你决定 1

本章你会学到什么 ☺☺☺☺☺

- 统计学的学习内容
- 为什么学习统计学
- 如何通过这门课程的考试

为什么学习统计学

你以前肯定听到过"统计学很难学"，"统计中相关的数学部分很难应付"，"我不知道怎么用电脑"，"学统计学有什么用"，"接下来不知道做什么"，还有就是统计学导论课上学生的著名呐喊，"我就是不懂！"

好啦，放松些。学习统计学导论的学生总会发现他们时不时有以上的想法，如果他们不和其他学生或者他们的爱人、同事或者朋友交流的话，他们至少有上面的一个想法。

而且，不是开玩笑，一些统计学课程很容易被描述为虐待学。这是由于那些书无一例外地让人厌烦，而且作者没有想象力。

本书将改变这种状况。事实是，你或者你的老师选择了《爱上统计学》，这表明你已选择正确的统计学习方法——不会让人害怕、信息充分并且很实用（甚至有趣）的方法，而且尽可能地教你，应用统计学这一有价值的工具需要知道些什么。

如果选用这本书作为教材，这也意味着你的老师明显是站在你的立场上的——他或她知道统计学是吓人的，但他们已经采取措施来确保统计学不会让你害怕。事实上，我敢打赌你在几个星期之后喜欢上这门课程的可能性很大（这同样也难以让人相信）。

5分钟统计学简史

在阅读更多内容之前，有必要从历史的视角了解统计学。你知道，毕竟几乎所有的社会科学、行为科学、生物学的大学生和教育学、护理学、心理学、社会福利和社会服务以及人类学的研究生都需要选修这门课。了解"统计学应用领域从何处开始"是否有必要？回答是"当然有必要"。

只要回顾过去，人们就会发现计数是个非常好的创意（就如"你需要多少这个来交换那些中的一个"），同样收集信息也成为有用的技能。如果用到计数，人们就会知道太阳在一季升起多少次，度过整个冬天需要多少食物，以及一个人拥有多少资源。

这只是开始。一旦数字成为语言的组成部分，似乎接下来的步骤就是将数字和结果结合在一起。在 17 世纪早期人们就开始收集与人口相关的数据。以此为基础，科学家(大多数是数学家，此外是物理学家和生物学家)需要发展特定的工具来回答特定的问题。例如，弗朗西斯·高尔顿(Francis Galton)(顺便说一下，他是达尔文的表兄弟，生于 1822 年，死于 1911 年)，他对人类智力的性质非常感兴趣。为回答家庭成员智力一致性的基本问题，他使用了特定的统计工具——相关系数(最早是数学家开发的)，接着他把相关系数广泛地应用于行为科学和社会科学。你会在第 5 章对这个工具有全面的了解。

实际上，你将学到的大多数基本统计过程最初应用于农业、天文学甚至政治学领域。在人类行为领域的应用则比较晚。

在过去的 100 年中，在发明新方法应用旧观念方面取得了极大的进步。最简单的用于比较两个群体的均值差异的检验方法在 20 世纪初取得首次进展。在此基础上建立的技术十年之后才提出，而且得到了极大的完善。随着个人电脑和类似 SPSS 的软件(见附录 A)的应用，任何人想研究这些有趣问题的人都可以使用这些先进的统计技术。

影响力深远的个人电脑的应用有利有弊。有利的方面是大多数统计分析不再需要巨大、昂贵的中央处理机。而价值不超过 500 美元的个人电脑就能满足 95% 的人 95% 的需求。另一方面，很少有大学生(如已经通过这门课的你的同学)会使用他们已有的旧数据，并且认为应用复杂的 SPSS 软件分析这些数据就可以得到可靠、可信和有意义的结果——这是不正确的。你的老师可能会说"垃圾进，垃圾出"——如果你开始就没有使用可靠、可信的数据，那么分析这样的数据所得到的结果就既不可信也不可靠。

现在，不同领域——从刑事犯罪学、地球物理学到心理学——的统计分析人员发现他们基本上使用相同的技术来回答不同的问题。当然在资料收集方面有重要的差别，但是大体上来说，根据数据(大量的数据)收集所进行的分析(多个的分析)，即使有所谓的差别也是非常细微的。基本上，这门课会给你提供一定的工具来理解统计学如何应用于几乎所有的学科，帮你轻松搞定那些 3~4 个学分的课程。

如果你想更多地了解统计学历史，而且想按历史发展来了解，圣安赛姆学院的网站是个好地方，网址是 http://www.anselm.edu/hompage/jpitocch/biostatshist.html；或者 http://www.stat.ucla.edu/history/(加利福尼亚大学洛杉矶分校)。

统计学：是什么(或不是什么)

《爱上统计学》是一本关于基础统计学，以及在不同的情况下如何应用统计学分析和理解数据的书。

就一般意义而言，统计学是描述一系列可用于描述、整理和解释资料或数据的统计工具和技术。这些数据可能是特定课程的学生的考试得分、解决问题的速度、吃某种药感到不适的病人人数、世界系列大赛每一局出错的次数或者圣达菲高级餐厅晚餐的平均价格。

在这些案例或者我们可以想到的更多的案例中，都需要收集、整理、汇总和解释数据。在本书的描述性统计部分你可以学会收集、整理和汇总数据。而在了解了推论性统计的用途之后就可以学会解释数据。

什么是描述统计

描述统计（descriptive statistics）常用于整理、描述所收集数据的特征。所收集的资料有时也称作数据集（data set）或者就叫数据（data）。

例如，下面所列出的就是 22 名大学生的姓名、主修专业和年龄。如果需要描述大学最流行的专业是什么，你可以使用描述统计来概括他们的选择（也称作众数）。在这个例子中最大众化的专业是心理学。如果你想知道学生的平均年龄，可以很容易地计算另一个描述统计值（也叫作均值）来确定这个变量。这两个简单的描述统计值常用于描述数据。就如我们对下面 22 个学生情况的分析一样，描述统计使我们能很好地描述大的数据集的特征。

姓　名	专　业	年　龄	姓　名	专　业	年　龄
Richard	教育学	19	Elizabeth	英语	21
Sara	心理学	18	Bill	心理学	22
Andrea	教育学	19	Hadley	心理学	23
Steven	心理学	21	Buffy	教育学	21
Jordan	教育学	20	Chip	教育学	19
Pam	教育学	24	Homer	心理学	18
Michael	心理学	21	Margaret	英语	22
Liz	心理学	19	Courtney	心理学	24
Nicole	化学	19	Leonard	心理学	21
Mike	护理学	20	Jeffrey	化学	18
Kent	历史	18	Emily	西班牙语	19

你瞧，这是多么简单！要确定最常被选择的专业，就是要确定哪一个专业出现的次数最多。要确定平均年龄，就是将所有的年龄值加起来然后除以 22。你是对的——出现次数最多的专业是心理学（9 次），平均年龄是 20.3。瞧，没人帮忙——你就是统计分析师。

什么是推论统计

推论统计（inferential statistics）通常是（但并非总是）数据收集和汇总后的下一步。推论统计常利用较小群体的数据（如我们的 22 个学生构成的群体）来推论可能的较大群体（如艺术和科学院的所有学生）的特征。

这个较小的群体通常叫作样本（sample），是总体（population）的一部分或一个子集。例如，新泽西州纽瓦克的所有五年级学生构成一个总体（所有正好是五年级而且住在纽瓦克的人，都包括在内），从中选取 150 人就构成一个样本。

咱们来看另外一个例子。作为新雇用的研究人员，你的市场代理要你确定以下名称中哪一个最适合用作薯片的新品牌，是薯片王、乐趣薯片，还是嚼嚼乐？作为专业统计分析人员（我知道我们现在超前了一点，但是请保持信念），你需要选取一个薯片食用者小群体，这个群体可以代表所有喜欢吃薯片的人，接着询问这个群体他们最喜欢这三个名称中的哪一个。如果你做得好，就可以很容易地将这个发现推论到更大的薯片食用者群体中。

或者，如果说你对某种疾病的最佳治疗方案感兴趣。你可以让一组试用一种新药，另一组食用安慰剂（众所周知的没有任何效果的药剂），第三组什么药也不吃，然后来看结果是什么。好吧，你会发现大多数病人在没有接受任何治疗情况下会好转，而且机体自身会恢复！药物没有任何效果。那么依据你的实验结果，你可以将这些信息推论到更大的遭受这种疾病痛苦的病人群体。

换句话说……

统计学是帮助我们理解周围世界的工具。这是通过整理我们收集到的数据实现的，而且接着还可以让我们做出特定的推断，也就是怎样将那些数据的特征应用到新的情境。描述统计和推论统计可以一起发挥作用，使用哪一种、何时使用取决于你想要解答的问题。

我在统计学课堂上做什么

你阅读这本书可能有多种原因。也许是选修了统计学导论课程，或者是在申请综合考试，甚至是在暑假预习新课（学霸！），并且想申请更高级的课程。

总之你都是学习统计学的学生，不论你是否参加课程结束后的考试，或者只是为了自己的兴趣选择这门课程。但是学习这门课有许多好的理由——它很有趣，它很重要，并且二者兼备。下面是我的学生在我们的统计学导论课程开始之初听到的一些说法。

1.“统计学101”或“统计学1”或者是你们学校用的任何其他课程名称，在你的成绩单中看起来很重要。说真的，统计学是你完成学业的必修课程。即使不是，拥有统计学技能绝对是找工作或进一步深造的重要附加值。而且如果选修了更高级的课程，你的简历肯定会更令人印象深刻。

2.如果不是必修课程，选修基础统计学可以把你和没有选修的同学区别开来。这表明你愿意选择挑战平均难度以上的课程。

3.基础统计学可能是你不熟悉的一种智力挑战。这个过程需要你运用一些数学计算，以及理论与实践的结合。最起码，把所有活动加起来看就是一次充满活力的智力体验，因为你要学习的是全新的领域和学科。

4.毫无疑问，如果具备一定的统计学背景，你会成为社会科学或行为科学中更优秀的学生，因为你可以更充分地理解杂志中的文章，也可以更好地理解老师和同伴在课堂内或课堂外讨论的内容或所做的研究。你可能会惊讶地第一次对自己说，“哇，我真的听懂了他们在讨论什么”。而且这会经常发生，因为你已经具备了正确地理解科学家如何得出结论所必备的基本技能。

5.如果你计划获得教育学、人类学、经济学、护理学、社会学或其他社会科学、行为科学或生物科学领域的任何一个学科的硕士学位,统计学课程是你前进的基础。

6.最后,你可以夸口说你完成了人人都认为是相当于建立和运行核反应堆那么高难度的课程。

使用这本书的十种方式(同时也在学统计学咯!)

统计学书总是不好看,但是这一本是不同的。这本书是针对学生写的,但不是降低标准,而是信息充分,也尽可能夯实基础。本书没有假定在课程开始之前应该具备什么知识,只是进程安排较缓、步骤较小,可以让学生按自己的节奏安排学习。

大家都认为统计学是很难掌握的课程。我们也这么认为,因为统计学中有的部分的确充满挑战。另一方面,无数的学生已经掌握了这门课程,你也可以。在开始我们的第一个主题之前,先看一下导论这一章的要点。

1.你不笨。这是真的。如果你是笨蛋,你不可能在学业方面走这么远。因此,对待统计学就像对待其他新的课程那样吧。听讲座,学习基本内容,做书上的练习或课堂练习,那样你就会学得很好。火箭研究者精通统计学,不过你不需要像火箭研究者那样研究统计学。

2.你怎么知道统计学很难学?统计学很难学?既是也不是。如果你是从上过这门课的朋友那儿听来的,而他们没有努力学习也没有学好,那他们肯定会告诉你统计学是多么难学,甚至会说,统计学即使不是整个生活的灾难,也是整个学期的灾难。不过我们不要忘记——抱怨总是来自失意者。因此,我们建议你应该以这种态度开始这门课程,也就是:等着看统计学是否难学,并且依据自己的经验做出判断。最好是找几个上过这门课的人讨论一下,获得他们的总体看法。不要依据失意者的经验做出判断。

3.不要逃课——按顺序学习各章的内容。《爱上统计学》的每一章都是下一章的基础。我希望在课堂上学习了所有内容后,你就可以回顾整本书,并把这本书作为参考书。如果你需要一个表中的特定值,可以查阅附录B。或者,你需要记起如何计算标准差,可以回顾第3章的内容。但是现在要按照本书的顺序学习每一章。当然也可以不按照顺序,先了解后面的学习内容。但是在学习后面章节之前务必掌握前面的章节。

4.形成学习小组。这是确保通过这门课程的最基本的方式之一。在一个学期的开始,要和朋友约定一起学习。如果没有朋友选择同一课程,那么就结交新朋友,或者邀请和你一样看起来很乐意学习统计学的学生一起学习。如果你学得比他人好,一起学习可以帮助他人;反之,你就可以从他人那里受益。每个星期安排特定的时间聚在一起一个小时,复习每一章后的练习题,或者相互提问。也可以依据需要安排更多时间。与他人一起学习是帮助你理解和掌握课程内容的有效方式。

5.向老师提问或者向朋友提问。如果你不了解课堂上所讲授的内容,可以向老师提问来弄清楚。毫无疑问——如果你不理解课程内容,那么这很可能是很多人共同的问题。老师一般都欢迎提问。特别是如果你上课前已经预习,你的问题就包含更多信息,可以帮助其他学生更好地理解课程内容。

6.完成章后练习题。练习题是以每一章的内容和案例为基础的。这些练习题可以帮助你运用每一章讲授的概念，同时可以建立自信心。这些练习题如何发挥作用？每一个练习题的解答都对应着一个统计学要点。如果可以解答章后的练习题，那么你已经很好地掌握了这一章的内容。

7.练习，练习，再练习。是的，这是个很古老的笑话。

问：如何才能到卡内基大厅*？

答：练习，练习，再练习。

好吧，这和基础统计学没有区别。你必须应用学到的知识，而且通过经常应用来掌握不同的方法和技术。这意味着解答 1～16 章的练习题，好好利用遇到的任何机会帮助理解学到的内容。

8.寻找应用实例使得所学内容更现实。在其他课上，你可能有机会读到杂志上发表的文章，讨论研究的结论，并且对你的学习领域的科学研究方法的重要性进行一般的讨论。这些都是机会，可以考察所学的统计学如何帮助你更好地理解课堂讨论的主题和应用统计学的领域。这个想法实践得越多，你的理解就越好、越充分。

9.浏览。首先阅读指定的章节，然后返回来带着目的阅读。选择舒服的方式来考察《爱上统计学》每一章包含的内容。不要逼迫自己。了解将要学习的主题的同时熟悉现在的课堂内容总会有好处。

10.乐在其中。这听起来好像很奇怪。但是总的来说，与其让这门课和它的要求控制你，不如你控制这门课。建立学习计划并按计划完成，在课堂上提问题，而且将智力实践看作是成长的一种形式。掌握新知识总是令人激动和满足——这是人类活力的体现。在这里你也可以体验这种满足感——集中精力、做出达到某个成绩水平的承诺并且努力学习。

关于那些符号

一个符号是一种象征。浏览《爱上统计学》全书你会发现有许多不同的符号。下面是每一个符号及其所代表的意义。

这个符号表示正文之外的信息。我们发现有必要详细说明特定的观点，而且我们能够很容易地在常规内容之外做到这一点。

我们可以选择一些更专业的观点，然后简要地讨论并告诉你哪些内容超过课程的范围。你会发现这很有意思，也很有用。

---

* 美国有名的音乐演奏厅，只有达到相当高演奏水平的音乐人士才有资格在那里登台。这里的问句本来是问路。——译者注

浏览《爱上统计学》全书你会发现许多小梯子符号，就像在这儿看到的。这表明这里有许多步骤，指导你进行特定的过程。这些步骤都已经通过相关机构的验证。

绑着蝴蝶结的手指是很可爱的符号，但它的主要目的是用于强调你所读到主题的重点。在学习过程中，强调某些点是由于这些重点通常是这个主题的关键。

《爱上统计学》的大多数章节提供了一个或多个特殊的统计过程和同步计算的详细信息。计算机符号用于表明每章"使用计算机……"的部分。

本书的许多章节都包含如何使用 SPSS 15.0 版本来完成某一个统计过程的指导，你可以手动计算，也可以应用现有的任何一款高效统计分析软件包来计算。

附录 A 是对 SPSS 的介绍。若准备使用 SPSS，通览这个附录是现在要完成的任务。如果你有更早的 SPSS 版本（或者是 Max 版本），这些资料仍然非常有用。实际上最近的 SPSS 视窗版本和 Max 版本在形式和功能方面几乎一致。

可以使用附录 C 的数据集来完成本书练习题。在每一章的"使用计算机……"部分，都会发现数据集的索引（例如"第二章数据集 1"）。每一个数据集都可在附录 C 中找到，如果你按部就班地学习本课程就可以使用这些数据来成功地完成"使用计算机……"部分。可以手动建立数据库，也可以从 Sage 出版社的网址 http://www.sagepub.com/salkindstudy 或者作者的网址 http://www.soe.ku.edu/faculty/salkind/stats_fpwhs3e/下载。数据文件以 SPSS 和 Excel 两种形式存在。

难度指数

1 非常难	☺
2 比较难	☺☺
3 一般	☺☺☺
4 比较容易	☺☺☺☺
5 非常容易	☺☺☺☺☺

术语

正文中一些重要的术语都汇总在本书最后的术语表中进行了简单的解释。

小　结

实际情况不是那么糟,对吧? 我们想要鼓励大家继续学习,并且不要担心难易程度和时间花费。

练习时间

1~16 章的结尾都是习题集,这些习题可以帮助你回顾每一章覆盖的内容。而且也不需要到处找答案,因为这些习题的答案也可以在本书的最后部分找到。

下面就是第一个习题集。

1.访问一个日常工作中应用统计学的人。这个人可能是你的顾问、指导教师、生活在同一街区的研究者、公司的市场分析人员或城市规划人员。询问他或她最喜欢的统计课程。探寻他或她喜欢什么不喜欢什么。他或她是否给你一些有助于成功的建议。而且最重要的是,询问他或她如何在工作中使用这一对你而言全新的工具(统计学)。

2.查阅本地报纸,找出任何主题的调查和访谈的结论。总结这些结论,然后以你的能力尽可能地描述相关的研究人员或者调查人员如何得出他们的结论。这个过程可能容易也可能不容易。一旦你了解了他们这样做的原因,尽力推测其他的收集、整理和汇总同样数据的方法。

3.去图书馆复印一些你的专业领域的文章。然后阅读文章,重点关注整理和分析数据的统计过程部分(通常是论文的“结果”部分)。你可能对具体的统计过程了解不多,但是你能识别多少不同的统计过程(如 t 检验、均值和标准差的计算)? 你是否能完成下一步的工作? 并且告诉你的老师这些结果和研究问题的关系,或者与最初的研究课题的关系。

4.在网上查找四个包含任何主题数据的网址,然后简要介绍其所提供的数据类型以及数据是如何整理的。例如,登录网络数据的一个源头——美国人口统计局(http://www.census.gov/),你会发现“Access Tools”链接,进入后的网页提供真实数据的链接。尽力查找适合你的专业的数据和资料。

西格玛·弗洛伊德和描述统计

Σigma Freud and Descrptive Statistics

精神分析学的奠基人西格玛·弗洛伊德（Sigmund Freud）*做得很好的一件事就是观察和描述他的病人的状况。他是机敏的观察者，应用他的技能发展了第一个系统而综合的人格理论。不论你对他的观点的有效性持有什么看法，他都是一个优秀的科学家。

回到 20 世纪早期，统计学课程（就如你所选的统计课程）不是大学生或研究生课程表中的必修课。那个时候统计学还是相当新的领域，而且科学探索的精神尚不需要统计工具带给科学界的精确性。

但是形势已经发生改变。现在在任何领域，数据都很重要。《爱上统计学》的这部分主要致力于，在整理了所获数据之后，如何应用统计学描述结果并更好地理解结果。

第 2 章讨论集中趋势的测量，以及如何计算多种平均数中的一种以便最好地代表一组数据。第 3 章全面介绍用于描述一系列数据点的离散性的工具，包括标准差和方差。第 4 章学习如何描述不同的数据分布或不同的数据集之间的差异，以及这种差异的意义。第 5 章处理变量之间的关系，也就是相关关系。这部分的最后一章，第 6 章的重点是信度和效度，这两者是评估所有研究中测量工具的关键。

完成第Ⅱ部分之后，你已经站在了很好的起点上，可以开始理解概率和推论在社会科学和行为科学中扮演的角色。

---

* Sigmund Freud，一般译为西格蒙德·弗洛伊德。此处作者为了使语言更诙谐有趣，所以采用了"Σ"符号来代替 Sig，故我们此处将其译为"西格玛"。——译者注

必须完成的功课
——计算和理解平均数

2

本章你会学到什么 ☺☺☺☺

- 了解集中趋势量数
- 计算一组数据的均值
- 计算一组数据的众数和中位数
- 选择一种集中趋势量数

能看到这里你已经很有耐心了,那么现在就开始处理真实、生动的数据吧。这也正是你在这一章要做的。一旦收集了数据,第一步通常是整理数据,也就是使用简单的指标来描述数据。完成这一步的最容易的方法就是计算几种不同形式的平均数。

平均数(average)是最能够代表一组数据的数值。数据组可以是 30 个五年级学生的拼写测验的成绩,或是纽约洋基队的击打率,或是最近的选举中登记为民主党或共和党的人数,这不重要。在所有的案例中数据组都可以使用平均数来概括。平均数也叫作集中趋势量数(measures of central tendency),一般有三种形式:均值、中位数和众数。每一种形式提供不同的数据分布信息,而且计算和解释都很简单。

计算均值

均值(mcan)是计算平均数最常用的形式。均值很简单,就是数据组中所有数值的总和除以该组数值的个数。因此如果你有 30 个五年级学生的拼写成绩,将所有的拼写成绩简单地加起来就得到一个总和,然后除以学生的人数,也就是 30,这样就得到均值了。

公式 2.1 就是均值计算公式。

$$\overline{X} = \frac{\sum X}{n} \tag{2.1}$$

其中

- 上带横线的字母 $\overline{X}$(读做"X 把")是数据组的平均数或均值。
- $\sum$ 或希腊字母西格玛是连加符号,也就是将其后的所有数值都加起来。
- X 是数据组中每个具体的数值。

• 最后，n 是从中计算均值的样本的规模。

下面是计算均值的步骤：

1—以一列或多列的形式列出所有数值。这些数值就是那些 X。

2—计算所有数值的总和或总计。

3—总和或总计除以数值的个数。

例如，你需要计算三个不同商店的消费者的数量的平均数，你可以计算均值得到这个值。

场　　所	年顾客数量
兰哈姆公园商店	2 150
威廉斯堡商店	1 534
下城商店	3 564

每个商店顾客数量的平均数或均值是 2 416。公式 2.2 表明如何应用公式 2.1 计算这个值。

$$\overline{X} = \frac{\sum X}{n} = \frac{2\ 150 + 1\ 534 + 3\ 564}{3} = 2\ 416 \qquad (2.2)$$

瞧，我已经告诉你很容易了。小菜一碟！

需要记忆的内容

均值有时也用字母 M 表示，也叫作典型平均数或中心值。如果你在看其他的统计学读物或者研究报告，会看到类似 $M = 45.87$ 这样的表达式，它的意思大概就是均值等于 45.87。

• 在上面的公式中小写字母 n 表示从中计算均值的样本的规模。大写字母 N（像这样的）表示总体规模。在一些书中和一些杂志的文章中没有对这两者做出区别。

• 样本均值是非常准确地反映总体均值的集中趋势量数。

• 最后，谈不上是好是坏，均值对极值很敏感。极值会使得均值向一方或另一方倾斜，也使得均值对数据组的代表性减弱，同时作为集中趋势量数的有效性减弱。当然，均值对一组数据代表性的高低取决于这组数据的数值。后面会有更多的讨论。

均值也是指**算术平均数**（arithmetic mean），当然你也会看到其他类型的均值，如调和均值。调和均值用于特殊的情况，你现在不需要关注。如果你想表现得更专业，就需要知道算术平均数（也就是我们讨论到现在的均值），也被定义为数据集中所有数值与其的差之总和为 0 的那个数值。例如你有三个值 3，4 和 5（均值是 4），均值的偏差（-1、0 和 1）的总和是 0。

> 记住"平均数"一词仅仅是最能代表一组数据的测量值之一，而且还有许多不同类型的平均数。使用哪一类型的平均数依赖于你所提的问题和你要汇总分析的数据的类型。

计算加权平均数

以上的案例是如何计算简单的均值。但是有的情况下同样的数值不止出现一次，这就需要计算加权平均数。加权平均数可以很容易地计算，也就是每一数值乘以它出现的频数，并将所有的积相加，然后除以频数的总和。

按照下面的步骤计算加权平均数：

1—列出要计算均值的样本的所有数值，如下表中"数值"列中的所有数值（X 的值）。

2—列出每一个数值出现的频数。

3—每一个数值乘以它的频数，如表中第三列所示。

4—计算"数值×频数"列的所有数值总和。

5—除以频数的总和。

例如，这个表格整理的数据是 100 个飞行员飞行熟练度测验的数值和频数。

数　值	频　数	数值×频数
97	4	388
94	11	1 034
92	12	1 104
91	21	1 911
90	30	2 700
89	12	1 068
78	9	702
60(不要和这个家伙一起飞行)	1	60
总计	100	8 967

加权平均数是 8 967/100，或 89.67。以这种方式计算均值相对于将 100 个不同的值输入计算器或者计算机软件要容易得多。

TECH TALK　在基础统计学部分要做的一个重要区别是样本（总体的一部分）值和总体值。统计分析师依据下面的方式进行区别。样本统计值（例如样本均值）使用罗马字母；总体参数值（例如总体均值）使用希腊字母。因此，100 个五年级学生的拼写成绩的均值表示为 $\overline{X}_5$，而所有五年级学生的拼写成绩的均值表示为 μ_5，使用的是希腊字母 μ。

计算中位数

中位数也是平均数,但是是非常不同的形式。中位数(median)被定义为一系列数据的中点。在这一数据点所有数据的一半也就是 50% 在其之上,而另一半或者说 50% 在其之下。中位数有一些特别的性质,我们会在这一节后面的部分讨论,现在集中精力考虑如何计算。计算中位数没有标准公式。

下面是计算中位数的步骤:
1—以从大到小或者从小到大的顺序列出数据。
2—找到位于中间位置的数值。那就是中位数。

例如,下面是 5 个家庭的收入。

135 456 美元

25 500 美元

32 456 美元

54 365 美元

37 668 美元

下面是将收入从大到小排序后的清单。

135 456 美元

54 365 美元

37 668 美元

32 456 美元

25 500 美元

一共是 5 个数。中间位置的数是 37 668 美元,它就是中位数。

现在,如果数据的个数是偶数怎么计算? 我们在收入清单中增加一个数据(34 500 美元),那么就有 6 个收入数据。如下所示。

135 456 美元

54 365 美元

37 668 美元

34 500 美元

32 456 美元

25 500 美元

如果数据个数是偶数,中位数就是中间两个数值的平均数。在这个案例中,中间的两个数是 34 500 美元和 37 668 美元。这两个数的平均数是 36 084美元。这就是 6 个数据的数据集的中位数。

如果中间的两个数相同怎么计算,就如下面的数据集?

45 678 美元

25 567 美元

25 567 美元

13 234 美元

那么中位数和中间的两个数相同。在这个案例中中位数是 25 567 美元。

我们有一组数据——7 个病人运动伤害的康复天数。数据具体如下：

43

34

32

12

51

　6

27

和之前所做的一样，我们将这些数排序（51，43，34，27，12，6），接着选择中间的数作为中位数，在这组数据中是 32。因此，康复天数的中位数就是 32。

TECH TALK　　　如果你了解中位数，也应该知道百分位点（percentile points）。百分位点用于定义数据集或数据分布中等于或者小于一个特定数据值的个体的百分数。例如，你的成绩是"处在 75 百分位点"，这意味着成绩分布中你的成绩刚好是或者超过 75% 的其他人的成绩。大家也知道中位数是 50 百分位点，因为数据分布中 50% 的个体在这一点之下。其他的百分位点也很有用，如 25 百分位点，通常用 Q_1 表述，75 百分位点通常用 Q_3 表示。那么 Q_2 呢？当然是中位数。

现在给出一些问题的答案，这些问题可能在开始讨论中位数时就出现在你的头脑中了。为什么有时候要使用中位数而不是均值？一个非常好的原因是中位数对极值不敏感而均值却不是。

如果你的数据集中有一个或多个极值，中位数相对其他集中趋势量数来说能更好地代表数据集的中心值。是的，甚至比均值更好。

我们所说的极值是什么？非常容易就可以想到，一个极值就是与其所属数据组非常不同的值。例如，考虑之前案例中已经用过的收入清单，在这里再次列出：

135 456 美元

54 365 美元

37 668 美元

32 456 美元

25 500 美元

这组数据中数值 135 456 美元与其他 4 个数之间的差异较大。我们可以认为这个数值就是极值。

最好的说明中位数作为集中趋势量数是多么有用的方法是计算包含一个或多个极值的同一数据集的均值和中位数，然后比较哪一个值能更好地代表数据集。现在就来计算和比较。

上面有 5 个收入数值的数据组的均值是 5 个数值的总和除以 5,结果是 57 089 美元。而这个数据组的中位数是 37 668美元。哪一个值能更好地代表这个数据组? 数值 37 668 美元更加明显地位于数据组的中间,但是我们习惯于认为平均数具有代表性或者占据中间位置。事实上,均值 57 089 美元在第 4 高位数值(54 365 美元)之上,不是这个数据分布的中间值,也不具有代表性。

就是由于这个原因,特定的社会和经济指标(大多数与收入相关)的分析使用中位数作为集中趋势量数,例如"美国家庭平均收入的中位数是……,"而不是使用均值来概括收入。总是存在太多极值改变或者明显地扭曲一个数据组或者数据分布的中心点的情况。

> 你已经知道均值有时用大写字母 M 表示而不是 $\overline{X}$,中位数也有表示符号。我喜欢使用字母 M,但是一些人会将 M 和均值混淆,因此他们使用 Med 或 Mdn 表示中位数。不要让这些绊住你的脚——只要记住什么是中位数以及中位数代表什么,你就不会存在适应这些不同符号的困难。

需要记忆的内容

这些有关中位数的内容十分重要也很有趣,需要记忆。

- 均值是一系列数值的中间点,而中位数是一系列个体的中间点。
- 因为中位数关注的是有多少个体而不是这些个体的数值,极值(有时也叫作奇异值)就不会产生影响。

计算众数

我们要学习的第三个也是最后一个集中趋势量数是众数,也是最笼统、最不精确的集中趋势量数,但是在理解特定的数据集的特征中扮演着非常重要的角色。众数(mode)就是出现次数最多的数值。没有计算众数的公式。

按照下面的步骤计算众数:
1—列出一个数据分布中的所有数值,但是每一个数值只列出一次。
2—计算每个数值出现的次数。
3—出现次数最多的数值就是众数。

例如,调查 300 个人的政党背景会形成如下的数据分布结果。

政党背景	次数或频数
民主党	90
共和党	70
无党派人士	140

众数是出现次数最多的数值,在上面的例子中是无党派人士。这就是数据分布的众数。

如果我们看到的是 100 个多项选择题的众数反应的答案,你会发现相对其他选项人们更多的选择选项 A。数据形式可能如下。

选项	A	B	C	D
次数	57	20	12	11

这项包含 100 个多项选择题的测试中每个题有四个备选答案(A,B,C 和 D),A 被选择 57 次。这就是众数反应。

你知道计算众数时最容易、最经常出现的错误是什么吗? 就是选择某个分类选项出现的次数而不是分类选项的标签本身。对一些人来说很容易就可以得出众数是 140 而不是无党派人士,为什么? 因为他们看到的是数值出现的次数,而不是最经常出现的那个数值! 这是一个稍不留神就会犯下的错误,因此你计算众数时一定要注意。

双峰分布的苹果派

如果数据分布中每一个数值的出现次数都相同,那么就没有众数。但是如果不止一个数值的出现频数相同,那么这个数据分布是多峰分布。数据集可能是双峰分布(有两个众数)的,如下面头发颜色构成的数据组。

头发颜色	次数或频数
红色	7
金色	12
黑色	45
棕色	45

在上面的案例中,数据是双峰分布,因为黑色头发和棕色头发出现的频数相同。如果众数相当接近但不是完全相同,数据分布也是双峰分布,如 45 个人的头发是黑色,44 个人的头发是棕色。问题就成为一种类别在多大的程度上与其他类别相区分? 你的数据有三峰分布的吗? 那就是说出现了三个频数相同的数值。一般来说是不会有的,特别是在处理大的数据集的过程中,但出现的可能性是存在的。

何时用什么

好吧,我们已经定义了三种不同的集中趋势量数,而且每一种都给出了简单明白的案例。但是还有一个最重要的问题没有回答,即"何时使用哪一种?"

一般来说,使用哪一种集中趋势量数依赖于你描述的数据类型。毫无疑问,定性数据、类别数据或定类数据(如种族群体、眼睛颜色、收入档次、选举次序以及邻里位置)的集中趋势只可以使用众数来描述。

例如,你不能使用中心值来描述哪种政治立场在一个组中占有优势,也不能使用均值——难道你可以得出结论说每一个人是半个共和党?而300个人中几乎一半(140)是无党派人士似乎是描述这个变量的最好方式。一般来说,中位数和均值最适合于定量数据,如身高、具体收入数额(不是分类变量)、年龄、考试成绩、反应时间和一定程度上完成工作需要的时间。

当然也可以很公平地说均值是比中位数更精确的测量,中位数是比众数更精确的测量。这意味着其他条件相同的情况下应优先使用均值,而且均值也的确是最常用的集中趋势量数。但是,我们的确会遇到一些均值不适合作为集中趋势量数的情况——例如我们收集的数据是类别数据或定类数据,例如头发颜色。那么我们使用众数。因此,这里的三项原则可能会有一定的帮助。但是要记住例外始终存在。

1.如果数据属性是分类的,而且数值只属于一种类型,例如头发颜色、政治背景、邻里位置和宗教,就使用众数。在这种情况下各个分类之间是互斥的。

2.如果数据中包含极值而且你不想扭曲平均数(按照均值计算)就使用中位数,例如你感兴趣的是以美元为计量单位的收入。

3.最后,如果数据不包括极值也不是分类数据就使用均值,例如考试得分或游 50 码需要的时间。

应用计算机并计算描述统计值

如果你还不熟悉 SPSS,那么现在就阅读附录 A 部分,这样你就会熟悉 SPSS 的基本技能。然后再返回到这里。

现在使用 SPSS 来计算一些描述统计值。我们使用名称是第 2 章数据集 1(Chapter 2 Data Set 1)的数据集。这是一项偏见测量的 20 个得分值。所有的数据集都在附录 C 中,也可以从 Sage 出版社的网页(www.sagepub.com/salkindstudy)下载。这个数据集只有一个变量。

变　量	定　义
Prejudice	依据偏见量表测量的偏见数值,值域是 1~100

本章讨论的集中趋势量数可以依据下面的步骤来计算。按照这个步骤实际操作。通过现在这个练习和包括数据录入和下载的所有练习,我们假定数据集已经在 SPSS 打开。

1.点击 Analyze→Descriptive Statistics→Frequencies。

2.双击变量 Prejudice 将它转移到 Variable(s)框。

3.点击 Statistics,你会看到如图 2.1 所示的 Frequencies：Statistics 对话框。

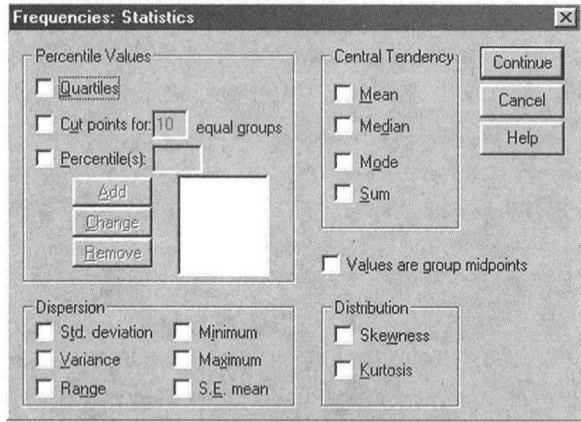

图 2.1　SPSS 中的频数分析对话框

4.在 Central Tendency 下方,点击 Mean、Median 和 Mode 对应的方框。

5.点击 Continue。

6.点击 OK。

SPSS 输出结果

图 2.2 所示是变量 Prejudice 在 SPSS 中的输出结果。

Statistics
Prejudice

N	Valid	20
	Missing	0
Mean		84.70
Median		87.00
Mode		87

Prejudice

		Frequency	Percent	Valid Percent	Cumulative Percent
Valid	55	1	5.0	5.0	5.0
	64	1	5.0	5.0	10.0
	67	1	5.0	5.0	15.0
	76	1	5.0	5.0	20.0
	77	1	5.0	5.0	25.0
	81	2	10.0	10.0	35.0
	82	1	5.0	5.0	40.0
	87	4	20.0	20.0	60.0
	89	1	5.0	5.0	65.0
	93	1	5.0	5.0	70.0
	94	2	10.0	10.0	80.0
	96	1	5.0	5.0	85.0
	99	3	15.0	15.0	100.0
	Total	20	100.0	100.0	

图 2.2　SPSS 输出的描述统计值

在输出结果的 Statistics 部分,你可以看到一定样本规模数据的均值、中位数和众数的计算结果,而且没有缺失数据。SPSS 在输出结果中不使用符号 $\overline{X}$。而且输出结果中也列出了每一个数值的频数和每一个数值发生次数的百分比,这都是有用的数据描述信息。

> 这有些奇怪,如果你在 SPSS 中选择 Analyze→Descriptive Statistics→Descriptive,然后点击 Options,你会发现没有 median 或 mode 选项,你期望这两个选项出现,因为它们是基本的描述统计值。为什么?统计分析软件之间差异很大,同样的内容选择使用不同的名称,而且对内容分布设置了不同的假定。如果你不能找到你要找的内容,那它可能在另一个部分,你要坚持找下去。而且一定要使用 Help 选项来帮助浏览所有新的信息,直到你找到你需要的内容。

小 结

不论你的统计技术掌握到何种程度,几乎都要从简单的描述开始——因此理解简单的集中趋势的概念很重要。在下一章,我们学习另一个重要的描述概念——变异性,也就是数值之间如何的不同。

练习时间

1. 手动计算下面 40 个阅读得分数据集的均值、中位数和众数。

31	32	43	42
24	34	25	44
23	43	24	35
25	41	23	28
14	21	24	17
25	23	44	21
13	26	23	32
12	26	14	42
14	34	52	12
23	42	32	34

2. 计算第 2 章数据集 2(Chapter 2 Data 2)的三个数据组的均值、中位数和众数。手动计算,或者使用类似 SPSS 的软件计算。展示计算结果,如果使用 SPSS,打印输出结果。

数据组 1	数据组 2	数据组 3
3	34	154
7	54	167
5	17	132
4	26	145
5	34	154
6	25	145
7	14	113
8	24	156
6	25	154
5	23	123

3.使用 SPSS 计算第 2 章数据集 3 中的如下数据集的均值。打印输出结果。

医院规模(病床数)	感染率(每千个住院病人)
234	1.7
214	2.4
165	3.1
436	5.6
432	4.9
342	5.3
276	5.6
187	1.2
512	3.3
553	4.1

4.假定你是快餐店经理。你的工作之一是向老板汇报每天哪一种特惠食品卖得最好。应用你学到的描述统计的知识,写一个简短的报告让老板知道每天的经营状况。不要使用 SPSS 计算重要的数值,而是手动计算。记住备份你的计算结果。

特惠食品	售出数量	价格(美元)
Huge Burger	20	2.95
Baby Burger	18	1.49
Chicken Littles	25	3.50
Porker Burger	19	2.95
Yummy Bugger	17	1.99
Coney Dog	20	1.99
售出总数	119	

5.假定你是一个大公司的 CEO,正计划公司扩张。你希望新店和其他三个店在关键数字方面相同。列出你希望新店是什么样的一些想法。记住,你必须选择你是用均值、中位数还是众数作为平均数。年轻的武士,祝你好运。

平均数	店 1	店 2	店 3	新店
销售量(千)	323.6	234.6	308.3	?
销售产品数量	3 454	5 645	4 565	?
顾客数量	4 524	6 765	6 654	?

6.在什么情况下你使用中位数而不是均值作为集中趋势量数? 为什么? 给出一个例子说明在两种情形下中位数作为集中趋势量数比均值更有效。

7.这个练习题使用下面的数据集,是收入水平在 50 000 美元到 200 000 美元之间的 16 个数(已排序)。最好的集中趋势量数是什么,为什么?

199 999 美元	76 564 美元
98 789 美元	76 465 美元
90 878 美元	75 643 美元
87 678 美元	66 768 美元
87 245 美元	65 654 美元
83 675 美元	58 768 美元
77 876 美元	54 678 美元
77 743 美元	51 354 美元

性别差异——理解变异性 **3**

- 为什么变异性是有用的描述工具
- 如何计算极差、标准差和方差
- 标准差和方差如何类似——又如何不同

为什么理解变异性很重要

在第 2 章已经学习了不同类型的平均数,他们的含义,如何计算,以及何时使用。但是谈到描述统计和数据分布特征的描述,平均数只是一部分,另一部分是变异性(或离散)量数。

用简单的话说,变异性(variability)反映数值之间的不同。例如下面的一组数据体现了一定程度的变异性:

$$7,6,3,3,1$$

接下来的另一组数据具有与之相同的均值(4),但变异性小一些:

$$3,4,4,5,4$$

下一个数据集根本没有变异性——数值之间没有差异,但是还是和前面所示的两组数据具有相同的均值。

$$4,4,4,4,4$$

变异性(也叫作散布或离散度)可被看作是对不同数值之间的差异性的测量。如果把变异性看作是每个数值和特定值的差异程度可能更精确(而且也许更容易)。那么你认为哪一个"数值"可能被作为那个"特定值"呢?通常情况下这个"特定值"就是均值——很正确。因此,变异性成为测量数据组中每一个数值与均值的差异性的量数。接下来还会继续讨论。

要记住你已了解的关于计算平均数的内容——平均数(不论是均值、中位数还是众数)是一组数据的代表数值。那么现在增加关于变异性的新知识——它反映的是不同数值和一个值的差异性。两者都是重要的描述统计值。这两个值(平均数和变异性)可共同用于描述数据分布的特征,并说明数据分布之间的差异。

变异性的三种量数通常用于反映一组数据的变异性、散布或者离散度。这三种量数就是极差、标准差和方差。接下来让我们更详细地了解每一个量数以及如何应用。

计算极差

极差是对变异性最笼统的测量。极差可让你了解数值之间彼此差异的程度。极差（range）是通过数据分布中的最大值减去最小值来计算。

一般来说，极差的计算公式如下：

$$r = h - l \qquad\qquad (3.1)$$

其中　r 是极差；

　　　h 是数据集中的最大值；

　　　l 是数据集中的最小值。

以下面的数据组（以降序形式排列）为例：

$$98,86,77,56,48$$

在这个案例中，$98-48=50$。极差是 50。

TECH TALK　　　实际上极差有两种类型。一种是不包含极差，就是用最大值减去最小值（$h-l$），也是我们刚刚定义的极差。第二种极差是包含极差，就是最大值减去最小值再加 1（$h-l+1$）。在研究性文章中通常看到的是不包含极差，但一些研究人员更喜欢使用包含极差，所以也偶尔会在文章中看到。

极差几乎都用于得到不同值之间相互差别或离散程度的非常笼统的估计——也就是极差表示一个数据分布中从最小值到最大值之间的距离。

因此，虽然极差作为变异性的一般指标很好，但是不可以用于得出任何关于具体的数值之间相互差别的结论。

计算标准差

现在开始学习最常用到的变异性量数——标准差。如果仅仅考虑字面的含义，就是标准化了的与某个值（猜猜是哪一个值）的偏差。实际上，标准差（standard deviation，缩写为 s 或 SD）表示一个数据组中变异性的平均数量。实际的含义是与均值的平均距离。标准差越大，每一个数据点与数据分布的均值的平均距离越大。

因此，支持标准差计算的逻辑是什么？你最初的想法可能是计算数据组的均值，接着用均值减去每一个数值。然后计算这些距离的平均数。

这个想法很好——最后你会得到每一个数值与均值的平均距离。但是实际上这不管用（你是否知道为什么，接下来我们会说明原因）。

下面给出计算标准差的公式：

$$s = \sqrt{\frac{\sum (X - \overline{X})^2}{n - 1}} \qquad (3.2)$$

其中　s 是标准差；

$\sum$ 是西格玛，表示将其后所有数值累加求和；

X 是具体的数值；

$\overline{X}$ 是所有数值的均值；

n 是样本规模。

公式中可以看到每一个数值和均值之间的差（$X - \overline{X}$），每一个差的平方，并且计算所有平方值的总和。然后用平方和除以样本规模（减去 1），最后求平方根。就如你所看到的，也和我们早已指出的一样，标准差是每个数值与均值的偏差的平均数。

我们用下面的数据逐步解释如何计算标准差：

$$5,8,5,4,6,7,8,8,3,6$$

1—列出每一个数值。数值如何排序不重要。

2—计算数据组的均值。

3—每一个数值减去均值。

下面就是我们现在完成的工作，其中 $X - \overline{X}$ 表示每一个数值与所有数值的均值之间的差，均值是 6。

X	$\overline{X}$	$X - \overline{X}$
8	6	8−6＝+2
8	6	8−6＝+2
8	6	8−6＝+2
7	6	7−6＝+1
6	6	6−6＝0
6	6	6−6＝0
5	6	5−6＝−1
5	6	5−6＝−1
4	6	4−6＝−2
3	6	3−6＝−3

4—计算每一个差值的平方。计算结果在对应的 $(X - \overline{X})^2$ 列。

X	$X - \overline{X}$	$(X - \overline{X})^2$
8	8−6＝+2	4
8	8−6＝+2	4
8	8−6＝+2	4
7	7−6＝+1	1
6	6−6＝0	0
6	6−6＝0	0
5	5−6＝−1	1
5	5−6＝−1	1
4	4−6＝−2	4
3	3−6＝−3	9
合 计	0	28

5—计算所有与均值的偏差的平方的总和。如在上表中看到的，总和是 28。

6—平方和除以 $n-1$，也就是 10-1＝9，那么 28/9＝3.11。

7—计算 3.11 的平方根，结果是 1.76（四舍五入之后）。也就是这 10 个数值的标准差。

从结果我们可以知道，数据分布中每一个数值与均值的偏差的平均数是 1.76。

现在我们做一个简短的回顾，分析一下运用标准差公式的计算过程。这些过程很重要，需要回顾，而且会增加你对"标准差是什么"的理解。

首先，为什么我们不简单地将与均值的偏差累加起来？因为与均值偏差的总和一般都等于 0。试着计算偏差（2+2+2+1+0+0−1−1−2−3）的总和。实际上，这也是检查均值计算是否正确的最好方式。

TECH TALK　你可能会看到另一种类型的偏差，而且你应该了解它的含义。平均偏差（mean deviation 也叫作平均绝对偏差）是与均值偏差的绝对值的总和。你已经知道与均值偏差的总和一定等于 0（否则就是均值计算错误）。那么，我们取每一个偏差的绝对值（也就是不管正负号的数值）。将这些绝对值累加起来，然后除以数据点的个数，你就得到平均偏差（注意：一个数的绝对值通常用两边带有竖线的数值表示，就如 |5|。例如−6 的绝对值是 |−6|，也就是 6）。

其次，为什么我们计算偏差的平方？因为我们想消除负号，这样就使得累加偏差的时候总和不为 0。

最后，为什么第 7 步是以计算总值的平方根来结束？因为我们想回到开始时的计算单位。我们在第 4 步计算与均值偏差的平方（消除负值），接着在第 7 步计算总值的平方根。这就是有始有终。

为什么使用 $n-1$，而不是 n

你可能已经猜出我们为什么对均值偏差进行平方，以及为什么求总和的平方根。但是为什么公式中的分母要减去 1 呢？为什么我们除以 $n-1$ 而不只是 n 呢？这是个很好的问题。

答案是 s（标准差）是总体标准差的估计值，但是只有我们用 n 减去 1 的情况下才是无偏估计。我们把分母减去 1 会使得标准差大于实际的大小。为什么我们要这样做？因为好的科学家一般都是保守的。保守的含义是，如果我们不得不出错，我们出错也是由于过高估计了总体的标准差。除以较小的分母可让我们做到这一点。因此，我们除以 9 而不是 10，或者我们是除以 99 而不是 100。

TECH TALK　如果你的目的是描述样本的特征，有偏估计也可以。但如果你想用样本估计总体参数，最好要计算无偏统计值。

看看下面的数据表,你会发现样本规模变大(并且逐渐接近总体规模)会发生什么。$n-1$ 的调整对于标准差的有偏估计和无偏估计之间的差异的影响越来越小(数据表中黑体字一栏)。其他各项一致的情况下,样本规模越大标准差的有偏估计和无偏估计之间的差异越小。认真看下面的数据表,你会了解我们所说的内容。

样本规模	公式中分子的数值	总体标准差的有偏估计(除以 n)	总体标准差的无偏估计(除以 $n-1$)	有偏估计和无偏估计的差异
10	500	7.07	7.45	**0.38**
100	500	2.24	2.25	**0.01**
1 000	500	0.707 1	0.707 5	**0.000 4**

那么其中的规律是什么? 当你计算样本的标准差用于估计总体的参数值时,样本规模越接近总体规模,估计就会越准确。

重要的是什么

标准差的计算很简单。但是标准差的含义是什么? 作为一个变异性的量数,标准差可以告诉我们数据组的每一个数值与均值的偏差平均数。但是就如将在第 4 章可以看到的,标准差有一些非常实际的应用。为了激发学习的兴趣,考虑这一点:标准差可用于帮助我们比较来自不同数据分布的数值,即使均值和标准差不同。很奇妙吧! 这就如你将会看到的,非常酷。

需要记忆的内容

- 标准差是作为偏离均值的平均距离计算的。因此,你首先需要计算作为集中趋势量数的均值。因此计算标准差时不需要在中位数和众数上浪费时间。
- 标准差越大,数值分布越广,则数值之间的相互差异越大。
- 和均值一样,标准差对极值很敏感。当你计算样本的标准差时,若数据中存在极值,你就要在数据报告中注明这一点。
- 如果 $s = 0$,这组数据就没有一丁点儿变异性,而且各个数值都一样。这种情况很少发生。

计算方差

方差是另一个变异性量数,而且也让人感到惊奇。如果你知道一个数据组的标准差,而且可以计算一个数的平方,那就可以很容易地计算相同数据组的方差。第三个变异性量数,也就是方差(variance),就是标准差的平方。

换句话说,就是你之前看到的公式,只是没有平方根符号,就如公式 3.3 所示:

$$s^2 = \frac{\sum (X - \overline{X})^2}{n - 1} \tag{3.3}$$

如果你计算标准差时没有完成最后一步(计算平方根),那就得到方差。换句话说，$s^2 = s \times s$，即方差等于标准差自乘一次（或平方）。在我们的早前案例中，标准差等于 1.76，方差等于 1.76^2，也就是 3.11。另一个案例，包含 150 个数据的数据集的标准差是 2.34，那么方差就是 2.34^2，也就是 5.48。

你不大可能在杂志的文章中看到方差被提到，或者看到方差被用作描述统计。这是因为方差值很难解释或很难用于一组数据。总之，方差来自于偏差值的平方。

但是方差很重要，因为方差不仅是一个概念，也是许多统计公式和技术中实际应用的变异性量数。你会在本书后面的部分了解更多。

标准差与方差

标准差和方差哪些方面相同，哪些方面不同？

它们都是变异性、离散度或散布的量数。用于计算两者的公式非常类似。你常常会在学术论文的"结果"部分看到两者。

但是它们也非常的不同。

首先，而且最重要的是，标准差（因为我们计算偏差平方和的平均数的平方根）以最初的计算单位存在。方差以平方单位存在（没有计算平方根）。

这是什么意思？假定我们需要知道一组装配电路板的生产工人的变异性。我们假定他们每个小时平均装配 8.6 个电路板，标准差是 1.59。数值 1.59 的意义是每个小时装配的电路板与均值的平均差异是 1.59 个电路板。

让我们看看方差的解释，方差是 1.59^2，或 2.53。方差可解释的含义是：工人每个小时安装的电路板与均值的平均差异的平方大约是 2.53 个电路板。这两个值哪个更有解释意义？

使用计算机计算变异性量数

我们使用 SPSS 软件计算变异性量数。我们使用的数据文件是第 3 章数据集 1（Chapter 3 Data Set 1）。

这个数据集只有一个变量：

变　量	定　义
Reaction Time	敲击作业的反应时间

下面是计算本章讨论的变异性量数的步骤：

1.打开名称为第 3 章数据集 1（Chapter 3 Data Set 1）的文件。

2.点击 Analyze→Descriptive Statistics→Frequencies。

3.双击变量 Reaction Time 将变量 Reaction Time 移到 Variability(s)框。

4.点击 Statistics，你会看到 Frequencies:Statistics 对话框。使用这个对话框来选择你想要运行的变量和程序。

5.在 Dispersion 选项下，点击 Std.Deviation。

6.在 Dispersion 选项下，点击 Variance。

7.在 Dispersion 选项下,点击 Range。

8.点击 Continue。

9.点击 OK。

SPSS 输出结果

图 3.1 所示是变量 Reaction Time 在 SPSS 中的输出结果。这里有 30 个有效案例,没有缺失案例,标准差是.702 55。方差(或 s^2)等于.494,极差是 2.60。

Statistics		
Reaction Time		
N	Valid	30
	Missing	0
Std. Deviation		.70255
Variance		.494
Range		2.60

图 3.1 变量 Reaction Time 的输出结果

我们现在来看另一个数据集——第 3 章数据集 2。这个数据集有两个变量:

变 量	定 义
MathScore	数学测验成绩
ReadingScore	阅读测验成绩

按照之前给出的相同步骤操作,但是要注意第 3 步,你要选择两个变量。图 3.2 所示是 SPSS 输出结果,你可以看到 SPSS 输出的对应这两个变量的部分结果。一共 30 个有效案例,没有缺失案例。数学成绩的标准差是 12.36,方差是 152.7,级差是 43;阅读成绩的标准差是 18.700,方差是 349.689(这是一个很大的值),极值是 76(这个值也很大,反映出方差值很大)。

Statistics		
		Math_Score	Reading_Score
N	Valid	30	30
	Missing	0	0
Std. Deviation		12.357	18.700
Variance		152.700	349.689
Range		43	76

图 3.2 变量"数学测验成绩"和"阅读测验成绩"的输出结果

小 结

变异性量数帮助我们更全面地了解数据点的分布。与集中趋势量数一起,我们可以使用这些数值来区别不同的数据分布,而且有效地描述一组考试分数、身高或个性测量得分的分布。现在我们可以思考和讨论数据分布,并且可以采用不同的方式来考察这些数据。

练习时间

1.为什么极差是最方便的离散量数? 而且是最不精确的变异性量数? 我们何时使用极差?

2.计算下列项目的包含极差和不包含极差。

最高成绩	最低成绩	包含极差	不包含极差
7	6		
89	45		
34	14		
15	2		
1	1		

3.为什么大学新生的人格测量相对身高测量更具变异性?

4.为什么一个群体中的每个个体的测验成绩越类似,标准差就越小?

5.计算下面的数据集的极差、无偏标准差、有偏标准差和方差。请手动计算。

31,42,35,55,54,34,25,44,35

6.使用 SPSS 计算某一门课一学期三次测试成绩的描述统计值。哪一次测试的平均值最高? 哪一次测试的变异性量数最小?

测试 1	测试 2	测试 3
50	50	49
48	49	47
51	51	51
46	46	55
49	48	55
48	53	45
49	49	47
49	52	45
50	48	46
50	55	53

7.使用下面的数据手动计算无偏标准差和方差。

4,5,6,2,5,7,5,6,8,5

8.一组数据的方差是 25。这组数据的标准差和极差是多少?

9.使用第 3 章数据集 3 的数据来练习。这个数据集有两个变量。使用 SPSS 计算身高和体重的所有变异性量数。

变 量	定 义
身高	身高是多少英寸
体重	体重是多少磅

10.怎样分辨 SPSS 输出的标准差是有偏估计还是无偏估计?

一幅图真的相当于千言万语 4

本章你会学到什么 ☺☺☺☺

- 为什么一幅图真的相当于千言万语
- 如何建立直方图和多边形图
- 不同类型的统计表和它们的应用
- 使用 Excel 和 SPSS 建立统计图表

为什么要用图表说明数据

前面的两章已经学习了两种类型的描述统计——集中趋势量数和变异性量数。一个可以提供描述一组数据的最佳值（集中趋势），另一个测量数值之间彼此差异或不同的程度（变异性）。

我们之前没有做而现在要做的是考察看起来不同的数据分布中两类测量结果的差异程度。数字本身（例如 $\bar{X} = 10, s = 3$）很重要，但是用图形直观地展示，是更有效地描述数据分布特征和数据集特征的方式。

因此在这一章我们将学习如何用图形直观地展示数值的分布，以及如何使用不同类型的图形来表示不同类型的数据。

好图表的十个方面（少贪新，多练习）

无论你是手动或者使用计算机软件建立图形，这些实用的图形设计原则都适用。这里有十条原则需要参照，而且应该挂在你的案头。

1.减少图或表中无用的内容。"图表垃圾"（类似于"废话"）是指使用了计算机软件的每一个函数、图表和性能，由此制作的图表中密密麻麻地挤满了没用的信息。这类东西绝对是越少越好。

2.在开始制作最后的图表之前要制作草图。即使准备使用计算机软件制作图表也要使用制图纸。

3.直抒胸臆，别整花活——传达的信息要刚刚好。没有比堆积图表（附带太多的文字和花哨的特征）来迷惑读者更坏的事情了。

4.给所有的内容贴标签，不要留下让读者不理解的内容。

5.一个图表应该只传递一个观点。

6.保持图表平衡。建立图表时,标题和数轴标签要置中。

7.保持图表的比例。比例是指横轴和纵轴之间的关系。这里的比例通常是 3:4,也就是图表的宽若是 3 英寸,那么高就是 4 英寸。

8.简单最好。保持图表简单,但不能过于简化。尽可能只表达一个观点,而减去的信息在接下来的正文中保留。记住,一个图或表应该是可以独立存在的,读者能够只看它就理解传递的信息。

9.限制你所使用的单词数目。单词太多或太长都会削弱你的图表传递的直观信息。

10.单凭图本身就要能够呈现你要表达的内容。如果不能,返回准备阶段重新制作。

初步之初:建立频数分布

用图表说明数据的最基本的方式是建立频数分布。频数分布（frequency distribution）是记录和展现特定数据出现次数的方法。在建立频数分布过程中,数值通常依据一定的组距或数值范围分组。

现有的数据是 50 个阅读理解考试的成绩,以及这些考试成绩的频数分布。

下面是建立频数分布的原始数据:

47	10	31	25	20
2	11	31	25	21
44	14	15	26	21
41	14	16	26	21
7	30	17	27	24
6	30	16	29	24
35	32	15	29	23
38	33	19	28	20
35	34	18	29	21
36	32	16	27	20

这是频数分布表:

组　距	频　数
45~49	1
40~44	2
35~39	4
30~34	8
25~29	10
20~24	10
15~19	8
10~14	4
5~9	2
0~4	1

最适合的组距

就如你在上表中所看到,组距（dass interval）是一个值域范围,而且建立频数分布的第一步就是定义每一个组距的大小。在我们建立的频数分布中可以看到，每一个组距包含 5 个值，例如 5~9（包含 5,6,7,8 和 9）和 40~44（包含 40,41,42,43 和 44）。我们如何决定一个组距只包含 5 个值？为什么不是各包含 10 个数值的 5 个组距？或者各包含 25 个数值的两个组距？

不论你处理的数据集中数值的规模有多大，建立组距都要参照如下一些一般原则。

1.选择一个包含 2,5,10 或 20 个数据点的组距。在我们的案例中，选择了包含 5 个数据点的组距。

2.选择一个组距，使得 10~20 个这样的组距就可以覆盖所有的数据。完成这一步的简便方式是计算极差，接着除以你想使用的组距的个数（10~20）。在我们的案例中有 50 个数值，而且我们想用 10 个组距：50/10＝5，这就是每一个组距的规模。如果你有一个值域范围是 100~400 的数据集，你可以从下面的估计开始并以此为基础计算：300/20＝15，因此 15 就是组距。

3.根据组距把所有分组罗列出来。在之前给出的频数分布中，组距是 5，而且我们的最低组距以 0 开始。

4.最后，最大的组距处在频数分布的顶端。

一旦建立了组距，就着手完成频数分布的频数部分。这就是简单的计算原始数据中每一个数值出现的次数，接着将这个数字放入这个数值代表的组距。

在我们之前建立的频数分布中，在 30 和 34 之间出现的数值的个数或在 30~34 的组距中数值的个数是 8。因此，8 写入频数所对应的列。这就是频数分布。

图形密度：建立直方图

现在，我们已经得到了多少数值落入对应组距的记录，接着就进入下一步并建立直方图——频数分布的形象表示，图中频数以条形表示。

依据你所读的书和使用的软件，数据的形象表示就是图（graphs）（例如在 SPSS 软件中）或表（charts）（例如在 Excel 的电子数据表中）。实际上两者没有差别。你需要了解的就是图表是数据的形象表示。

依据下面的步骤建立直方图。

1—使用制图纸，在 X-轴等距离地列出数值，如图 4.1 所示。现在确定组距的组中值，也就是位于组距中间的数据点。组中值很容易计算，一眼就看得出来，但是你也可以简单地将组距的最大值和最小值加起来然后除以 2。例如 0~4 组距的组中值是 0 和 4 的平均数，也就是 4/2＝2。

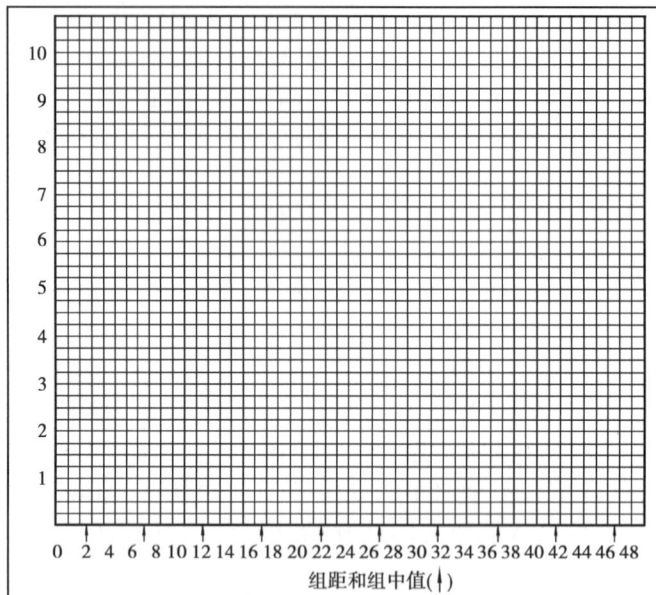

图 4.1　沿 x-轴的组距

2—围绕每一个代表组距的组中值(midpoint)绘制高度为代表这个
　　组距频数的条形或柱形。例如在图 4.2 中，你可以看到的第一
　　个条形,也就是 0~4 组距是由频数 1 代表(表示 1 乘以 0 到 4
　　之间的一个值)。继续绘制条形或柱形直到每一个组距的频数
　　都用图形得到表示。下面是一幅很不错的手绘的表示我们之
　　前提到的 50 个数值的频数分布的直方图。

注意每一个组距是如何由 x 轴的一定值域代表的。

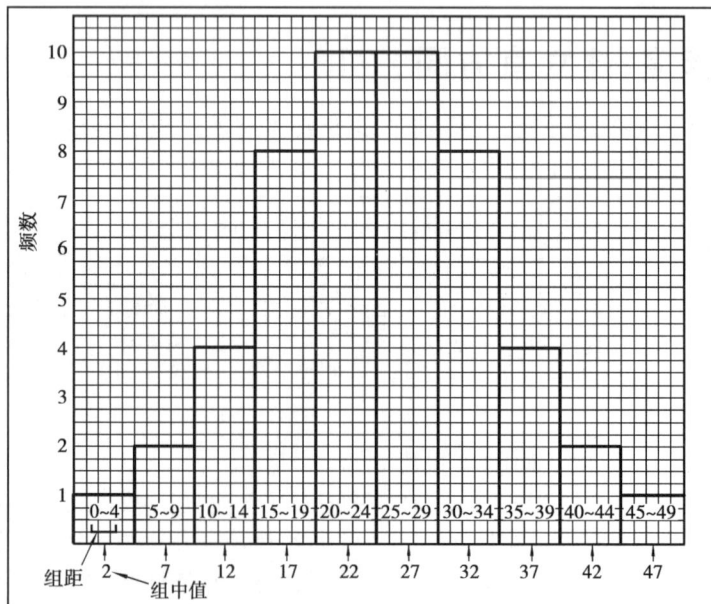

图 4.2　手绘直方图

点算计数方法

通过上页的简单频数分布图就可以知道,这比起简单地列出数据,能让你对数值分布了解更多。你会对有什么数据和数据发生的频数有很好的了解。但还有另外的图形可以展示每一个数值发生的次数,如图4.3所示。

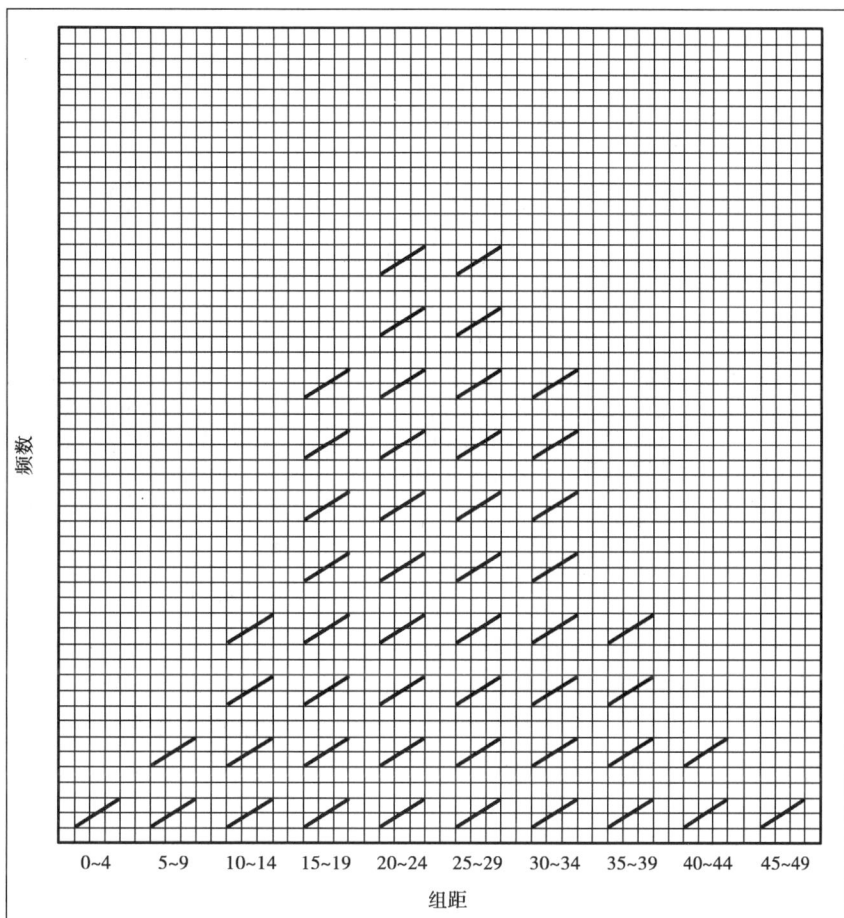

图 4.3　点算数值

我们使用点算特定组距所包含的数值的频数的方法。这种方式可以更直观地表示一个数值相对于另一个数值出现的次数的多少。

下一步:频数多边形图

建立直方图或点算图不是很困难,而下一步(下一个用图形说明数据的方式)更容易。我们准备使用相同的数据——实际上就是刚才建立的直方图——建立频数多边形图(frequency polygon)。频数多边形图是代表组距内数值频数的连续线段,如图4.4所示。

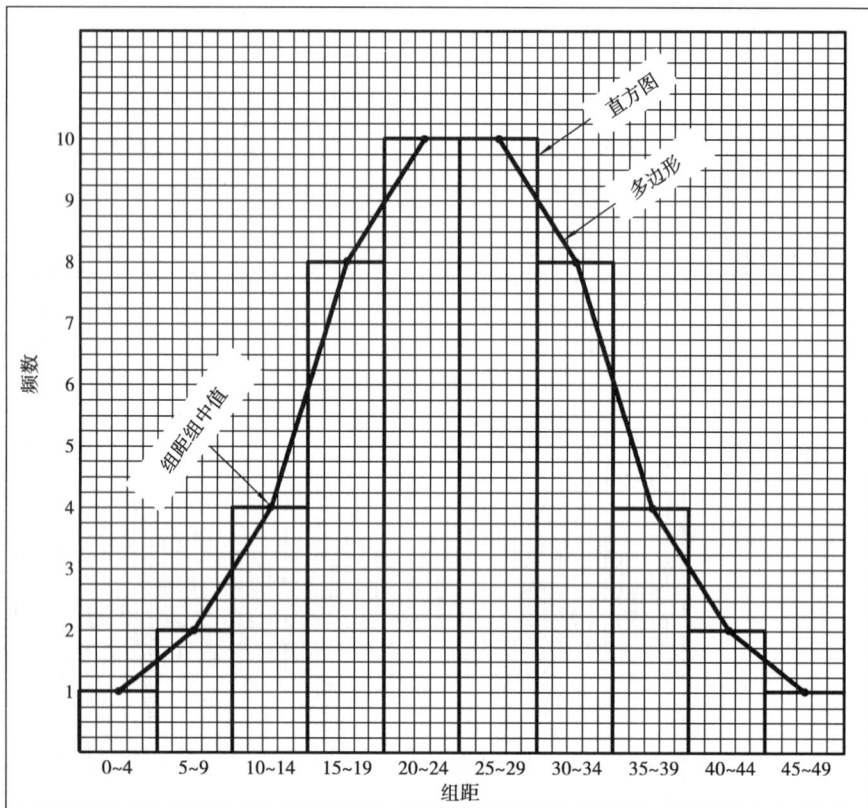

图 4.4　手绘频数多边形图

如何绘制频数多边形图？按照下面的步骤来做。

1—在直方图的条形或柱形的顶端设置组中值。（见图 4.4）

2—用线段连接组中值就得到它——频数多边形图。

注意在图 4.4 中，作为频数多边形图建立基础的直方图是用横线和竖线绘制，而多边形图是用曲线绘制。这是因为，即使我们想让你看到频数多边形图建立的基础，通常你也看不到在多边形图之下的直方图。

为什么使用频数多边形图而不是直方图来表示数据？频数多边形图是更优的选择。频数多边形图看起来比直方图（表示频数变化的直线看起来总那么规整）更生动，但是基本上涵盖的是相同的信息。

累计频数

如果建立了频数分布，而且已经用直方图或频数多边形图对那些数据进行了形象的展示，那么还有另一种选择就是建立组距内数值的累计发生频数的形象图示。这就是累计频数分布（camulative frequency diseribution）。

累计频数分布的基础就是数据的频数分布，但是多增加了一列（累计频数），如下表所示。

组 距	频 数	累计频数
45~49	1	50
40~44	2	49
35~39	4	47
30~34	8	43
25~29	10	35
20~24	10	25
15~19	8	15
10~14	4	7
5~9	2	3
0~4	1	1

先建立标签为累计频数的新的一列。接着将一个组距的频数和其下的所有频数加起来。例如,0~4 组距的发生频数是 1,在这一组之下没有其他组距,因此累计频数是 1。对于 5~9 组距来说,这一组的发生频数是 2,这一组之下的发生频数是 1,因此这一组或这一组之下的总的频数是 3(1+2)。最后的组距(45~49)发生频数是 1,因此这一组或这一组之下的总的频数是 50。

一旦我们建立了累计频数分布,那么数据就可以表示为直方图或频数多边形图。这一次,我们直接以每个组距的累计频数对应组距中点来绘制。你可以在图 4.5 看到以这一章开始提供的 50 个数值为基础建立的累计频数分布。

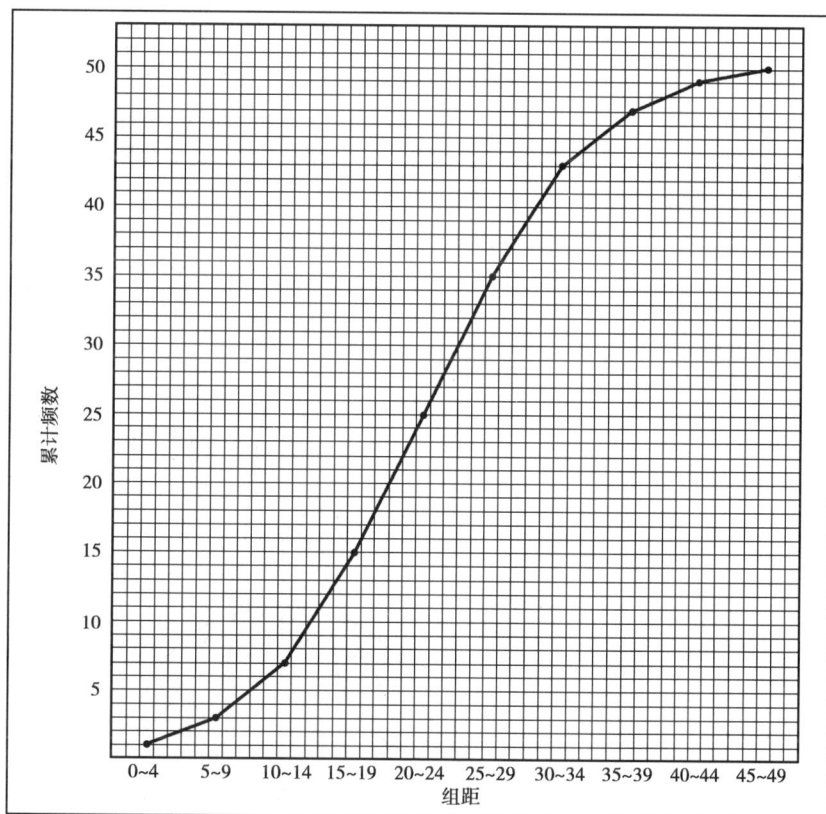

图 4.5　手绘累计频数分布图

累计频数多边形图的另一个名称是肩形图(ogive)。而且,如果数据是正态分布(见第7章更多的内容),肩形图呈现出的就是更为大家熟悉的钟形曲线或正态分布。SPSS可以建立很好的肩形图——也称作P-P图(用于概率图),而且很容易建立。阅读附录A关于使用SPSS建立图表的介绍,而且阅读本章接下来所有的内容。

扁平和狭长的频数分布

现在你可以一定程度地推断数据分布相互之间在许多方面非常的不同。实际上,在四个方面不同:平均值、变异性、偏度(也叫倾斜度——译者注)和峰度。后面两项是新的概念,我们会在图形展示这两项时再进行定义。现在依次定义这四项特征值,并且用图形说明。

平均值

我们再次回顾集中趋势量数。如图4.6所示,你会看到三个不同的数据分布的平均值的差异程度。你会看到数据分布C的平均值大于分布B的平均值,相应的分布B的平均值大于分布A的平均值。

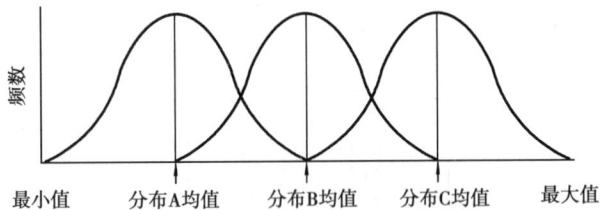

图4.6　数据分布的平均值差异程度

变异性

在图4.7中你可以看到具有相同平均值但是变异性不同的三个数据分布。数据分布A的变异性小于数据分布B的变异性,相应的分布B的变异性小于分布C的变异性。换句话说就是三个数据分布中分布C的变异性最大,分布A的变异性最小。

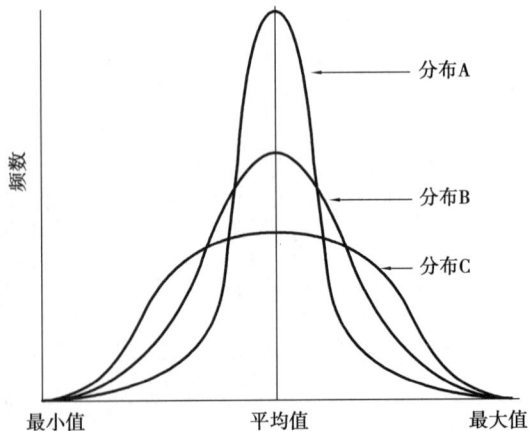

图4.7　数据分布的变异性差异程度

偏　度

偏度(skewness)是对数据分布对称性缺失或者分布不平衡的测量。换句话说就是分布的一个"尾巴"比另一个长。例如在图 4.8 中,数据分布 A 的右侧尾比左侧尾长,相应的就是分布的大数值一端的发生次数较小。这是正偏度分布。以下案例就是这种情况:一次难度非常大的考试,只有少数学生取得相当高的成绩,而大多数学生的成绩相当低。分布 C 的右侧尾比左侧尾短,相应的就是分布的大数值一端的发生次数较大。这是负偏度分布,难度较小的考试就是这种情况(大多数是高分,相应的少数是低分)。分布 B 刚好左右尾相等,而且没有偏度。如果均值大于中位数,就是正偏度分布。如果中位数大于均值,就是负偏度分布。

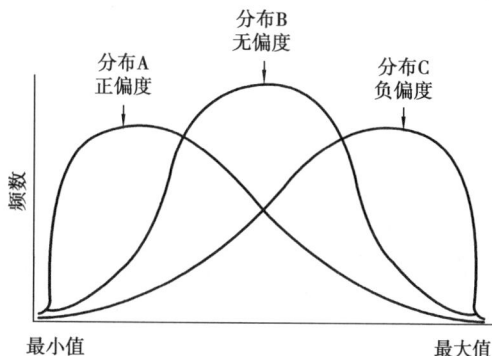

图 4.8　不同分布的偏度

峰　度

虽然这个词听起来像个医疗条件,但这是我们区分数据分布相互区别程度的四个方面的最后一个。峰度(kurtosis)与数据分布看起来是扁平还是陡峭有关,而且用于描述这个特征的概念是相对的。例如,低阔峰(platykurtic)一词是指数据分布相对于正态分布或钟形分布来说十分的扁平。高狭峰(leptokurtic)一词是指数据分布相对于正态分布或钟形分布来说十分的陡峭。在图 4.9 中,数据分布 A 与分布 B 相比是扁平的。数据分布 C 与分布 B 相比是陡峭的。图 4.9 看起来与图 4.7 类似,这是由于一个很好的原因——例如低阔峰数据分布比不是低阔峰的数据分布更分散。类似地,陡峭峰数据分布相对于其他分布来说离散性或变异性更小。

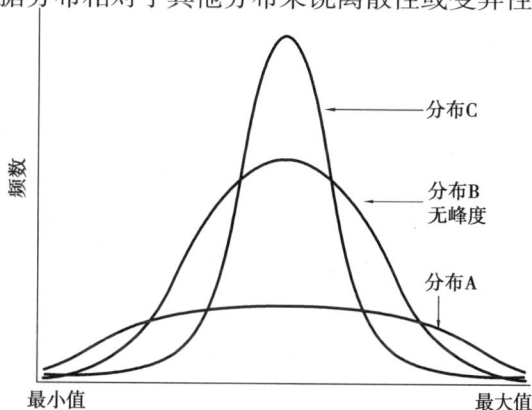

图 4.9　不同分布的峰度

TECH TALK

偏度和峰度是常用的描述用语（例如，"这是负偏度分布"），有一些数学指标可以测定分布的倾斜或陡峭的程度。

例如，偏度是通过均值减去中位数计算。例如数据分布的均值是 100 而中位数是 95，偏度值是 100−95＝5，这个数据分布是正偏度分布。如果数据分布的均值是 85 而中位数是 90，偏度值是 85−90＝−5，这个数据分布是负偏度分布。其实还有更复杂的公式，这个公式因为考虑了数据分布的标准差，所以计算出的偏度指标能够相互比较（见公式 4.1）。

$$SK = \frac{3(\overline{X} - M)}{s} \qquad (4.1)$$

其中　SK 是皮尔逊（他也计算相关系数，你会在第 5 章了解他）偏度量数；

$\overline{X}$ 是均值；

M 是中位数。

例如数据分布 A 的均值是 100，中位数是 105，标准差是 10。数据分布 B 的均值是 120，中位数是 116，标准差是 10。使用皮尔逊的公式，分布 A 的偏度是−1.5，分布 B 的偏度是 1.2。分布 A 是负偏度，分布 B 是正偏度。不管偏度的方向如何，分布 A 比分布 B 更倾斜。

现在我们讨论数据分布的"峰度"。峰度也可以使用下面的公式计算：

$$K = \frac{\sum \left(\dfrac{X - \overline{X}}{s} \right)^4}{n} - 3$$

其中　$\sum$ ＝总和；

X＝具体的数值；

$\overline{X}$ ＝样本均值；

s＝标准差；

n＝样本规模。

这是一个比较复杂的公式，基本上就是用来计算一组数据的分布是平滑还是陡峭。如果每一个数都相同，那么分子就是 0，K＝0。如果数据是正态分布或者常峰态分布，K 值为 0。如果每一个数（公式中的 X）与均值有很大的差异（也就是变异性很大），那么数据分布曲线就会十分陡峭。

其他用图表显示数据的绝妙方法

到现在为止本章我们所做的就是给出一些数据，然后说明如何使用图表如直方图和多边形图来形象地展示数据。但是在行为和社会科学领域还使用一些其他类型的图表,虽然对你来说没必要确切地知道如何建立(或手动绘制)这些图表,但是你至少应该熟悉它们的名称和应用。因此下面介绍这些流行的图表,如何应用以及如何实现它们。

这里有许多建立图表的很好的个人电脑软件,其中就有 Excel 电子数据表(微软产品),当然还有 SPSS。作为参考,图 4.10、图 4.11 与图 4.12 是应用 Excel 建立的图表。"使用计算机图示数据"部分的图表是使用 SPSS 建立的。

柱形图

如果你想比较不同分类之间的频数就应该用柱形图。分类项在水平轴 x 轴上显示,数值在垂直轴 y 轴上显示。下面的例子你可能想要使用柱形图:

- 不同政党背景的投票人数
- 不同产品的销售量
- 六个不同年级的学生人数

图 4.10 表示不同政党背景的投票人数。

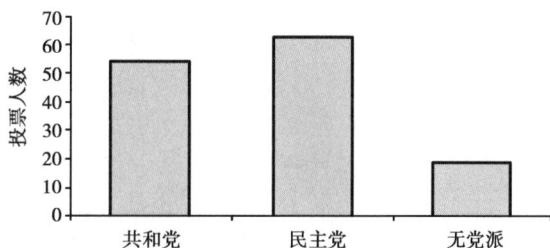

图 4.10　比较不同分类的柱形图

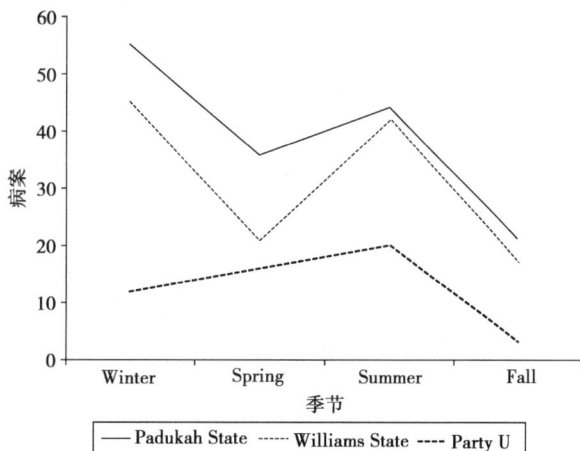

图 4.11　使用线图表明数据随时间发展的趋势

条形图

条形图和柱形图一样,但是在条形图中,分类项在垂直轴 y 轴上显示,数值在水平轴 x 轴上显示。

线 图

当你想用相同的间距表示数据的趋势,就用线图。下面的例子你可能想要使用线图:

- 三个州立大学的大学生中每季出现单核白血球增多症病案的数量
- 每学年入学人数的变化
- 两个航线每季的旅行人数

在图 4.11 中你可以看到三个州立大学的大学生中每季汇报的单核白血球增多症病案的数量的线图。

饼 图

如果你想表示组成一系列数据点的项目的比例,可以使用饼图。下面的例子你可能想要使用饼图:

- 生活贫困的儿童中各种族的比例
- 注册夜间部和日间部的学生的比例
- 不同性别的参与者的年龄分布

在图 4.12,你可以看到不同种族的生活贫困的儿童的数量的饼图。

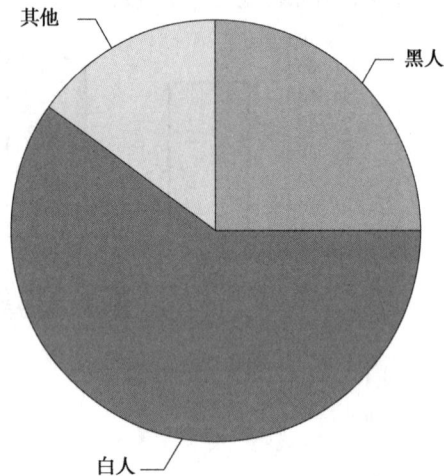

图 4.12　说明不同分类项的相对比例的饼图

使用计算机图示数据

现在我们使用 SPSS,并逐步建立本章讨论的一些图表。首先了解 SPSS 图表建立的一般规则。

1.要建立图表,你首先录入想要图示说明的数据,接着从 Graphs 菜单选择你想建立的图表类型(看,我已经告诉你在不同的设置中它们的称谓不同)。SPSS 把数据的形象表示叫作 graphs。

2.编辑图表,双击图表本身就会打开图表编辑器(Chart Editor)。编辑图表直到你看着适合。

3.返回最初的图表,点击窗口左上角的图标关闭图表编辑器。

建立直方图

1—录入你想用于建立图表的数据。在这个案例中,我们使用建立本章开始所示的直方图所用的相同数据。

2—点击 Graphs→Interactive→Histogram,你就会看到如图 4.13 所示的直方图对话框。

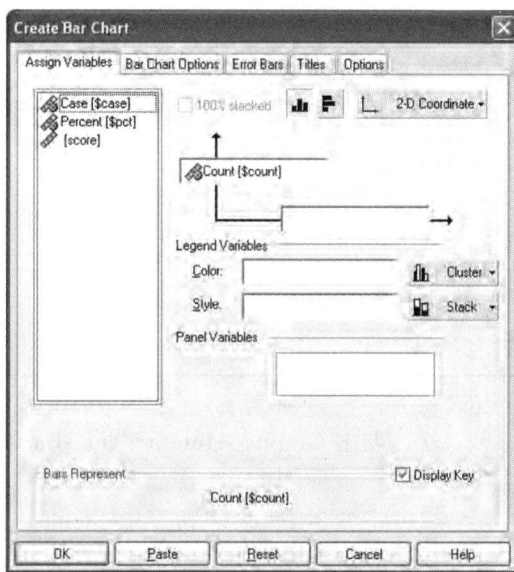

图 4.13 直方图对话框

3—双击变量 score 将变量移到 Count 之下的空白框。

4—点击 OK,就输出如图 4.14 所示直方图。

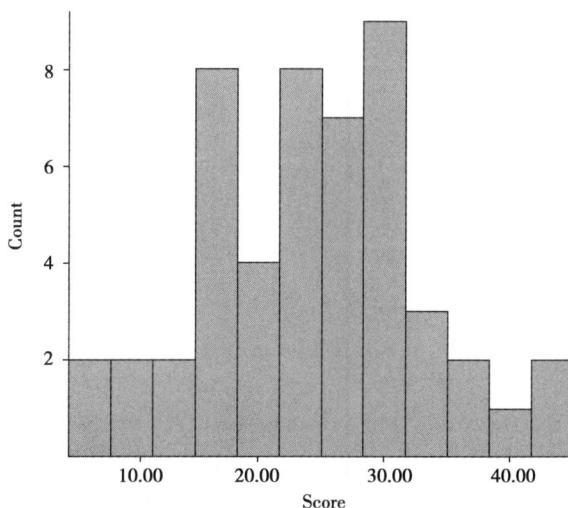

图 4.14 使用 SPSS 建立直方图

图 4.14 中的直方图和本章之前所示的 50 个案例的手绘图有些不同。差异之处在于 SPSS 是用自身独特的方法定义组距。SPSS 将组距的最低值作为组距的中点(例如 10),而不是组中值(例如12.5)。相应的考试成绩被分配到不同的组。从中可以学到什么?不同的数据分组将会使得数据看起来像有很大的不同。只有你对 SPSS 有很好的了解,就可以进行各种类型的优化调整,得到你最想要的图表。

建立条形图

依据下面的步骤建立条形图。输入你想用于建立图表的数据。这是我们要用的数据:

共和党(Republican)	民主党(Democrat)	无党派(Independent)
54	63	19

1—点击 Graphs→Interactive→Bar,你就会看到如图 4.15 所示的建立条形图的对话框。

2—将变量 party 移到变量 Count 之下的空白框。

3—点击 OK,你就会看到如图 4.16 所示的条形图(不是很完美)。你可以从很多方面使得建立图表过程更有意思,但是就现在来说,就这样,先不去管它。

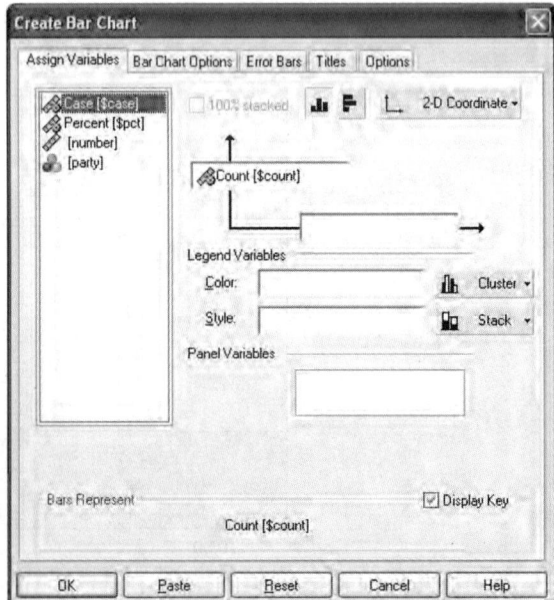

图 4.15 条形图对话框

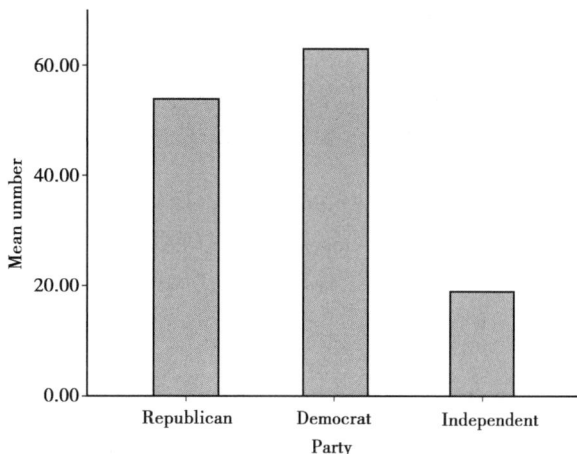

图 4.16 使用 SPSS 建立的条形图(类似于柱形图)

建立线图

按照如下的步骤建立线图:

1—录入你想建立线图的数据。在这个案例中,我们使用某个大学的大学生在三个月内汇报的腮腺炎的数量:

八月	九月	十月
15	24	33

2—Graphs→Interactive→Bar→Line,你就会看到如图 4.17 所示建立线图对话框。

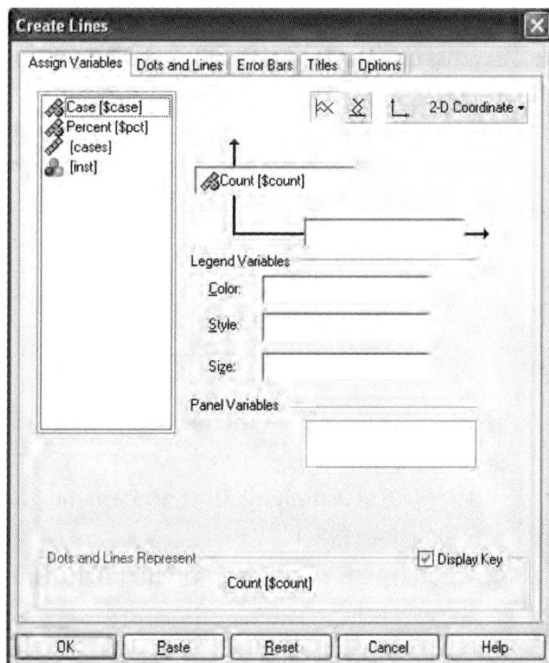

图 4.17 线图对话框

我们又一次遇到了语言上的不一致。SPSS 使用 Graphs 建立数据的形象图示,但是在对话框中使用 charts 一词。问题就是如果这个图看起来就是平面的,那么使用 chart 或 graph 是你的选择。

3—将变量 Month 移到横轴框中。

4—将变量 Cases 移到纵轴框中。

5—点击 OK,你就会看到如图 4.18 所示的简单线图。

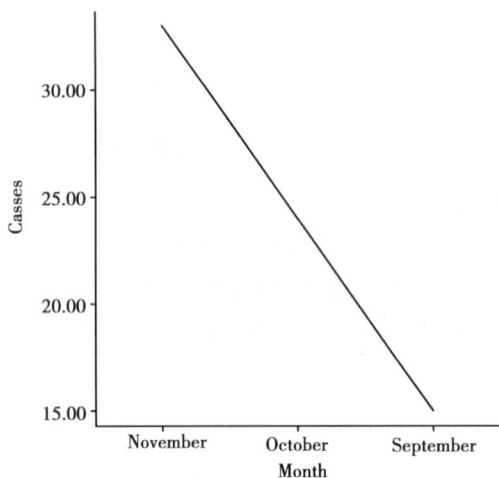

图 4.18　三个月内腮腺炎数量的线图

建立饼图

按照如下步骤建立饼图。

1—录入你想用于建立饼图的数据。在这个案例中,饼图用于表示不同种族的生活在贫困状态的儿童的数量。这就是数据:

种族	比例
白人(White)	61
黑人(Black)	25
其他(Other)	14

2—点击 Graphs → Interactive → Bar → Pie,你就会看到建立饼图对话框。

3—将变量 Ethnicity 和变量 Percentage 移到建立饼图对话框中适当的空白框中。

4—点击 OK,你就会看到如图 4.19 所示的饼图。

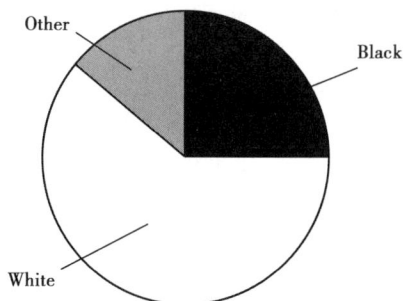

图 4.19　饼图——表示几个变量在总体中的比重的好方法

小　结

毫无疑问建立图表很有趣,而且能极大地增加对数据的理解。依据我们在本章给出的建议可以很好地制作使用图表,不仅会而且已经加强了对数据的理解。

练习时间

1.50 个阅读理解考试成绩(变量名 comp_sc)构成的名称为第 4 章数据集 1 (Chapter 4 Data Set 1)的数据集可以在网上获得。回答下面的问题或完成下面的任务:

a.建立这个数据集的频数分布和直方图。

b.为什么选择你所用的组距?

c.这是有偏度的分布吗?你如何知道的?

2.下面是一个频数分布。手动或者使用其他软件如 Excel 制作直方图。

组　距	频　数
90~100	12
80~89	14
70~79	20
60~69	24
50~59	28
40~49	29
30~39	21
20~29	15
10~19	17
0~9	12

3.确定下面的分布是负偏度、正偏度还是无偏度?为什么?

a.有天赋的运动员的跳高项目的得分非常高。

b.在一个很一般的测试中每个人得到的成绩相同。

c.在今年最难的拼写测试中,三年级的学生面对着像遭过抢劫的考分流下了眼泪。

4.针对下面的每一种情况,说明你是使用饼图、线图还是条形图?为什么。

a.某个大学的一年级、二年级、三年级和四年级学生的比例。

b.四个学期的平均成绩（GPA）的变化。

c.申请四个不同职位的人数。

d.对不同刺激的反应时间。

e.一个参与者在 10 个项目中每一项的不同得分。

5.提供你可能使用下列图表的案例。例如你使用饼图表示 1 到 6 年级得到降价午餐的学生的比例。如果你给出案例，手动画出相应的图表。

a.线图。

b.条形图。

c.饼图。

6.去图书馆找一篇你感兴趣的领域的期刊文章，文章包含调查数据但是没有对应数据的图表。使用这些数据建立图表。要确定你要建立哪一类型的图表，以及为什么做出这样的选择。你可以手绘图表，或者使用 SPSS、Excel 建立图表。

7.建立你能够建立的看起来最坏的图表，如表格拥挤和文字无用。活生生的糟糕案例会令人印象深刻。

冰淇淋和犯罪——计算相关系数 **5**

本章你会学到什么 ☺☺

- 什么是相关系数,相关系数如何应用
- 如何计算简单的相关系数
- 如何解释相关系数的值
- 其他类型的相关系数

相关系数到底是什么

集中趋势量数和变异性量数不是我们最看好的用于描述数据集看起来是什么的唯一的描述统计。你已经了解,最具代表性的统计值(集中趋势)和散布或离散性(变异性)量数的值是描述数据分布特征的关键。

但是,我们有时对变量之间的关系感兴趣。或者更准确地说,当一个变量发生变化时,另一个变量如何变化。我们的这种兴趣表现在计算简单相关系数上。

相关系数(correlation coefficient)是反映两个变量之间关系的量化指标。这个描述统计值的值域范围是-1 到 1。两个变量的相关有时也叫作二元相关。本章大部分讨论的相关类型是皮尔逊积距相关(Pearson product-momentcorrelation),是以它的发明者卡尔·皮尔逊命名的。

TECH TALK

皮尔逊相关系数考察两个变量之间的关系,但是这些变量的属性是连续的。换句话说,这些变量可能是某些基本的连续体中的任何值,例如体重、年龄、考试成绩或收入。但是大多数变量是不连续的。这些变量叫作离散变量或者类别变量,例如种族(如白人和黑人)、社会阶级(如高和低)和政党背景(如民主党和共和党)。你需要使用其他相关技术,如这些情况下要用的点二列相关。这些内容需要更高级的课程,但是你应该知道这些技术非常有用,也被广泛接受。我们在本章后面的部分还会对这些技术进行简短讨论。

还有其他类型的相关系数用于测量两个以上变量之间的关系,而且我们会把这些内容留到下一个统计课程(你现在已经期望这样的课程了,对吧?)。

相关系数的类型:选择1和选择2

相关反映变量间关系的动态性质。这样做可以让我们理解变量发生变化时变化的方向是相同还是相反的。如果变量变化方向相同,相关是同向相关或正相关(direct correlation 或 positive correlation)。如果变量变化方向相反,相关是反向相关或负相关(indirect correlation 或 negative correlation)。表5.1 给出这些关系的汇总。

表 5.1 相关关系的类型和相应的变量之间的关系

变量 X 的变化	变量 Y 的变化	相关关系的类型	数 值	例 子
X 值增大	Y 值增大	同向的或正向的	正值,[.00,1.00]	你用于学习的时间越多,考试成绩就会越高。
X 值降低	Y 值降低	同向的或正向的	正值,[.00,1.00]	你在银行存的钱越少,所得利息就越少。
X 值增大	Y 值降低	反向的或负向的	负值,[-1.00,.00]	你运动越多,体重就越轻。
X 值降低	Y 值增大	反向的或负向的	负值,[-1.00,.00]	你完成考试的时间越少,所犯的错误越多。

现在要记住表中的例子反映的是通则。例如,考虑一次考试中完成试卷的时间和答对题目的数量:一般来说,一次考试所用的时间越少成绩越低。

这样的结论不是火箭科学,因为回答得越快越可能有疏漏,例如没有正确地阅读指导语。当然也有人既能答得快又能答得好,而且也有人虽然答得很慢但却不能回答得很好。重要的是,我们讨论的是一个群体在两个变量上的表现,是计算一个群体的两个变量之间的相关,而不是对应任何一个特定的个人。

需要记忆的内容

这里有许多与相关系数有关的简单但重要的内容。

- 相关系数的值域范围是[-1,1]
- 相关系数的绝对值反映相关的强度。因此,相关系数-0.70比相关系数0.50表示的相关强度大。在考虑相关系数时,学生们常犯的一个错误是,只是因为正负号的原因而认为正相关总是比负相关强(例如"更好")。
- 相关适用于反映每个个体至少有两个数据点(或变量)的状况。
- 另一个易犯的错误是依据相关符号进行价值判断。许多学生认为负相关不好而正相关很好。如果他们仅仅从字面上理解,就会犯下"正相关"总是比"负相关"更强更好的错误。
- 皮尔逊积距相关系数用小写字母 r 表示,r 的下标表示相关的两

个变量。例如，

r_{XY} 是变量 X 和变量 Y 之间的相关系数。

$r_{weight\text{-}height}$ 是身高和体重之间的相关系数。

$r_{SAT\text{-}GPA}$ 是学术能力测验成绩（SAT）和平均成绩（GPA）之间的相关系数。

TECH TALK

相关系数反映两个变量共同变化的程度。例如，你可以预期一个人的身高和他的体重相关，因为他们共享许多特征，如个人的营养和医疗史、总的健康状况和基因。但是，如果一个变量值不发生变化，那么就不存在什么共同的变异性，也就是两个变量之间的相关系数为 0。例如，你计算年龄和完成的就学年限之间的相关，而每个人的年龄是 25 岁，那么这两个变量之间就不相关，因为就学年限和年龄之间完全没有一起变化的部分（任何的变异性）。

同样的，如果限制或者控制一个变量的值域范围，这个变量和其他变量之间的相关系数相对于变量的值没有限制的情况来说会更小。例如你计算成绩优异学生的阅读理解成绩和年级之间的相关，你会发现相关系数小于你从全体学生计算得到的同一相关系数。这是因为成绩优异学生的阅读理解成绩也非常好，相对于所有的学生来说这个成绩的变化很小。那么应该怎样避免这种情况？如果你对两个变量之间的关系感兴趣，就尽力收集充分的离散数据——这样你才可以得到最具代表性的结果。

计算简单相关系数

公式 5.1 所示是变量 X 与变量 Y 之间的简单皮尔逊积矩相关系数的计算公式：

$$r_{XY} = \frac{n \sum XY - \sum X \sum Y}{\sqrt{\left[n \sum X^2 - \left(\sum X \right)^2 \right] \left[n \sum Y^2 - \left(\sum Y \right)^2 \right]}} \tag{5.1}$$

其中　r_{XY} 是 X 与 Y 之间的相关系数

n 是样本规模

X 是变量 X 的具体数值

Y 是变量 Y 的具体数值

XY 是每一个 X 值与相应的 Y 值的乘积

X^2 是 X 值的平方

Y^2 是 Y 值的平方

这是案例中使用的数据：

	X	Y	X^2	Y^2	XY
	2	3	4	9	6
	4	2	16	4	8
	5	6	25	36	30
	6	5	36	25	30
	4	3	16	9	12
	7	6	49	36	42
	8	5	64	25	40
	5	4	25	16	20
	6	4	36	16	24
	7	5	49	25	35
总计、合计或 $\sum$	54	43	320	201	247

在将数据代入公式之前,我们要确信你理解了每一符号代表的含义。

$\sum X$ 或 X 值的总和是 54。

$\sum Y$ 或 Y 值的总和是 43。

$\sum X^2$ 是每一个 X 值的平方的总和,是 320。

$\sum Y^2$ 是每一个 Y 值的平方的总和,是 201。

$\sum XY$ 是 X 和 Y 的乘积的总和,是 247。

> 一系列值的总和的平方与平方值的总和很容易混淆。一系列值的总和的平方,就如 2 和 3,先加起来(就是 5),接着将和值平方(是 25)。平方值的总和,就如 2 和 3,先平方(分别是 4 和 9),接着将平方值加起来(是 13)。当你比较时看括号内的数字。

按照下面的步骤计算相关系数:

1—列出每个参与者的两个数值。你应该以列的形式列出以避免混淆。

2—计算所有 X 值的总和,并计算所有 Y 值的总和。

3—计算每个 X 值的平方,并计算每个 Y 值的平方。

4—计算 XY 的总和。

将这些值代入公式 5.2 的等式中:

$$r_{XY} = \frac{(10 \times 247) - (54 \times 43)}{\sqrt{[(10 \times 320) - 54^2][(10 \times 201) - 43^2]}} \tag{5.2}$$

对啦,你会在公式 5.3 中看到答案:

$$r_{XY} = \frac{148}{213.83} = .692 \tag{5.3}$$

相关系数真正有意义的部分是测量一个变量与另一个共变的变量之间的距离。如果两个变量都很多变(拥有许多差异很大的数值),这两个变量之间的相关系数就可能大于变化都不大的两个变量之间的相关系数。当然这不是说变异性很大就保证了较大的相关系数,因为变量的具体数值必须是以相同的系统的方式变化。如果方差是包含在一个变量内,不论其他变量如何变化,相关系数都会很低。例如,你只计算班级成绩好的 10% 的学生的高中学习成绩和大学第一年的学习成绩之间的相关系数。成绩好的 10% 的学生的成绩都差不多,就不会有变异性或者空间可以将一个变量的变化解释为是由于另一个变量的变化引起的。猜一下,如果计算一个变量和另一个不变的变量之间的相关系数,你得到什么结果? $r_{xy} = 0$,这就是结果。那么要记住的是什么? 变异性产生影响,不应该人为地限制变异性。

相关的图示表达:散点图

一种非常简单、直观的表示相关的方式是建立所谓的散点图(scatterplot),或散布图(scattergram)。这是数据集在坐标轴上分布形成的简单图示。

我们依据下面的步骤建立如图 5.1 所示的散布图,用的数据是在上面已经计算了相关系数的 10 对数值。

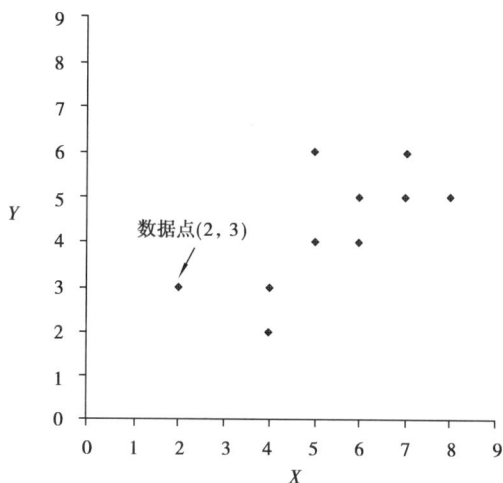

图 5.1 简单的散点图

1—画出 X 轴和 Y 轴。一般来说,变量 X 在横轴,变量 Y 在纵轴。

2—依据你知道的数据标出数轴的值域范围。例如,在我们的案例中变量 X 的值域范围是 2~8,因此我们在 X 轴标出的值域范围是 0~9。值域范围标注的高一些或低一些没有影响——只要你留出数值能出现的空间。变量 Y 的值域范围是 2~6,因此我们在 Y 轴标出的值域范围是 0~9。这类带标签的数轴有时能使完成的散点图更容易理解。

3—最后,对应每对数值(例如图 5.1 中所示的 2 和 3)我们在图中标注一点,标注的地方是 2 对应 X 轴 3 对应 Y 轴。就如在图5.1 中所看到的,点代表数据点(data point),是两个值的交叉点。

绘出了所有的数据点之后,我们所绘的这个图就能告诉我们两个变量之间的关系。首先,数据点集合的形状表明了相关是正向的还是负向的。

如果一组数据点形成的点集是从 X 轴和 Y 轴的左下角到右上角,就会出现正向的斜率。如果一组数据点形成的点集是从 X 轴和 Y 轴的左上角到右下角,就会出现负向的斜率。

图 5.2 到 5.6 给出了各种不同相关的示例,从中你能看到一组数据点如何反映相关系数的强度和方向。

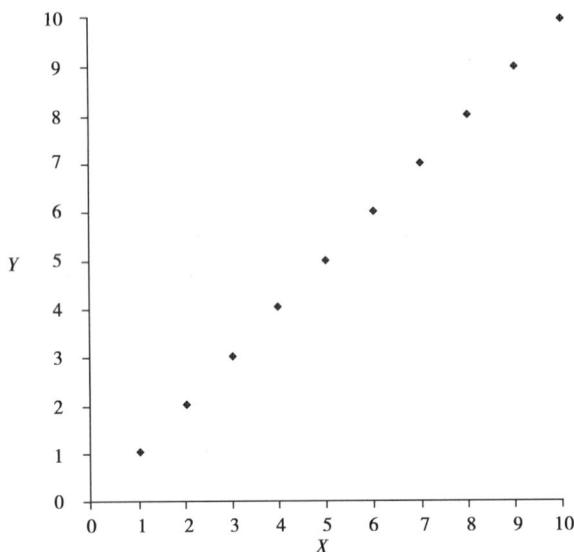

图 5.2　完全的正相关

图 5.2 所示是完全正相关,$r_{XY}=1.00$,而且所有的数据点排成一条正向斜率的直线。

如果是完全负相关,相关系数值就是 -1.00,而且数据点也会排成一条直线,但是直线是从图的左上角到右下角。换句话说,连接数据点的直线的斜率是负向的。

> 不要期望在行为科学或社会科学中能找到两个变量是完全相关的。也就是说,如果两个变量完全相关,它们就共享所有的特征。想想你的同学,你是否认为这些不同的人他们共享的一个特征和他们的另一个特征完全相关? 很可能不是。实际上接近 .70 和 .80 的 r 值可能就是你看到的最大值了。

图 5.3 中你看到的是正向强相关的散点图,但不是完全相关,相关系数 $r_{XY}=.70$。要注意的是数据点沿着正向的斜率排列,不是完全相关。

现在我们向你展示负向的强相关,如图 5.4 所示的相关关系,相关系数 $r_{XY}=-.82$。要注意的是,数据点如何沿着负向的斜率从左上角向右下角排列。

这就是不同的相关类型看起来的样子,而且你可以依据数据点组合的方式大致判断相关的一般强度和方向。

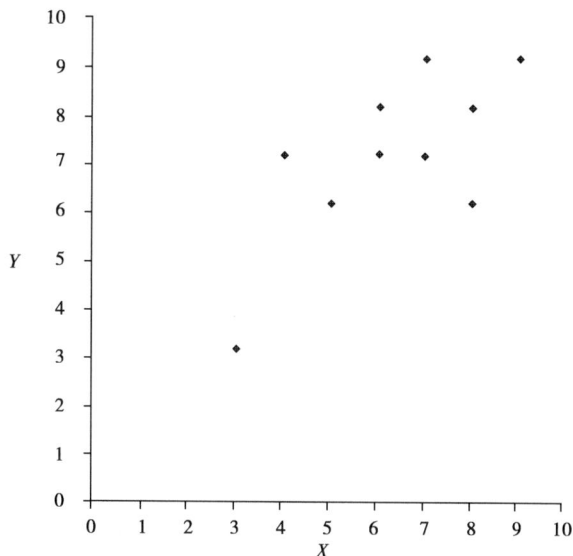

图 5.3　正向的强相关,但不是完全相关

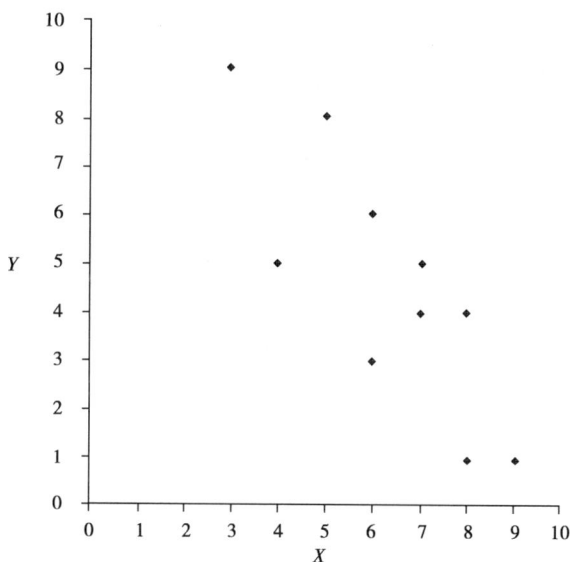

图 5.4　负向的强相关关系

不是所有的相关都是用直线表明 X 值和 Y 值关系的线性相关
(linear correlation)。相关关系可能不是线性的,而且也可能不是
由直线反映的。就如年龄和记忆力之间的相关。在少年时期,相
关可能是很强的正相关——儿童的年龄越大,他们的记忆力越好。
接着,到了青年和中年时期,没有太多的变化或相关程度变化不
大,因为大多数青年人和中年人保持了良好的记忆力。但是在老
年时期,记忆开始消退,而且在老年时期记忆力和年龄的增长是负

相关关系。如果你将这些集中起来考虑,你会发现记忆力和年龄之间的相关看起来像曲线,也就是记忆力增长,保持一定水平,接着就下降。这就是曲线相关,而且有时候曲线是对相关关系的最好描述。

相关系数集:相关矩阵

如果你有两个以上的变量怎么办?如何说明相关?如下所示的相关矩阵是非常简单和有效的解决方法。

	收入	教育	态度	选举
收入	1.00	.574	−.08	−.291
教育	.574	1.00	−.149	−.199
态度	−.08	−.149	1.00	−.169
选举	−.291	−.199	−.169	1.00

就如你看到的,矩阵中有四个变量:收入水平(income)、教育水平(Educ)、选举态度(Attitude)以及最近的选举中个人是否参加了选举(Vote)。

对应每一对变量都有一个相关系数。例如收入水平和教育之间的相关系数是.574。类似的,收入水平和这个人是否参加最近的选举的相关系数是−.291(意思是说收入水平越高,这个人越可能不参加选举)。

在这样的矩阵中,总是有4! /(4−2)! 2! 个相关系数,也就是说在4个变量中一次选择2个,总共会有6个相关系数。因为变量和它们自身完全相关(也就是沿着对角线的值都是1.00),而且因为收入和选举之间的相关系数与选举和收入之间的相关系数相同,矩阵建立了自身的镜像。

> 使用 SPSS 或者其他统计分析软件如 Excel 很容易建立之前看到的矩阵。你需要计算一系列变量两两之间的相关系数。在 Excel 中你可以使用 Data ToolPak。

你在阅读应用相关描述几个变量之间的关系的论文时就会看到很多这样的矩阵。

理解相关系数的含义

现在我们已经有了变量间关系的量化指标,而且我们知道相关系数的值越大(不论正负号),相关关系就越强。但是因为相关的程度并不直接等于果值,那么我们如何解释相关系数值,并使之成为更有意义的关系指标?

有几种方式可以来理解简单相关系数 r_{XY}。

使用经验规则

也许最容易的(但不是信息量最高的)解释相关系数值的方式就是看相关系数的大小,并使用表 5.2 中的信息。

表 5.2 解释相关系数

相关系数的大小	一般解释
.8～1.0	非常强的相关
.6～.8	强相关
.4～.6	中度相关
.2～.4	弱相关
.0～.2	弱相关或无关

因此,如果两个变量之间的相关系数是.5,你可以肯定地得出结论,变量间的关系是中度相关——不是强相关,也肯定不是讨论的变量没有任何共同特征的弱相关。

这种浏览式方法非常适合快速的评价两个变量之间关系的强度,就如研究报告中的描述部分。但是,因为经验规则确实依赖主观判断(什么是"强相关"或"弱相关"),我们应该选择更精确的方法。这就是我们将要看到的内容。

决定性的努力:相关系数平方

更精确的解释相关系数的方法是计算决定系数。决定系数(coefficient of determination)是一个变量的方差可以被另一个变量的方差解释的百分比。是不是太难了?

在本章前面的部分我们已经指出共享某些特征的变量之间如何相关。如果我们计算 100 个五年级学生的数学成绩和英语成绩的相关关系,我们会发现是中度相关,因为许多孩子数学好(或不好)的原因也是他们英语好(或不好)的原因。他们学习的时间、聪明的程度、他们的父母关注他们学习成绩的程度、家里图书的数量以及更多的方面都和数学及英语成绩有关,而且可以解释这些孩子的不同(这也是变异性的来源)。

这两个变量共享的特征越多,它们就越相关。这两个变量也共享变异性——或者孩子们之间存在差别的原因。总之,学习越努力、越聪明的孩子成绩越好。

计算决定系数是为了确定一个变量的方差可以被另一个变量的方差解释的程度,决定系数就是相关系数的平方。

例如,如果平均成绩和学习时间之间的相关系数是.70(或者 $r_{GPA \cdot time} = .70$),那么决定系数——由 $r^2_{GPA \cdot time}$ 表示,是 $.7^2$ 或.49。这意味着平均成绩方差的 49% 可以被学习时间的方差解释。相关越强,则越多的方差可以被解释(这很有道理)。这两个变量共享的特征越多(例如好的学习习惯、课堂能够学到的知识、没有压力),一个变量可以更多地解释另一个变量表示出的信息。

但是,如果 49% 的方差可以被解释,就意味着 51% 不能被解释——因此即使对相关系数是.70 的强相关来说,也存在很多无法解释的原因导致变量间的变化差异。不能解释的方差的数值就是不相关系数(也叫作非决定系数)。这仅仅是不能被 X 解释的 Y 的方差的数量。

如何形象地表示共享方差的想法? 你会在图 5.5 中看到一个相关系

数、对应的决定系数,以及表示两个变量共享多少方差的图。每个图中灰色区域越大(两个变量共享的方差越大),这两个变量就越相关。

相关系数	决定系数	变量 X　　变量 Y	
$r_{XY}=0$	$r_{XY}^2=0$	○　共享 0%　○	
$r_{XY}=.5$	$r_{XY}^2=.25$ 或 25%	共享 25%	
$r_{XY}=.9$	$r_{XY}^2=.81$ 或 81%	共享 81%	

图 5.5　变量如何共享方差以及相应的相关

- 第一个图中两个圆没有接触。它们没有接触是因为它们没有任何共享的部分。相关系数为 0。
- 第二个图中两个圆有重叠。相关系数是 .5(而且 $r_{XY}^2=.25$),两个变量共享 25% 的方差。
- 最后,第三个图中的两个圆几乎是一个覆盖于另一个之上。几乎是完全相关,相关系数 $r_{XY}=.9$ ($r_{XY}^2=.81$),两个变量共享 81% 的方差。

冰淇淋吃得越多……犯罪率就越高(关联与因果关系)

这是计算、理解和解释相关系数时需要注意的真正重要的事。想象一下,在美国中西部的一个小镇,人们发现了一个不符合逻辑的现象。地方警察局局长发现冰淇淋消费量越多,犯罪率就越高。这很简单,如果你测量这两个变量,你会发现这两个变量的相关关系是正向的,也就是人们吃的冰淇淋越多,犯罪率就越高。就像你可能预期的一样,他们吃的冰淇淋越少,犯罪率就越低。这个警察局长很是困扰,直到他回想起他在大学选修的统计学课程。

他的这个困惑最后怎么变成了一个"哈哈"!他想这"非常容易"。这两个变量一定是共享什么或彼此之间有点共同之处。要记住,一定存在什么变量同时和冰淇淋消费水平、犯罪率水平相关。你能猜到是什么?

就是室外温度。当室外气温变暖,如在夏天,就会有更多犯罪(白天更长,人们多开窗户,等等)。而因为天气变暖,人们更享受吃冰淇淋的乐趣。相对地,在又长又黑暗的寒冬岁月,冰淇淋的消费就减少,同时犯罪也越少。

乔·鲍勃(Joe Bob)近来被选举为城市议员,他知道了这些发现并且有了一个很好的想法,或者至少他认为他的选民会喜欢这个想法(记住,他忽略了大学开设的统计学课程)。为什么不在夏天这几个月限制冰淇淋的消费量,以使犯罪率下降?听起来很合理,对吧?得啦,不用进一步检验就能知道,这个结论根本没有意义。

这里有一个简单的原则,那就是相关表示两个或更多变量之间存在关联;相关并不是因果关系。换句话说,仅仅因为冰淇淋消费水平和犯罪率一起增长(或一起下降)并不意味着一个变量的变化会导致另一个变量的变化。

例如,如果我们将镇子里所有商店的冰淇淋拿走而且不再能得到,你认为犯罪率会下降吗? 当然不会,连这样想都是十分荒谬的。但是十分奇怪的是相关经常这样被解释,就好像真的存在因果关系——而社会科学和行为科学的复杂问题就会因为误解沦落为微不足道的琐事。长头发和嬉皮士和越南战争有关吗? 当然不是。犯罪数量的上升和更有效、更安全的轿车有关吗? 当然不是。但是它们都是同时发生,而且建立了关联的假象。

其他重要的相关系数

评价变量的方式很多。例如定类变量的属性是类别的,如种族(白人或黑人)或政党背景(无党派或共和党)。或者你测量收入和年龄,两者都是定距水平的变量,因为作为它们建立基础的连续体具有相等的间距。当你继续研究,你可能遇到发生在不同测量水平之间的数据的相关。而要计算这样的相关你需要一些特殊的技术。表 5.3 汇总了这些不同的技术以及他们如何相互区别。

表 5.3　相关系数展示,选哪一个?

测量水平和案例

变量 X	变量 Y	相关类型	要计算的相关
定类的(选举偏好,如共和党或民主党)	定类的(性别,如男性或女性)	卡方系数	选举偏好和性别之间的相关
定类的(社会阶层,如上层、中层或下层)	定序的(高中毕业班的排序)	等级二列相关系数	社会阶级和在高中学校排序之间的相关
定类的(家庭结构,如双亲家庭或单亲家庭)	定距的(平均成绩)	点二列相关系数	家庭结构和平均成绩之间的相关
定序的(转换为排序的身高)	定序的(转化为排序的体重)	斯皮尔曼等级相关系数	身高和体重之间的相关
定距的(解决的问题数量)	定距的(以年计的年龄)	皮尔逊相关系数	解决的问题数量和以年计的年龄之间的相关

使用计算机计算相关系数

现在我们使用 SPSS 计算相关系数。我们使用的数据集是名称为第 5 章数据集 1(Chapter 5 Data Set 1)的 SPSS 数据集文件。这个数据集中有两个变量:

变　量	定　义
收入(income)	以千计的年收入
教育(education)	以年计的教育水平

依据下面的步骤计算皮尔逊相关系数:

1.打开名称为第 5 章数据集 1(Chapter 5 Data Set 1)的文件。

2.点击 Analyze→Correlate→Bivariate,你就会看到图 5.6 中所示的 Bivariate：Correlations 对话框。

3.双击变量 income 将变量移到 Variables 框。

4.双击变量 educ 将变量移到 Variables 框。

5.点击 OK。

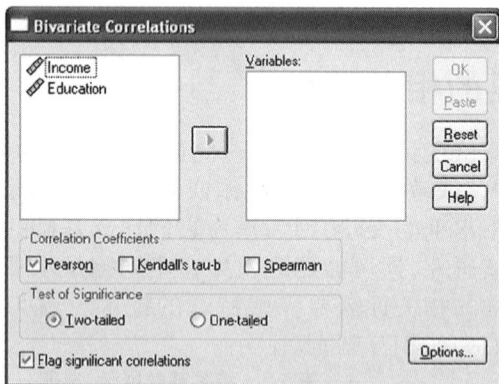

图 5.6　确定用于计算相关系数的变量

SPSS 输出结果

图 5.7 中的输出结果显示相关系数等于.574。也表明样本规模是 20,以及相关系数的统计显著性测量指标(我们会在第 13 章讨论)。

Correlations

		Income	Education
Income	Pearson Correlation	1	.574**
	Sig. (2-tailed)		.008
	N	20	20
Education	Pearson Correlation	.574**	1
	Sig. (2-tailed)	.008	
	N	20	20

**. Correlation is significant at the 0.01 level (2-tailed).

图 5.7　相关系数计算的 SPSS 输出结果

建立一个 SPSS 散点图(或散布图,或其他)

你可以建立图 5.1 中所见的散点图,但是对你来说知道如何应用 SPSS 建立散点图也很好。让我们使用之前用于建立图 5.7 中看到的相关矩阵的相同的数据建立散点图。首先要确定第 5 章数据集 1(Chapter 5 Data Set 1)出现在你的电脑屏幕上。

1.点击 Graphs→Interactive→Scatter,你就会看如图 5.8 所示建立散点图对话框。

2.将变量 Income 移到纵轴框内。

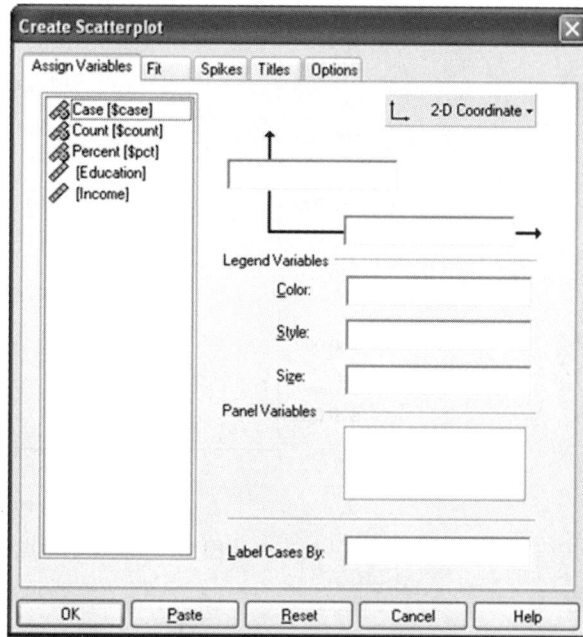

图 5.8　建立散点图对话框

3.将变量 Education 移到横轴框内,如图 5.9 所示。

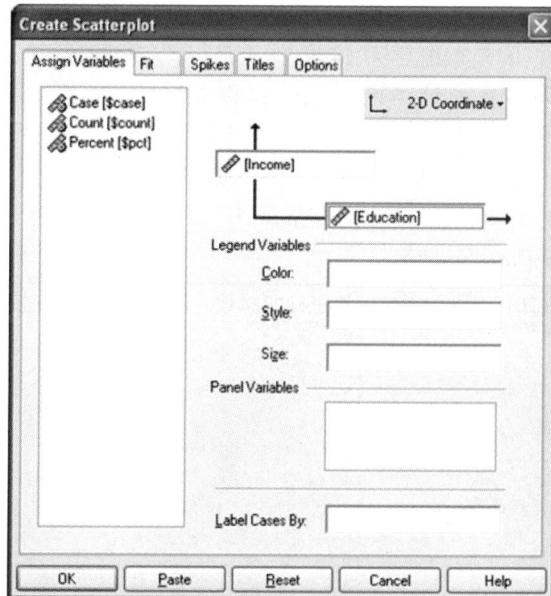

图 5.9　选择变量建立散点图

4.点击 OK,你就会看到如图 5.10 所示的漂亮的散点图。

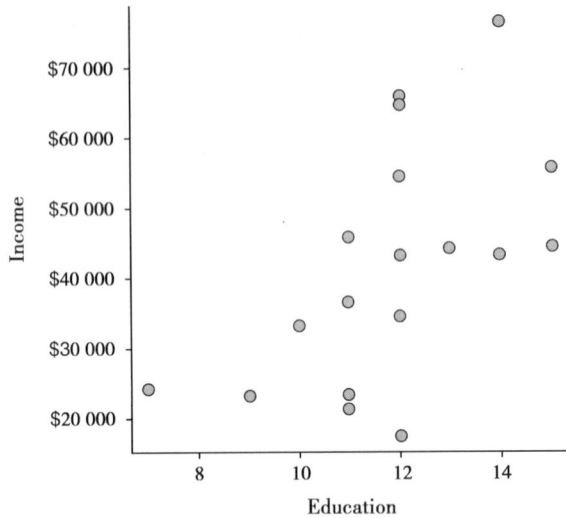

图 5.10　简单的散点图

小　结

表明一个变量和另一个变量如何相关以及它们共有什么特征的想法非常有影响力,也是非常有用的描述统计(也在推论统计中使用)。要记住的是,相关表明的关系仅仅是关联的,但不是因果的。如果你能够理解这项统计如何就变量间的关系提供有意义的信息,以及一个变量在另一个变量变化时如何变化或保持不变。接下来集中学习信度和效度。你需要现在了解信度和效度,因为接下来要学习如何看统计结果以及具体数据之间、变量之间的差异表示什么。

练习时间

1.使用这些数据回答问题 a 和 b。这些数据的数据集名称为第 5 章数据集 2
(Chpater 5 Data Set 2)。

(20个问题之中)回答正确的总数	对考试的态度(总分是100)
17	94
13	73
12	59
15	80
16	93
14	85
16	66
16	79
18	77
19	91

a.手动计算皮尔逊积距相关系数,并记下所有的过程。

b.手动建立这 10 对数据的散点图。依据散点图是否可以预测相关是正向的还是负向的? 为什么?

2.使用下面的数据回答问题 a 和 b。

（游完 50 码）速度	力量（推举的重量级）
21.6	135
23.4	213
26.5	243
25.5	167
20.8	120
19.5	134
20.9	209
18.7	176
29.8	156
28.7	177

a.使用计算器或计算机计算皮尔逊相关系数。

b.使用相关系数从最弱到最强的值域范围来解释数据,并计算决定系数。主观分析和 r^2 值比较结果如何?

3.下面是一组数据,计算皮尔逊相关系数,并解释计算的结果。

预算增加	12 个月内课堂效果提高
7%	11%
3%	14%
5%	13%
7%	26%
2%	8%
1%	3%
5%	6%
4%	12%
4%	11%

4.使用 SPSS 计算优秀学生的学习时间和平均学分的相关系数。相关系数为什么这么低?

学习时间	GPA
23	3.95
12	3.90
15	4.00
14	3.76
16	3.97
21	3.89
14	3.66
11	3.91
18	3.80
9	3.89

5.两个变量之间的决定系数是.64,回答下面的问题:

a.皮尔逊相关系数是多少?

b.是否强相关?

c.两个变量的关系中方差不可解释的部分是多少?

6.下面是三个变量的数据集(头部损伤恢复研究中 20 个参与者的数据)。建立一个简单的矩阵表示每两个变量之间的相关系数。你可以手动计算(可能需要一些时间),也可以使用 SPSS 或者其他软件计算。

受伤时年龄	治疗水平	12 个月的治疗成绩
25	1	78
16	2	66
8	2	78
23	3	89
31	4	87
19	4	90
15	4	98
31	5	76
21	1	56
26	1	72
24	5	84
25	5	87
36	4	69
45	4	87
16	4	88
23	1	92
31	2	97
53	2	69
11	3	79
33	2	69

7.看表 5.3,你选择哪一种相关系数检验种族(定义为不同的类型)和政治立场之间的关系? 俱乐部成员身份和高中 GPA 之间的关系呢? 解释你为什么做出这样的选择。

8.如果两个变量相关(如力量和跑步速度),也意味着两个变量之间具有共变性。但是如果两个变量之间具有共变性,为什么不是一个变量引起另一个变量的变化?

一个学生测验成绩的散点图

这就是真相 6
——理解信度和效度

- 什么是信度和效度以及它们为什么重要
- 这是统计学课程中学习测量必不可少的内容
- 基本的测量尺度
- 如何计算和解释不同类型的信度系数
- 如何计算和解释不同类型的效度系数

信度和效度介绍

社会福利以及其他领域的专家认为美国 50 多万寄养儿童的存在是个严重的问题。主要问题之一是：在出生家庭仍然在他们的生活中扮演重要角色的情况下，寄养儿童如何适应暂时的寄养家庭。

索尼亚·J.莱瑟斯(Sonya J.Leathers)在研究亲生父母的经常性拜访与寄养儿童对寄养家庭和养父母的忠诚度之间的关系时考察了这个问题。在 199 个青少年样本中她发现出生家庭的经常性拜访的确带来了冲突，她建议采取一些有助于减少这些冲突的干预措拖。

为了完成研究，她使用了许多不同的依赖变量，她通过儿童状态量表和访谈搜集数据。在其他方面，她做得相当正确的就是选择了已经被建好的，且具有可接受信度和效度水平的测量工具。不是每一个研究者都进行的一步，却是本章我们关注的重点。

如果想了解更多，请查阅莱塞斯·S(Leathers,S.)2003 年发表在《家庭关系》(*Family Relations*) 第 52 期 53-63 页的文章"寄养儿童的父母拜访、冲突的忠诚以及情绪和行为问题 (*Parental visiting, conflicting allegiances, and enotional and behavioral problems among foster children*)"。

为什么学习测量

这是非常好的问题。毕竟你选修的是统计学课程，而且到现在为止，学习的内容都是统计学的内容。现在你所面对的问题似乎属于检验和测量课程。那么，这部分内容在统计学书中有什么作用？

这是你应该提出的一个很好的问题。为什么？《爱上统计学》到目前所讲的内容都与收集、分析和解释数据有关。

我们即将开始学习如何分析和解释数据。在开始学习这些技能之前，我们要确保数据正是你想要的——数据显示的就是你想知道的内容。换句话说,如果你在研究贫困问题,你要确保你用于评估贫困的测量工具都能发挥作用。或者你研究中年男性的侵略性,你要保证你评估侵略性的任何工具能发挥作用。

还有更多的好消息:如果你想继续深造,并且想选修检验和测量课程,这一章的介绍会极大地促进你理解这个领域和将要学习的那些课程。

为了保证整个数据收集过程以及那些代表一定意义的数据都是有用的,你首先要保证你用于收集数据的工具能发挥作用。本章将要回答的基本问题是"我怎么知道我每一次使用的检验、量表和工具等都能发挥作用?"(这就是信度),以及"我怎么知道我每一次使用的检验、量表和工具等能够测量我想测量的内容"(这就是效度)。

TECH TALK

任何研究人员都会告诉你建立检验工具的信度和效度的重要性,不论是对消费行为的简单观察工具或者是测量复杂的心理状态(如依恋)的工具。此外,还有一个很好的原因。如果你用来收集数据的工具是不可信或无效的,那么任何假设检验的结果都不会有结论。如果你不能确定检验能够完成应该完成的工作并且保持一致性,那么你怎么知道你得到的显著性结果是由于有问题的检验工具,而不是在零假设为真的情况下实际上拒绝了零假设(第一类错误)?你是否想要一个"清白的"零假设检验?如果是,那么现在就开始关注信度和效度。

TECH TALK

你可能注意到这一章的开始有一个新的词汇——**依赖变量**(dependent variable)。在试验中这就是结果变量,或者就是研究者想要观察的在一定试验条件下可能发生变化的变量。而且,不知道你想到没有?试验条件的另外一个名称就是**独立变量**(independent variable)。例如研究者想考察不同的阅读项目对理解能力的影响,独立变量就是阅读项目,依赖变量或者结果变量就是阅读理解的成绩。虽然这些词汇在本书之后的部分很少用到,但是你应该有所了解。

关于测量尺度

在我们对信度和效度进行更多的讨论之前,我们首先要讨论不同类型的测量尺度(scales of measurement)。什么是测量?依据一定的规则给观察结果分配一定的数值——很简单。最后得到的就是我们待会儿要定义的不同的尺度,而且一个观察结果可以是我们有兴趣测量的任何事物,如头发的颜色、性别、考试成绩或身高。

测量的尺度或规则是测量观察结果的特定水平。每一个水平都有特定的属性特征集。测量尺度以四种形式(或类型)出现:定类、定序、定距和定比。现在简单地介绍并举例说明四种不同类型的测量尺度。

玫瑰的种称：定类测量水平

定类测量水平（nominal level of measurement）是以观察结果的属性特征定义，也就是观察结果只适合一个而且唯一的一个分类或层级。例如，性别是定类变量（男性和女性）；种族（高加索人或非裔美国人）和政党背景（共和党、民主党或无党派人士）也是定类变量。定类水平的变量是"名称（name）"（拉丁语中是 nominal），而且是准确水平最低的测量。定类测量水平的各个类别相互排斥，例如，政党背景不能同时是民主党和共和党。而一株玫瑰也不能既属于波旁玫瑰种（不开玩笑，就是波旁王朝那个波旁），又属于多花蔷薇种。

我喜欢任何次序：定序测量水平

定序测量水平（ordinal level of measurement）的"序"表示次序，而且被测量的事物按照它们的属性特征排序。最好的案例是一份工作的应征者的次序。如果我们知道拉斯的次序是 1，谢尔登的次序是 2，汉娜的次序是 3，那么这就是定序安排。我们不知道就这个尺度拉斯相对于谢尔登是否比谢尔登相对于汉娜高多少。我们只是知道次序 1 比次序 2 和次序 3 要靠前，但是不知道靠前多少。

1+1=2：定距测量水平

现在我们进入某个领域。当我们谈到**定距测量水平**（interval level of measurement）时，是指检验或评估工具是基于某种连续统，这样我们就可以讨论一个较高的成绩比较低的成绩高多少。例如，你的词汇测试成绩是 10 个单词正确，是 5 个单词正确的两倍。定距尺度的一个显著特征是尺度上的每个间距都相等。10 个单词正确比 8 个单词正确多 2 个，而 8 个又比 5 个单词正确多 3 个。

一个人可能一无所有吗？定比测量水平

你可能有些迷惑。**定比测量水平**（ratio level of measurement）的评估工具的特征是测量尺度中有绝对零值。这意味着被测量的特质完全不存在。那么让人迷惑的是什么？我们测量的观察结果是否可能是没有一丁点儿被测量的特质存在的？在一些学科中可能存在这种情况。例如，在物理学和生物学中可以有不存在属性特征的情况，如绝对零值（没有分子运动）或零光程。在社会和行为科学中，这就比较让人迷惑了。即使你的拼写成绩是 0 或者答错了 IQ 测试的每一个题目，也并不意味着你的拼写能力为 0 或者全无智力吧？

总　之……

这些测量尺度或规则表示观察结果在特定水平被测量。而且，我们可以这样说：任何的测量结果都能够归属到四个测量尺度中的某一个。

- 测量尺度有一定的层次，是从最不准确的定类尺度到最准确的定比尺度。
- 测量尺度"越高"，收集的数据越准确，并且数据包含的细节和信息越多。例如，了解一些人富裕一些人贫困可能已经足够（这是定类或分类的区别），但是准确地知道每一个人收入的多少（定距或定比）会更好。一旦我们知道每一个人收入的所有信息，就很容易对其进行简单的"贫/富"划分。

● 最后，比较高的测量尺度包含所有在其之下的测量尺度的特性，如定距尺度包含定类尺度和定序尺度的特性。例如，你知道熊的攻击平均值是350，你知道这比老虎（老虎的攻击平均值是250）好100，同样你也就知道熊比老虎好（但不知道好多少），而且熊与老虎之间存在不同（但是不知道到底怎样不同）。

信度——再做一次直到得到正确的值

信度（reliability）很好解释。信度就是一个测试或者你使用的其他任何测量工具对事物的测量可以保持一致性。如果你在特定的处理方案之前进行人格测试，那么四个月之后再进行的相同测试是否可信？这是关于信度的问题之一。有不同的信度类型，定义信度之后我们会对每一类型的信度进行更多的介绍。

考试成绩——真本事还是运气

你参加这个课程的考试，得到一个成绩，可能是89分（这很好）或65分（回去好好看书）。这样的考试包含几个不同要素，包括观察值（observed score，你实际得到的考试成绩，如89分或65分）和真实值（true score，真实的，100%准确反映你对学习内容的真实掌握）。我们不能直接测量真实的成绩，因为这个值是个体所拥有的实际的特征或特性在理论上的数据反映。

真实值和观察值为什么不相同？如果考试（以及相应的观察值）是对测量内容的完美反映（我们是指绝对的完美），它们就会是相同的。

但是人们不能保持长胜，错误总是在不经意间。墨菲定律（Murphy's law）告诉我们世界并不完美。因此，你看到的是观察值可能非常接近真实值，但是很少完全相同。而差异——就如你在这里看到的——包含在将要介绍的误差中。

观察值＝真实值＋误差值

误差？的确是误差。例如，我们假定某个学生的统计学成绩是89分，但是他的真实成绩（我们永远不会真的知道，只是理论上可以假定）是80分。这意味着9分的差异（就是误差值）来自误差，或者另一个导致个人考试成绩与100%真实成绩不同的原因。

这样的误差的来源是什么？可能是考试的房间太热而让你犯困，这肯定对你的考试成绩有影响。或者是由于你没有按计划为考试复习。这两个例子反映考试的环境或状况而不是被测量的特征，对吧？

我们的工作是尽可能减少误差，例如，改善考试环境并且保证你能得到足够的睡眠。减少误差、增加信度，这样观察值才能和真实值更匹配。

误差越小就越可信——就是这么简单。

信度的不同类型

信度有多种不同的类型，现在介绍最重要也是最常用的四种，总结在

表 6.1 中。

表 6.1 信度的不同类型，何时使用，如何计算以及它们的意义

信度的类型	何时使用	如何计算	举例说明所得结果的含义
再测信度	你想知道一个测试在不同时间是否可信	计算时期 1 和时期 2 相同测试的两次值之间的相关系数	不同时期的青少年认同形成的邦佐（Bonzo）测试是可信的。
复本信度	你想知道一个测试的几个复本是否可信或者是否是等价的	计算一个复本测试的值与相同内容的另一个复本的测试（不是完全相同的测试）的测试值之间的相关系数	人格测试的两个复本是等价的，而且表现出复本信度。
内在一致性信度	你想知道一个测试的项目是否评价一个而且只评价一个维度	每一个项目的得分与总得分之间的相关系数。	SMART 创造性测试的所有项目评价相同结构。
评分者信度	你想知道对一个观察结果的评价是否具有一致性	检验不同评分者一致结论的百分比。	最佳着装足球运动员评价的不同评分者信度是.91，表示不同裁判的一致程度很高。

再测信度（前测-后测信度）

再测信度（test-retest reliability）用于检验一个测试在不同时期是否可信。

例如，你想建立检验不同类型职业项目的选择偏好的测试。你在六月份进行了测试，接着在九月份进行了相同的测试（保持相同很重要）。那么你计算两次测试的得分集（记住是相同的人进行了两次测试）是否相关，也就是进行了信度的测试。再测信度是检验不同时间的变化或差异所必需的信度。

你必须确保你测量的内容是以可信的方式测量的，这样你得到的测试结果才可能与每个个体每个时点的值更接近。

计算再测信度。下面给出 MVE（管理职业教育测试）在时期 1 和时期 2 的部分测试值。我们的目标在于计算皮尔逊相关系数作为这一测量工具的再测信度。

测试者编号	时期 1 得分	时期 2 得分
1	54	56
2	67	77
3	67	87
4	83	89
5	87	89
6	89	90
7	84	87
8	90	92
9	98	99
10	65	76

这个过程的第一步和最后一步是计算皮尔逊积矩相关系数（复习第 5

章相关内容），这个值等于.90。

$$r_{Time1 \cdot Time2} = .90$$

我们会简单地解释这个值。

复本信度

复本信度（parallel forms reliability）用于检验相同测试的不同复本的等价性和相似性。

例如，你在研究记忆，部分研究内容是看一眼给定的 10 个单词并尽可能记住，然后在 20 秒钟记忆、10 秒钟休息之后背诵这些单词。因为这些研究的进行需要两天的时间，也涉及一些记忆技能的培训，你需要符合研究任务要求的另一组单词，而且很明显不能是相同的那些词。因此，你建立另一个词汇表，而且希望这个词汇表和上一个类似。在这个案例中，你希望不同复本的一致性很高——测试内容相同，只是形式不同。

计算复本信度。下面给出来自 IRMT（自主记忆测试）的复本 A 和复本 B 的部分数据。我们的目标在于计算皮尔逊相关系数作为测量工具的复本信度。

测试者编号	复本 A 得分	复本 B 得分
1	4	5
2	5	6
3	3	5
4	6	6
5	7	7
6	5	6
7	6	7
8	4	8
9	3	7
10	3	7

这个过程的第一步和最后一步是计算皮尔逊积矩相关系数（复习第 5 章相关内容），这个值等于

$$r_{FormA \cdot FormB} = .13$$

我们会简单地解释这个值。

内在一致性信度

内在一致性信度（internal consistency reliability）与之前介绍的两种类型非常不同。内在一致性信度用于确定测试中的项目是否彼此一致，都只表示一个维度、一个结构或一个关注的领域。

例如，你在进行对不同类型的医疗保健的态度测试，而且你想确保这一组 5 个项目都是针对态度而不是其他的测试。你会看到（一个测试群体）每一个项目的得分，然后确定个体得分是否和总体得分相关。你预期在某个项目上得分高（例如，我喜欢我的 HMO——美国健康保护组织）的测试者会在其他项目上得分低（例如，我不想在医疗保健上花钱），而且这对所有的测试者都是一样的。

克隆巴赫系数是对内在一致性信度的测量，测试中每一个项目的得分

与总分的变化越一致,这个系数的值越大。这个系数值越大,就越可以确信这个测试是内在一致的,或者是在测量同一事物(也就是每一个项目测定的值的汇总)。

例如,下面的 5 个项目的测试具有很强的内在一致性:

1.4+4＝?

2.5-? ＝3

3.6+2＝?

4.8-? ＝3

5.1+1＝?

所有的项目似乎是测量同一事物,不论同一事物是什么(这是效度问题,稍后讨论)。

下面 5 个项目的测试就不具有很高的内在一致性。

1.4+4＝?

2.这三只小猪中哪一只最肥?

3.6+2＝?

4.8-? ＝3

5.这匹狼到底要什么?

原因很明显。这些问题之间相互不一致——这是内在一致性的关键标准。

计算 ∂ 系数或克隆巴赫系数(Cronbach's)。下面给出 10 个测试者在 5 个态度项目测试(我爱 HMO 测试)上的部分样本数据,其中每个项目的得分在 1(非常不同意)到 5(非常同意)之间。

测试者编号	项目 1	项目 2	项目 3	项目 4	项目 5
1	3	5	1	4	1
2	4	4	3	5	3
3	3	4	4	4	4
4	3	3	5	2	1
5	3	4	5	4	3
6	4	5	5	3	2
7	2	5	5	3	4
8	3	4	4	2	4
9	3	5	4	4	3
10	3	3	2	3	2

TECH TALK

当你计算克隆巴赫系数(以 Lee Cronbach 命名),实际上就是计算每个测试者在每个项目上的得分和总的得分之间的相关系数,并与所有单个项目得分的变异性比较。计算的逻辑是每个总分很高的测试者在每一个项目上的得分应该也很高(如总分 40 的测试的每一个项目的得分为 5,5,3,5,3,4,4,2,4,5),而每个总分很低的测试者在每一个项目上的得分应该也很低(如总分 40 的测试的每一个项目的得分为 5,1,5,1,5,5,1,5,5,1,5,1,就是缺少一致性或者不是一维的)。

下面是计算克隆巴赫系数的公式:

$$\partial = \left(\frac{k}{k-1} \right) \left(\frac{s_y^2 - \sum s_i^2}{s_y^2} \right)$$

其中

k 表示项目的个数

s_y^2 表示观察值的方差

$\sum s_i^2$ 表示每一个项目的方差的总和

下面的数据与前面给出的数据是相同的,还加上了完成上面的等式需要计算的值(观察值的方差,或 s_y^2,以及每个项目的方差的总和,或 $\sum s_i^2$)。

测试者编号	项目 1	项目 2	项目 3	项目 4	项目 5	总分
1	3	5	1	4	1	14
2	4	4	3	5	3	19
3	3	4	4	4	4	19
4	3	3	5	2	1	14
5	3	4	5	4	3	19
6	4	5	5	3	2	19
7	2	5	5	3	4	19
8	3	4	4	2	4	17
9	3	5	4	4	3	19
10	3	3	2	3	2	13
						=6.4
观察值方差	0.32	0.62	1.96	0.93	1.34	=5.17

将具体的数值代入这个公式,你就会得到下面这个等式,

$$\partial = \left(\frac{5}{5-1} \right) \left(\frac{6.40 - 5.17}{6.40} \right) = .24$$

你会发现 ∂ 系数为.24,现在你已完成了内在一致性信度计算(之后对这个值进行解释)。

TECH TALK 如果我们告诉你还有许多其他类型的内在一致性信度,你不会感到惊讶吧?这对内在一致性的测量来说是事实。不仅有 ∂ 系数,也有折半信度,斯皮尔曼-布朗(Spearman-Brown),Kuder-Richardson 20 和 21(KR_{20} 与 KR_{21}),以及其他进行这类测试的系数,它们只是以不同的方式检验测试工具的一维性。

评分者信度

评分者信度(interrater reliability)是两个评分者对观察结果判断的一致程度的测量。

例如,你的研究兴趣是银行工作人员和潜在顾客在交易过程中相互作用的类型,你在现场观察(在单面镜后观察)银行工作人员在接受了新的或高级的顾客关系课程之后是否会对潜在顾客发生微笑等友善的行为。你的工作是记录每 10 秒内银行工作人员是否展示课程所教的三种不同的

行为类型——微笑、坐着时身体前倾或者用手指出某个要点。每次看到三种行为中的任何一种出现,就在你的积分表上标注斜线"/"。如果没有观察到任何一种,就标注横线"—"。

作为这个过程的一部分,而且为了保证你的记录是可信的,你需要知道不同的观察者记录这些行为发生的一致水平。记录的形式越类似,不同的评分者的一致水平和信度就越高。

计算评分者信度。在这个案例中,真正重要的问题是在两分钟内每 10 秒钟(或者是 12 个 10 秒钟内)对顾客的友好行为是否发生。因此,我们要看的是在分成 12 个 10 秒钟的 2 分钟的时间框架内纪录的一致性。记录表中一个斜线(/)代表着行为发生,一个横线(—)表示行为没有发生。

时期——→		1	2	3	4	5	6	7	8	9	10	11	12
记录者 1	戴夫	/	—	/	/	/	—	/	/	—	—	/	/
记录者 2	莫瑞恩	/	—	/	/	/	—	/	/	—	/	—	/

在 12 个时期内(存在 12 个可能的一致),戴夫与莫瑞恩一致认为有 7 个时期行为发生(时期 1,3,4,5,7,8 和 12),3 个时期行为没有发生(时期 2,6 和 9),也就是说有 10 个记录一致,而剩下 2 个记录不一致。

评分者信度可以使用下面的简单公式计算:

$$评分者信度 = \frac{一致的数量}{可能一致的数量}$$

代入具体的数值就会得到下面的等式:

$$评分者信度 = \frac{10}{12} = .833$$

最后得到的评分者信度系数是.833。

使用计算机计算克隆巴赫系数

一旦你知道如何手动计算克隆巴赫系数,你将会想使用 SPSS 来计算,两者的转换非常容易。我们使用本章之前给出的数据集(10 个测试者的 5 项目测试)。

1.在数据编辑栏录入数据。要确保不同的项目在不同的列。

2.单击 Analyze→Scale→Reliability Analysis,你就会看如图6.1所示的对话框。

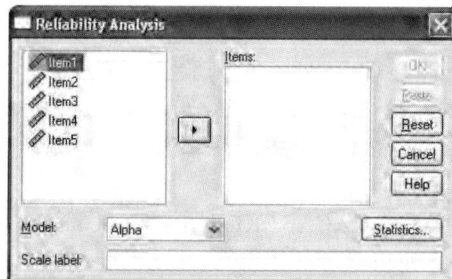

图 6.1 信度分析对话框

3.双击变量将每个变量移到 items 框中。

一定要选择菜单左下角 Model 之下的 Alpha。

4.点击 OK。SPSS 执行分析过程然后得出图 6.2 所示的结果。

SPSS 输出结果的含义

就如你所看到的，alpha 系数为.2387，非常接近我们手动计算的值。SPSS 输出结果不能告诉你整个过程，只能得到个结果。

多大才是大——解释信度系数

现在我们开始讨论信度系数。你是否还记得第 5 章所学的对相关系数的解释？这与解释信度系数几乎是相同的，只有很小的差异。

我们只需要确定两个方面，也就是：

● 信度系数是正向的，而不是负向的

● 信度系数一般都很大（在.00 和+1.00 之间）

Reliability

Scale: ALL VARIABLES

Case Processing Summary

		N	%
Cases	Valid	10	100.0
	Excluded^a	0	.0
	Total	10	100.0

a. Listwise deletion based on all variables in the procedure.

Reliability Statistics

Cronbach's Alpha	N of Items
.239	5

图 6.2　信度分析的 SPSS 输出结果

如果你不能建立信度，怎么办

建立某个测试的信度并不容易，而且不是出于没有好好工作的原因。如果测试是不可信的该怎么办？

下面的几个方面需要谨记在心。记住信度是代表观察值产生的误差是多少的一个函数。误差越小，信度就越高。

● 在进行测试时，确保对所有题项的设置都是标准化的。

● 增加项目或者观察的数量，因为从你观察的总体行为中得到的样本越大，样本的代表性和信度越高。特别是对成绩的测试来说。

● 去掉有歧义的项目，因为一些人会对它做出一种反应，另外一些人会做出不同的反应，无论他们的知识、能力水平或个性特征如何。

● 特别是对成绩测试（如拼写考试、历史考试）来说，应当注意调整测试的容易程度和难度，因为任何测试太难或太容易都不能准确地反映一个人的水平。

● 减少外部事件的影响，并且将答题指导标准化，因此如果特定事件在临近测试时发生，如狂欢节（Mardi gras）或毕业，就要推迟测试的进行。

还有一点

建立具备合理心理学支持的测验工具的第一步是建立信度（我们只需多花费一些时间就行）。为什么，如果测试或测量工具不可信，或者没有一致性，而且不能在不同的时间进行相同的测试，那么测量到什么还重要（这是效度问题）吗？

如果拼写入门的 KACAS（Kids Are Cool at Spelling，孩子对拼写很在行）测试的前三个项目是：

16+12＝?

$$21+13 = ?$$
$$41+33 = ?$$

这肯定是信度很高的测试,但是肯定不是有效的测试。现在我们对信度已经有了很好的了解,接下来开始介绍效度。

效度——哦! 什么是真实的

效度(validity),最简单地说,就是表示工具能够测量想测内容的程度。有效的测试是测量到了理应测量的内容。如果成绩测试的是历史知识,那么就测量历史知识。如果智商测试是测试建立者定义的智商内容,那么就测量这个。

效度的不同类型

就如信度有不同的类型,效度也有不同的类型,我们介绍最重要也是最常用的三种类型。这几种类型都总结在表6.2中。

表6.2 效度的不同类型,何时使用,如何计算以及它们的意义

效度的类型	何时使用	如何计算	举例说明所得结果的含义
内容效度	你想知道一个特定主题的项目样本是否能够反映项目总体	请教专家,让专家判断测试的项目是否反映将要测量的主题的项目总体	我的统计学课程的每周测试可以评价每章的内容
准则效度	你想知道测试成绩是否和其他标准系统相关,这个标准表明被测试者具备某个领域的能力	计算测试成绩和其他有效的测量之间的相关系数,并评价相同的一组能力	研究显示烹调技能的EAT测试成绩与结束烹饪学习后两年内成为主厨是相关的(预测效度的一个案例)
建构效度	你想知道测试是否测量一些基本的心理结构	计算测试成绩和反映测试设计的结构的理论结果之间的相关系数	这是真实的——参与身体接触和危险性运动的男性的侵略性TEST测试的得分较高

内容效度

内容效度(content validity)就是测试项目能代表计划测试要测量的总体项目的性质。内容效度常用于成绩测试(例如从一年级的拼写测试到学术能力测试的任何测试)。

建立内容效度。建立内容效度实际上非常容易。所有你需要做的就是确定具体的合作专家。例如,我要设计物理入门测试,我会寻找合适的物理专家(也许是地方高中的教师或者大学教授物理学的教授),而且我会说"嗨,艾伯特,你看这100个多项选择题能不能准确地反映我期望我的入门课的学生掌握的所有可能的主题和概念?"

我可能告诉艾伯特具体的主题是什么,然后他看了具体题目之后就会判断出这些题目是否符合我建立的标准——代表入门课程中的全部内容。如果答案是肯定的,我就完成了设计。如果答案是否定的,我就要重新开始建立新的题目或者修正现存的题目。

准则效度

准则效度（criterion validity）是评价测试是否在现在和将来的情境中反映一组能力。如果准则是发生在现在，我们就讨论同步效度（concurrent criterion validity）。如果准则是发生在将来，我们就讨论预测效度（predictive concurrent validity）。对于准则效度的应用，不需要同时建立同步效度和预测效度，按照测试目的的需要选择适用的那个就行了。

建立同步效度。例如你受雇于世界烹饪学院设计测量烹饪技能的工具。烹饪培训的部分内容与直接的知识有关（例如什么是奶油面粉糊？这属于成绩测试的内容）。

于是，你建立了你认为能够很好测量烹饪技能的测试表，现在你想建立同步效度水平。为完成这项工作你设计了烹饪量表（COOK scale），将每个裁判都使用的判断标准（如菜品相、用具清洁等）以5分制的项目的形式集中在一起。作为标准（这是关键），你还有另一个裁判组，他们将学生的整体技能进行从1到10的等级排序。接着只需要计算烹饪量表得分和裁判的排序之间的相关系数。如果效度系数（简单相关系数）很高，你的设计就很好，否则就需要重新开始。

建立预测效度。例如我们知道烹饪学校十年来发展得很好，而你不仅仅对厨师厨艺的好坏感兴趣（这是你刚才建立的同步效度的部分），而且对预测效度也感兴趣。现在准则已经从当下的得分（裁判的给分）转变为未来的得分。

现在我们的目的是建立一个测试，可预测一个厨师10年后的成功。要建立烹饪测试的预测效度，你要回顾并找到结束烹饪课程后10年仍然从事烹饪工作的毕业生，对他们进行测试。这里使用的标准是他们成功的水平，而且你使用的测量指标是：（a）他们是否有自己的餐馆，（b）餐馆经营是否超过1年（因为新餐馆经营的失败率在第1年就超过80%）。基本原理是如果餐馆经营超过一年，那么主厨的厨艺一定很好。

要完成这项练习，就要计算值为1（如果餐馆经营超过1年并且是毕业生所有）的成功得分与之前的（10年前）烹饪得分之间的相关系数。较高的相关系数表明具有预测效度，较低的相关系数表明缺乏预测效度。

建构效度

建构效度（construct validity）是最有趣也是最难建立的效度，因为建构效度是基于测试或测量工具背后的基本结构或概念的。

你可能从你的初级心理学课程中了解了，结构指一群相关的变量。例如侵略性是一个结构（包括不恰当的碰触、暴力、缺乏成功的社会交往等），智力、母婴依恋和希望等同样都是结构。而且要记住的是这些结构来自某种研究者假定的理论视角。例如，他或她认为有侵略倾向的男性比没有侵略倾向的男性更容易陷入与权威的矛盾中。

建立建构效度。好，现在你拿着好斗性测试（FIGHT test）（基于侵略性的）量表，它是由一系列依据你对侵略性结构构成的理论概括编出的项目构成的观察工具。你从犯罪学的文献中了解到具有侵略性的男性会比其他人更容易做出某种类型的行为，例如他们更多地与人争论、他们更易发生肢体冲突(如推挤)、犯下更多的暴力罪行,而且在人际关系方面更少能取得成功。好斗性量表包括的项目描述了不同的行为,其中一些行为在理论上和侵略性行为有关,其中一些无关。一旦好斗性量表完成,你就应该检验结果来确定好斗性量表的得分与你预测的行为类型(如卷入犯罪的水平或人际关系的性质等)之间是否相关,以及是否与理论上应当无关的行为类型(如没有遭遇家庭暴力或完成高中、大学学业等)不相关。如果你预期相关的项目的相关系数很高,而且预期无关的项目的相关系数很低,那你所应用的好斗性量表是有效的(不过也有可能是你设计的那些不是评价侵略性要素的项目起了作用)。恭喜你!

如果不能建立效度……那么怎么办

这个问题很难回答,特别是因为效度类型是如此之多。

总之,如果你没有得到你想要的效度证明,这是由于你的测试没有测到预期的内容。如果是成绩测试,而且你寻求满意的内容效度水平,那么你可能要重新设计测试的问题以确保这些问题与专家认为应该测试的问题保持一致。

如果你关注准则效度,你可能需要重新检验测试的项目的性质,并且设置你期望人们的回答与你选定的准则之间有多大的相关程度的问题。

最后,如果你寻求建构效度但不能找到——最好重新认真思考支持你建立测试的理论基础。那么要么是我们关于侵略性的定义和模型是错的,要么是现有知识还需要一些批判性的思考。

最后的建议

测量是一件相当酷的事——能激起人们的兴趣,而且在注重责任的时代,每个人都想知道学生、股票经纪人、社会福利机构项目等的进展。

由于这类强烈的、激增的兴趣,撰写学年论文或毕业论文的大学生或者撰写毕业论文或学位论文的研究生都十分倾向于自己给论文方案设计工具。

但要注意的是,听起来很好的想法可能导致的是一场灾难。建立任何工具的信度和效度都需要几年的紧张工作。而且可能使这个过程更糟糕的是轻信的或无怀疑精神的人想建立新的工具检验新的假设。这意味着在检验新的假设的同时,还得确保新的工具发挥作用。

> 如果你在做自己的原创性研究,如毕业论文或学位论文,要确保找到的测量已经建立了信度和效度。这样的话你才可以将精力主要用在检验你的假设上,而不是将精力浪费在发展工具这项工作上——这是一项职业,本身就需要专门的工具测评。想要有一个好的开始,试试查阅比勒什心理测量研究所,可以从 http://www.unl.edu/buros 获得在线资料。

信度和效度:很亲密的堂表兄弟关系

现在我们暂时止步并回顾学习这一章的原因之一。

这章很重要,因为你需要了解用于测量的工具的信度和效度。为什么? 如果工具既不可信又无效,你的实验结果也就让人怀疑。

就如本章之前提到的,你的测试可能是可信却无效的。但是,你的有效的测试却不可能没有信度。为什么? 不论一个测试测试的是什么都可以重复进行(这就是信度),但是可能仍然没有测量到应该测量的内容(这就是效度)。但是,如果一个测试确实测量到了要测量的内容,那么这个测试重复操作的结果必然是一致的。

TECH TALK

你可能在本章的其他地方已经看到关于信度和效度关系的内容,但是有一种很酷的关系藏在后面,你会在之后的课程中学到,不过现在就应该有所了解。这个关系就是效度的最大值等于信度系数的平方根。例如,某测试的信度系数是.87,则效度系数不会超过.93(= $\sqrt{.87}$)。用专业语言表示就是测试的效度受到信度的约束。而这一点,使得我们在不确定一项测试是否具有良好的效度之前,完全不必考虑它的信度高不高。

小 结

这就是统计学课程里的测量内容。再提一次,任何统计学的应用都是围绕一些测量的结果进行的。就如你需要基本的统计学使得数据具有意义,你也需要基本的测量信息使得对行为的评分、考试成绩、等级排序及其他评价有意义。

练习时间

1.去图书馆查找 5 篇你的专业领域的、给出信度和效度数据报告的文章,并且讨论所用测量工具的结果。确定要建立的信度类型和效度类型,并且考虑你是否认为这个水平可接受。如果不能接受,如何改进?

2.提供建立再测信度和复本信度的案例。

3.假设你现在建立了一个测量职业偏好(你想要成为什么人)的工具,你需要在学生参加职业项目的这一年进行多次测试。你需要从两次测试的数据(从第 6 章数据集 1 获得数据)——一次测试在秋季,一次测试在春季,评估这项测试的再测信度。这是否是可信的测试? 为什么?

4.为什么一项测试可能是可信的但却是无效的? 为什么一项测试只有是可信的才可能是有效的?

5.在检验任何实验假设时,为什么用于测量结果的测试工具的信度和效度很重要?

抓住那些有趣又有利的机会

Taking chances for Fun and Profit

到目前为止你已了解了很多，接下来又会学什么呢？首先，你已经具备了如何描述一组数据的特征以及数据分布如何区别的坚实基础。这是你在《爱上统计学》第2章、第3章和第4章学到的内容。在第5章你学了如何使用相关工具描述变量间的关系。在第6章你学习了如何计算信度和效度，判断测评工具的有效性。

现在是加大赌注开始玩儿真的时候了。在《爱上统计学》第Ⅲ部分，第7章向你介绍假设检验的重要性和性质，包括假设检验是什么、有几种不同的类型、假设的功能以及假设为什么和如何被检验的深度讨论。

接着，在第8章我们通过讨论正态曲线说明概率的所有重要方面，以及作为概率基础的基本原则。作为统计学的一部分，概率能帮助我们定义某类事件（如一次考试中的特定值）发生的可能性。我们将使用正态曲线作为这些讨论的基础，你会看到一个数据分布中任何数值或事件的发生都具有一定的概率水平。

带着乐趣学习了概率和正态曲线之后，我们准备在第Ⅳ部分开始更进一步的讨论，主要是依据假设检验和概率论的应用来检验有关变量间关系的特定问题。从现在开始只会越来越好。

你和假设：检验你的问题 **7**

本章你会学到什么 ☺☺☺☺

- 样本和总体之间的差异
- 零假设和研究假设的重要性
- 判断一个好假设的标准

也许你想成为一个科学家

你可能已经在其他的课程中听到了假设这个词。你甚至不得不为了你在其他课上所做的研究建立一个假设，或者你在期刊文章中已经看到过一两次。如果是这样，你可能对假设是什么已经有了很好的认识。对于你们中不熟悉这个词的人来说，假设（hypothesis）基本上是"学术猜测"。假设最重要的角色是表示一般问题的陈述，或在最初的时候促使人们去探索研究的问题。

这就是为什么花费精力和时间去建立一个简要而清晰的研究问题是如此重要的原因。研究问题是建立假设的指导，相应的假设决定你用于检验假设以及回答最初提出的问题的技术。

因此，一个好的假设将问题陈述或研究问题转换为更适合于检验的形式。这种形式就叫作假设。我们将在本章后面的部分讨论如何才能建立一个好的假设。在此之前，我们的注意力会转向样本和总体的差异。这是重要的区别，因为假设检验是用于样本，然后才将结论一般化到更大的总体。接着将注意力转向假设的两个主要类型（零假设和研究假设）。现在首先让我们给在《爱上统计学》前面章节用到的一些简单的术语做正式的定义。

样本和总体

作为一个好的科学家，你可能会说如果方法 A 比方法 B 好，这是永远、一直而且对宇宙所有人都正确的，对吗？实际上如果你依据方法 A 和方法 B 相应的优点进行足够的研究，并检验了足够的总体，总有一天你能这样说。但是不要太激动，因为你不可能如此确信地这样说。这会花费太多的钱（$$$）和太多的时间（用所有的人）来做那些研究，另外这甚至是不必要的。可行的是你从总体中选择一个代表性样本，并且检验有关方法 A 和方法 B 的假设。

几乎所有的科学家都受到没有足够的时间和足够的研究经费的限制,所以最好的策略是从一个较大总体中选取一部分,并在这个较小的群体中进行研究。在这种情况下,较大的群体作为总体(population),从这个总体中选择的较小群体就是样本(sample)。

TECH TALK　　测量样本和总体特征近似程度的量数叫作抽样误差(sampling error)。抽样误差基本上就是样本统计值和总体参数之间的差异。抽样误差越大,抽样过程中的精确性越低,且应用样本中的发现真实反映总体中预期发现就更加困难。

样本应该以这样的方式从总体中选取,就是样本要尽可能和总体的特征匹配。目标就是使得样本尽可能地类似总体。保证这两个群体的类似的最重要目的是为了基于样本的研究结论可以一般化到总体。如果样本确实代表了总体,就可以说研究结论具有很高的一般化水平。

零假设

好吧,我们已经从总体中选择了一个样本来检验我们的研究假设,我们首先要建立零假设(null hypothesis)。

零假设非常有趣。如果它能讲话,一定会说类似这样的话,"我代表你们正在研究的两个变量无关"。换句话说,零假设就是可以由下面一些取自主流的社会和行为科学期刊的真实的(简短的)零假设说明的等价命题。为了保护个人隐私我们改变了名称。

- 9年级学生的ABC记忆考试的平均成绩和12年级学生的平均成绩没有差异。
- 由社区长期照料老人的效果和由家庭长期照料老人的效果没有差异。
- 反应时间和问题解决能力无关。
- 白人家庭和黑人家庭提供给孩子的与学校活动有关的支持在数量上没有差异。

这四个假设的共同之处在于他们都宣称两个或多个事物之间是等同的或没有关系的。

零假设的目的

零假设的基本目的是什么?零假设既是研究起点也是测量实际的研究结果的基准。

现在让我们更详细地讨论每一个目的。

首先,零假设是研究的起点,因为在没有其他信息的情况下零假设就被看作可接受的真实状态。例如,我们上面给出的第一个零假设:

9年级学生的ABC记忆考试的平均成绩和12年级学生的平均成绩没有差异。

如果对 9 年级和 12 年级学生的记忆技能没有更多了解,就没有理由相信这两个群体之间存在差异,对吧? 如果对变量间的关系没有任何了解,你能做的最好的就是去猜测。这就要承担一定的风险。你可能对一个群体为什么比另一个群体做得好做出猜测,但是你没有先验的(在事实之前)证明,那么除了假定他们是相同的之外还有什么选择?

不存在某种关系作为研究的起点是整个假设的重点。换句话说,直到你能证明存在差异,否则你只能假定没有差异。而无差异或无关的陈述正是零假设的所有内容。

进一步讲,如果这两个群体之间存在任何差异,你必须假定这些差异是出于偶然,这是对任何两个群体之间在任何变量上的差异的最有吸引力的解释——存在偶然性! 这是对的,如果没有其他信息,偶然性总是对观察到的群体之间的差异或变量之间的关系的最可能和最有吸引力的解释。偶然性解释我们不能解释的差异。你可能已经把偶然性看作是在游戏机上赢得 5 000 美元大奖的几率,但是我们讨论的偶然性完全是其他的"事物",它掩盖事实,甚至使得理解变量间关系的"真实"性质变得更困难。

例如,你选取了一组橄榄球队员和一组足球队员来比较他们的跑步速度。但是要考虑所有我们不知道的可能导致速度差异的因素。谁知道是不是一些橄榄球队员进行了更多的练习,或者一些足球队员更强壮? 或者两组队员都接受了额外的训练? 更重要的是,也许测定他们速度的方式本身就有很大的偶然性;出问题的秒表或大风天可能导致了与真实速度无关的差异。作为好的研究者,我们的工作是解释观察到的差异时消除偶然性因素,并评价其他可能导致群体差异的因素,例如有目的的训练或营养计划,并分析这些因素如何影响速度。重点是如果我们发现群体间有差异且差异不是由于训练引起的,我们就很难将差异归结为偶然性之外的其他因素。

零假设的第二个目的是提供与观察到的结果进行比较的基准,进而分析是否是由于其他因素引起这些差异。零假设有助于定义观察到的群体间的差异范围是由偶然性引起(这是零假设的论点)还是由偶然性之外的因素(这可能是其他变量影响的结果,例如上个例子中的训练)引起。

许多的研究暗含着零假设,也许你不能在报告和期刊文章中清楚地发现零假设的表述,但是你会发现明确表述的研究假设,这是我们接下来要关注的内容。

研究假设

零假设是变量间无关的陈述,而研究假设(research hypothesis)是变量间有关系的明确陈述。例如对于之前陈述的每一个零假设,都有一个对应的研究假设。注意我们说到相应的研究假设时用的是"不定冠词"而不是"定冠词",因为对任何一个零假设来说肯定存在不止一个研究假设。

- 9 年级学生的 ABC 记忆考试的平均成绩不同于 12 年级学生的平均成绩。
- 依据 Margolis 社会活动量表的测量,社区长期照料老人的效果不同于家庭长期照顾老人的效果。

- 反应时间越慢则问题解决能力越高，两者正相关。
- 白人家庭和黑人家庭提供给孩子教育活动方面的支持在数量上有差异。

这四个研究假设有一个共同的方面。它们都是不等价的陈述。他们假定变量间存在一定的关系，而不是零假设假定的等价的关系。

不等价关系可以采取两种形式——有方向研究假设和无方向研究假设。如果研究假设假定不等价关系没有方向（例如"不同于"），假设就是无方向研究假设。如果研究假设假定不等价关系有方向（例如"多于"或"少于"），这个研究假设就是有方向研究假设。

无方向研究假设

无方向研究假设（nondirectional research hypothesis）反映群体间的差异，但是差异的方向是不确定的。

例如研究假设

9 年级学生的 ABC 记忆考试的平均成绩不同于 12 年级学生的平均成绩

是无向的，也就是两个群体间差异的方向不确定。这是一个研究假设，因为它陈述存在差异，但没有陈述差异的方向。

这里描述的假设是无方向研究假设，可以用下面的式子表示。

$$H_1 : \overline{X}_9 \neq \overline{X}_{12} \tag{7.1}$$

其中　H_1 表示第一个（可能有几个）研究假设的符号

$\overline{X}_9$ 表示 9 年级学生样本的平均记忆成绩

$\overline{X}_{12}$ 表示 12 年级学生样本的平均记忆成绩

$\neq$ 表示"不等于"

有方向研究假设

有方向研究假设（directional research hypothesis）反映群体间的差异，而且差异的方向是确定的。

例如研究假设

12 年级学生的 ABC 记忆考试的平均成绩比 9 年级学生的平均成绩高

是有向的，因为两个群体间差异的方向是确定的。一个被假设大于（不仅仅是不同）另一个。

其他两个有方向假设的案例是：

A 大于 B（或 A>B），或 B 大于 A（或 B>A）

这两个假设都表示不相等，且不相等是特定性质的（大于或小于）。上面描述的 12 年级学生的成绩比 9 年级学生的成绩好的假设是有方向研究假设，可以用下面的式子表示：

$$H_1 : \overline{X}_{12} > \overline{X}_9 \tag{7.2}$$

其中 H_1 表示第一个(可能有几个)研究假设的符号

$\overline{X}_9$ 表示 9 年级学生样本的平均记忆成绩

$\overline{X}_{12}$ 表示 12 年级学生样本的平均记忆成绩

> 表示"大于"

研究假设的目的是什么？直接检验的研究假设是研究过程中的重要一步。通过比较检验的结果与随机预期的结果(也就是零假设),来确定这两个中哪一个是你观察到的群体间差异的更好的解释。

表 7.1 是 4 个零假设和相应的方向研究假设和有无方向研究假设。

表 7.1 零假设和相应的研究假设

零假设	无方向研究假设	有方向研究假设
9 年级学生的 ABC 记忆考试的平均成绩和 12 年级学生的平均成绩没有差异。	12 年级学生的 ABC 记忆考试的成绩不同于 9 年级学生的成绩。	12 年级学生的 ABC 记忆考试的平均成绩高于 9 年级学生的平均成绩。
依据 Margolis 社会活动量表的测量,社区长期照料老人的效果和家庭长期照顾老人的效果没有差异。	依据 Margolis 社会活动量表的测量,社区长期照料老人的效果不同于家庭长期照顾老人的效果。	依据 Margolis 社会活动量表的测量,社区长期照料老人的效果高于家庭长期照顾老人的效果。
反应时间和问题解决能力无关。	反应时间和问题解决能力有关系。	反应时间和问题解决能力之间正相关。
白人家庭和黑人家庭提供给孩子的支持数量没有差异。	白人家庭提供给孩子的支持数量不同于黑人家庭提供的支持数量。	白人家庭提供给孩子的支持数量高于黑人家庭提供的支持数量。

TECH TALK

讨论有方向和无方向假设的另一种方式就是讨论单尾和双尾检验。单尾检验(one-tailed test 反映有方向假设)假定了特定方向的差异,如我们假设群体 1 的得分比群体 2 高。双尾检验(two-tailed test 反映无方向假设)假定差异没有特定的方向。如果你想检验不同类型的假设(单尾和双尾的检验),建立拒绝或接受零假设的概率水平,这个区别就十分重要。在第 10 章会有更多的讨论。我保证。

研究假设和零假设的一些区别

除了零假设表示等价关系而研究假设表示不等价关系之外,这两类假设还有几个重要的不同之处。

首先,简短地回顾一下,两类假设的区别在于一个(零假设)表示两个变量之间没有关系(相等),而另一个(研究假设)表示两个变量之间有关系(不相等)。这是基本的区别。

其次,零假设总是对应总体,而研究假设总是对应样本。我们从一个较大的总体中选择一个样本。接着我们试图将样本的结论一般化到总体中。如果你还记得基本的哲学和逻辑原理(你已经上过了这些课,对吧?),就会知道从一个小群体(如样本)到一个大群体(如总体)的过程就是推论。

第三,因为总体不能直接进行检验(再说一次,这是不现实、不经济的,而且通常是不可能的),你不能百分之百肯定地说样本之间在某些变量上真的不存在区别。另外,你只能依据样本的研究假设的检验结论来做出间接推论。因此零假设只能被间接检验,而研究假设能够被直接检验。

第四,零假设常用希腊字母表达,而研究假设常用罗马字母表达。例如9年级学生的平均成绩等于12年级学生的平均成绩的零假设可以如下表示:

$$H_0 : \mu_9 = \mu_{12} \tag{7.3}$$

其中　H_0 表示零假设

μ_9 表示 9 年级学生总体的理论平均值

μ_{12} 表示 12 年级学生总体的理论平均值

研究假设是 12 年级的样本的平均值高于 9 年级的样本的平均值,如公式 6.2 所示。

最后,因为你不能直接检验零假设,所以零假设是暗含的假设。而研究假设是明确的,且便于表达。这就是你在研究报告中很少看到零假设而几乎总是看到研究假设陈述的另一个原因。

好假设的标准是什么

现在你知道假设就是学术猜测——是进一步研究的起点。对所有的猜测来说,一开始其中的一些就比另一些好。我们得强调提出你想回答的问题多么重要,记住你提出的任何假设都是对你要问的原始问题的直接扩展。问题反映你个人的兴趣和动机,以及已完成的研究。了解这些之后,你可以使用下面的标准来确定在研究报告中看到的假设或者自己建立的假设是否是可接受的假设。

我们使用一个研究案例来说明这一点,这项研究是考察为工作到很晚的身为父母的员工提供的放学后儿童照料对父母工作适应性的影响。下面是一个很好的假设:

让自己的孩子加入放学后儿童照料计划的父母一年之内耽误的工作日会减少,同时依据工作态度调查的测量,工作态度也会比没有让自己的孩子加入这个计划的父母更积极。

下面就是标准。

第一,一个好的假设一般是以陈述句的形式出现而不是以问题出现。在上面的案例中,没有提出"你是否认为父母和他们工作的公司会更好……?"这样的问题,这是因为陈述如果是明确、有力的,假设就更有效。

第二,一个好的假设提出变量间预期的关系。案例中使用的假设清楚地描述了放学后儿童照料、父母的态度和缺勤率之间的关系。这些变量会接受检验来考察一个变量(加入放学后儿童照料计划)对其他变量(缺勤率和态度）的影响。

　　注意到上面的标准中"预期的"一词吗？定义预期的关系是为了避免像钓鱼或乱放枪一样漫无目的地建立一些无用的关系。

TECH TALK　　钓鱼方法就是你把线扔出去，然后抓住任何咬了线的东西。你收集尽可能多的数据而不管研究兴趣是什么，或者你收集的数据是否是科学调查的一部分。或者你把枪装满子弹，然后向任何移动的东西射击，你肯定能射中什么。问题是，你可能不想要你射中的，更糟糕的是你可能错过你想要的，最坏的是（如果可能）你可能不知道你射中的是什么。好的研究人员不是抓到或者射中什么就要什么，他们想要特定的结果。研究人员想得到这样的数据就需要开放性的问题和明确、有力且容易理解的假设。

　　第三，假设反映它们建立的理论和文献基础。就如在第 1 章看到的，科学家的成功很少是只归结于他们自己的努力工作。他们的成功通常是由于，或者说部分是由于走在他们前面并留下后来的解释框架的科学家。一个好的假设要反映这一点，这样假设就和已存在的理论和文献连接在一起。在上面的案例中，我们假定有文献表明父母知道孩子在妥当的环境中得到照料就会感到更放心，然后就能在工作中表现得更好。了解这些就可以假设放学后照料孩子计划能提供父母所寻求的安心。相应的父母就会集中精神工作而不是不断地打电话确定他们的孩子雷切尔（Rachel）或者格雷戈里（Gregory）是否安全到家。

　　第四，假设应该简短并切中要点。你要使假设以陈述句的形式描述变量间的关系，并且尽可能直接和明确。越是切中要点，其他人（如你的硕士论文或博士论文答辩委员会成员）就越容易阅读你的研究、理解你的假设是什么以及重要的变量是什么。实际上，当人们阅读并评价研究（你会在后面的章节学到更多）时，他们中的大多数做的第一件事就是找到假设，从而就对研究的一般目的和研究是如何进行的有了很好的了解。一个好的假设可以反映这两个方面。

　　第五，好的假设是可检验的假设。这意味着你可以实际的回答假设中包含的问题。你可以从上面的示例假设中看到让孩子加入放学后照料计划的父母和没有让孩子加入的父母之间的重要比较。态度或缺勤的天数是可测量的变量。两者都是合理的目标。态度可以通过工作态度调查表来测量，缺勤（缺勤的天数）很容易被精确地记录。如果建立的假设是"让孩子加入放学后照料计划的父母对工作的感觉更好"，想想还会有多少困难的事。即使你得到相同的信息，"感觉更好"这个模棱两可的词就会使得结果更难解释。

　　总之，假设应该：

- 以陈述句的形式表述
- 假定变量间的关系
- 反映假设建立的理论和文献基础

- 简短并切中要点,并且
- 可检验。

如果假设满足这五个标准,你可以了解这个假设很好,足以继续进行研究来准确地检验作为假设来源的一般问题。

小　结

任何科学研究的中心要素是假设,而不同的假设类型(零假设和研究假设)有助于形成计划来回答我们的研究所提出的问题。零假设作为研究起点和比较基准的特点使得我们可以使用零假设来评价研究假设的可接受性。接下来我们继续学习如何实际检验零假设。

练习时间

1.去图书馆查找你感兴趣的领域的五篇实证研究论文(包含数据)。对于每一个研究,列出下面的内容:

a.零假设是什么(潜在的还是明确的陈述)?

b.研究假设是什么(潜在的还是明确的陈述)?

c.在你感兴趣的领域,建立一个零假设和一个研究假设。

d. 那些没有明确的或潜在的假设的文章又怎样呢? 确认这些文章,并看看你是否可以建立一个研究假设。

2.为什么科学的方法能发挥效用?

3.为什么好的样本有利于很好地检验研究假设?

4.依据下面的研究问题,建立一个零假设,一个有方向研究假设,一个无方向研究假设。

a.注意力对教室里不专心听课行为的影响如何?

b.婚姻的质量和夫妇双方与他们兄弟姐妹间关系好坏之间的关系如何?

c.治疗厌食症的最好方式是什么?

5.我们说零假设是起点,是什么意思?

6.回到问题 1 中找到的 5 个假设,并用本章最后部分提及的 5 个标准进行评价。

7.为什么零假设假定变量之间没有关系?(这个问题比较难,是前述 4 题的变形)

你的曲线是正态的吗
——概率和概率的重要性

8

本章你会学到什么 ☺☺☺☺

● 为什么理解概率是理解统计学的基础
● 什么是正态曲线或钟型曲线，其特点是什么
● 如何计算和解释 z 值

为什么学习概率

现在你认为这是统计学课程了吧！好吧，就如你在这一章将学到的，学习概率是理解正态曲线（接下来会对这个有更多讨论）的基础，也是理解推论统计的基础。

为什么？首先，正态曲线给我们提供了理解任何可能结果（如一次考试中得到某个具体分数，或者投掷硬币时得到正面）的概率的基础。

其次，概率研究是决定我们在陈述特定的发现或结果是"真"时所具有的可信度的基础。或者更好的说法是，某个结果（如平均成绩）没有出现是由于偶然因素。例如，我们比较 A 群体（每星期参加 3 小时的额外游泳训练）和 B 群体（每星期都没有额外训练）。我们发现 A 群体的适应性测验和 B 群体不同。但是我们可以说这个差异是由于额外训练引起，或者是其他因素引起的吗？概率研究提供的工具允许我们确定差异是由于练习或其他因素引起的准确的可能性数值。

上一章我们花费在假设上的所有时间都是值得的。一旦我们把对零假设和研究假设的理解与概率基础的想法结合在一起，就可以讨论特定结果（由研究假设建立）出现的可能性。

正态曲线（或钟型曲线）

什么是正态曲线？正态曲线（normal curve，叫作钟型曲线，或钟形曲线）就是具备三个特征的数据分布的形象表示。图 8.1 表明了这三个特征。

正态曲线表示均值、中位数和众数相等的数值分布。你可能还记得第 4 章的内容，也就是如果中位数和均值不同，那么数据分布就向某个方向倾斜。正态曲线没有偏度。正态曲线有一个很好的波峰（只有一个），而且波峰正好处于中间。

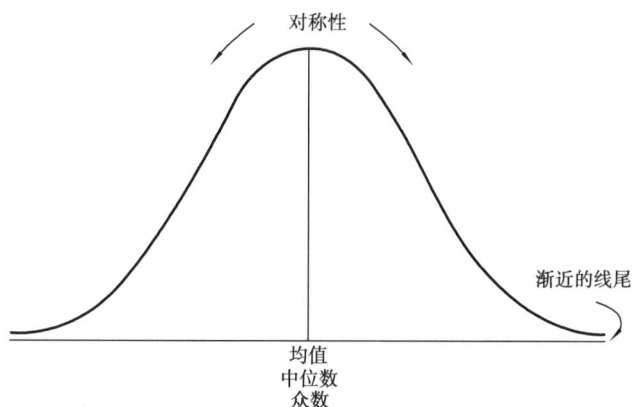

图 8.1　正态曲线或钟形曲线

　　其次,正态曲线以均值为中心完全对称。如果沿着中心线将曲线对折,两边会完全重叠。两边是相等的。曲线的一半是另一半的镜像。

　　最后(准备好学习新的内容),正态曲线的双尾是渐近的(asymptotic)——一个很陌生的词。这个词的含义是曲线的双尾越来越逼近横轴,但是永远不会与横轴相交。

　　正态曲线的钟型形状给了这个曲线另外一个名称,也就是钟型曲线。

TECH TALK

　　作者在年轻的时候也想知道正态曲线的尾线如何逼近横轴或 x 轴却永不相交。试着做下面的实验。放置两支相距一英寸的铅笔,然后移进一半,他们就相距 1/2 英寸,再移近 1/4 英寸,再移近 1/8 英寸。这两支铅笔会持续的接近,对吧? 但是不会(永远不会)相交。正态曲线的尾线同样如此。尾线缓慢地接近曲线"栖居"其上的数轴,但是永远不会真正相交。

　　这一点为什么很重要? 在本章后面的部分你将会了解,尾线从不相交的事实意味着可能得到的极值(在曲线的左侧或右侧)存在无限小的可能性。如果尾线和数轴相交,就得不到原本可能存在的极值了。

嘿,这不是正态曲线

　　我们希望你接下来的问题是,"但是有许多数据集的分布不是正态的或不是钟型的,对吧?"是的。但当我们处理大样本数据集(超过 30 个数据),并且重复地从总体中抽取样本时,曲线的数值就接近正态曲线的形状。这很重要,因为我们讨论的通过样本推论总体时所做的大多数工作都是基于这样的假设——总体中抽取的样本是正态分布的。

　　而且事实是大体上许多事物的分布特征就是我们所说的正态分布。也就是说大多事件或发生次数正好在数据分布的中间,而两端却较少,就如在图 8.2 中所看到,图 8.2 表示一般人群中 IQ 和身高的分布。

　　例如,一个群体中聪明人很少,处在群体底端的智力或认知能力很低

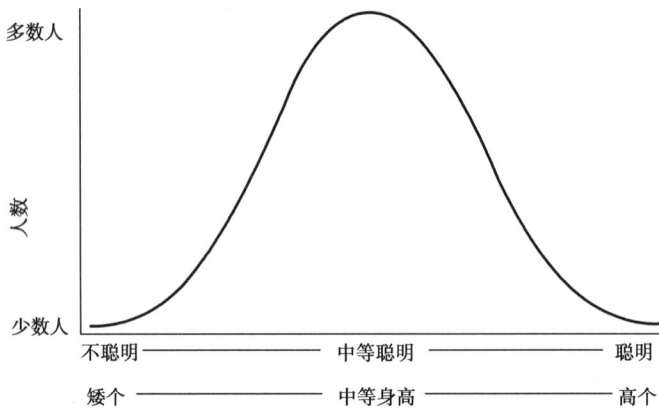

图 8.2 数值如何分布

的人也很少。大多数人正好处在曲线的中间,而我们移到曲线的尾线时人数减少。很高个的人相当少,很矮个的人也相当少,而大多数人处在中间。在这两个案例中,智力和身高的分布接近正态分布。

相应的,正态曲线中极值范围内发生的每一个事件具有很小的发生概率。我们可以很确信地说任何人(我们还不知道他们的身高)个子很高的几率不是很大。但是我们知道任何人处于平均身高的几率或者正好处于中间范围的几率很高。那些发生在正态曲线中间的事件的概率高于极值范围内发生的事件的概率。

更正态的曲线 101

你已经知道有三个主要的特征使得曲线成为正态曲线,或者看起来更像钟型,但是正态曲线不仅仅是这三个特点。认真地看图 8.3 中的曲线。

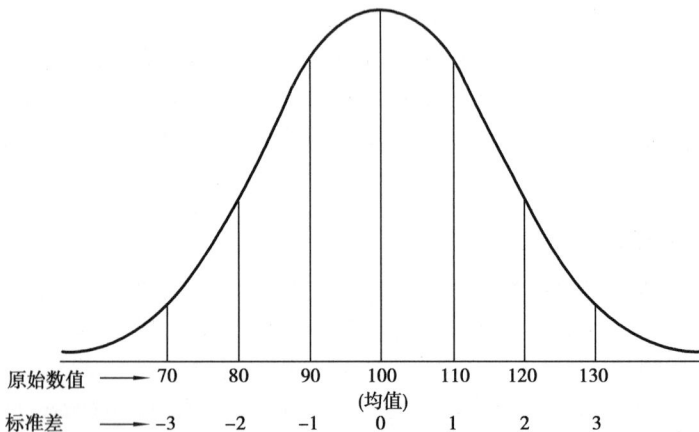

图 8.3 分成多个部分的正态曲线

这个分布的均值是 100,标准差是 10。我们已经在 x 轴上增加了表示数据分布中偏离于均值的以标准差表示的距离。你可以看到 x 轴(表示分布中的数值)的刻度是以 10(也就是分布的标准差)为间隔从 70 增加到 130,10 是一个标准差的值。我们编制了这些数字(100 和 10),所以不要去猜测我们如何得到这些数字。

如此,短暂的回顾告诉我们分布的均值是 100,标准差是 10。曲线内的每条垂直线将曲线分成一个部分,每个部分由特定的值限定。例如均值 100 右端的第一部分由数值 100 和 110 限定,这表示偏离均值(均值是 100)一个标准差。

而且在每一个原始数值(70,80,90,100,110,120,130)下端,你会发现相应的标准差(-3,-2,-1,0,1,2,3)。就如你已经知道的,我们的案例中每一个标准差是 10。因此偏离均值(均值是 100)一个标准差就是均值加 10 或者是 110。不是很难,对吧?

如果我们深入进行讨论,你就能够看到均值为 100,标准差为 10 的正态分布表示的数值范围是 70 到 130(包括-3 到 3 个标准差)。

有关正态分布、均值和标准差的一个重要事实始终是正确的:对任何数值分布来说(不论均值和标准差的具体数值),如果数值是正态分布的,几乎 100%的数值处于均值的-3 到 3 个标准差范围内。这非常重要,因为这个事实适合所有的正态分布。这个规则的确很实用(再说一次,不论均值和标准差的具体数值),基于此数据分布之间可以相互比较。接下来我们还会讨论。

接着上面的内容,我们再进一步深入讨论。如果数值分布是正态的,我们也可以说一定百分比的数值会落在 x 轴的不同数据点之间(例如均值和一个标准差之间)。实际上数值分布中大约 34%(实际上是 34.13%)的数值落在了均值(在这个案例中是 100)和均值以上 1 个标准差(就是 110)的范围内。你可以永远确信这个事实。

想了解更多吗?认真地看图 8.4。你可以看到特征明显的同样的正态曲线(均值等于 100,标准差等于 10)——以及均值和标准差限定范围内我们预期出现的数值的百分比。

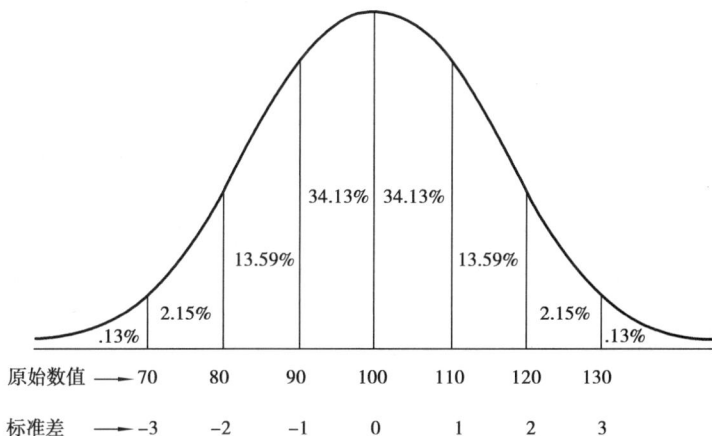

图 8.4　正态曲线下数据值的分布

下面是我们可以得出的结论。

两者间的距离	包括的数据值	包括的数值范围 （如果均值＝100，标准差＝10）
均值和 1 个标准差	曲线覆盖 34.13%的数据值	100～110
1 个标准差和 2 个标准差	曲线覆盖 13.59%的数据值	110～120
2 个标准差和 3 个标准差	曲线覆盖 2.15%的数据值	120～130
3 个标准差及以上	曲线覆盖 0.13%的数据值	130 以上

如果你将正态曲线每一半的百分值加起来，猜猜你会得到什么？很对，是 50%。为什么？正态曲线之下，均值和均值右侧所有数值的距离范围内包括了 50%的数值。

因为曲线是中心轴对称的（每一半是另一半的镜像），两个部分加起来表示 100%的数值。虽然这并不高深，但是指出这一点很重要。

现在我们将这个逻辑应用到均值 100 左侧的数值。

两者间的距离	包括的数据值	包括的数值范围 （如果均值＝100，标准差＝10）
均值和 1 个标准差	曲线覆盖 34.13%的数据值	90～100
-1 个标准差和-2 个标准差	曲线覆盖 13.59%的数据值	80～90
-2 个标准差和-3 个标准差	曲线覆盖 2.15%的数据值	70～80
-3 个标准差及以下	曲线覆盖 0.13%的数据值	70 以下

现在要记住的是我们使用的均值 100 和标准差 10 仅仅是特定案例的样本统计值。很明显，不是所有的分布都是均值为 100、标准差为 10。

所有的这些都有规律，特别是你会发现 34.14%、13.59%这些数值独立于实际的均值和标准差。这些数字是源于曲线的形状而不是因为具体的均值和标准差。实际上，如果你在一个硬纸板上绘制正态曲线，接着将均值和一个标准差范围内的区域切下来，然后称出重量，重量恰好是从中切除曲线的整个硬纸板的 34.13%。（试一次，这是真的。）

在我们的案例中，这意味着（粗略地说）68%（双倍的 34.13%）的数值落在原始数据 90 到 110 之间。那么其他 32%呢？这个问题很好。一半（16%，或者 13.59%＋2.15%＋0.13%）落在均值的一个标准差以上（均值右侧），另一半落在均值的一个标准差以下（均值左侧）。而且因为曲线向下倾斜，所以数值越偏离均值，曲线覆盖的区域的范围就越小，那么一个数值落在数据分布极值范围内的可能性要小于落在中间的可能性，这一点不惊奇。这也是为什么曲线在中间有波峰而没有任何方向的偏度。

我们最中意的标准值：z 值

你已经多次看到数据分布在集中趋势和变异性方面如何的不同。

在一般的研究实践中，我们会发现所处理的分布相当不同，但是我们需要对它们进行相互比较。而进行这样的比较我们需要一定的标准。

这就是标准值（standard scores）。这些值以标准差为单位进行了标准化,所以是可比较的。例如,均值为 50,标准差为 10 的分布的标准值 1 与均值为 100,标准差为 5 的分布的标准值 1 是相同的。他们都表示一个标准值,并且与各自均值的距离也相同。我们也可以使用正态曲线的知识,并确定偏离均值一个标准差的数值出现的概率,会在后面继续探讨。

虽然还有其他类型的标准值,但是学习统计学过程中最常看到的是 z 值(z score)。z 值就是原始数据与数据分布均值的差除以标准差所得的结果(见公式 8.1)。

$$z = \frac{X - \overline{X}}{s} \tag{8.1}$$

其中　z 是 z 值

　　　X 是具体的数值

　　　$\overline{X}$是数据分布的均值

　　　s 是数据分布的标准差

例如,应用公式 8.1 你可以看到如何计算均值是 100 原始数值是 110 标准差是 10 的 z 值。

$$z = \frac{110 - 100}{10} = +1.0 \tag{8.2}$$

> 在给定 z 值和其他数值的情况下很容易计算原始数值。你已经知道了给定原始数值、均值和标准差的 z 值公式。如果知道 z 值、均值和标准差,如何计算相应的原始数值？使用公式 $X = z(s) + \overline{X}$ 很容易就可以计算。如果需要可以很容易地将原始数值转换为 z 值或者进行相反的转换。例如,数据分布的均值是 50,标准差是 5,标准值是 -.5,那么原始数值 X = (-.5)(5) +50,或 47.5。

下面是均值为 12,标准差为 2,样本规模为 10 的原始数值和相应的 z 值。均值以上的原始数值对应的 z 值是正数,反之,均值以下的原始数值对应的 z 值是负数。例如,原始数值 15 对应的 z 值是 +1.5,原始数值 8 对应的 z 值是 -2。当然与均值相等的原始数值 12(或均值)的 z 值是 0,因为原始数值与均值的距离为 0。

X	$X - \overline{X}$	z 值
12	0	0
15	3	1.5
11	−1	−0.5
13	1	0.5
8	−4	−2
14	2	1
12	0	0
13	1	0.5
12	0	0
10	−2	−1

依据对以上数值的观察进行简要的总结。

首先,均值以下的数值(如8和10)对应的 z 值是负数,而均值以上的数值(如13和14)对应的 z 值是正数。

其次,正的 z 值一般落在均值的右侧,也就是数据分布的上半部分。负的 z 值通常落在均值的左侧,也就是数据分布的下半部分。

第三,我们讨论落在均值一个标准差以上的一个数值时,也就是说这个数值是在均值的一个标准值之上。就我们的目的来说,比较数据分布的数值时使用标准差和 z 值是相当的。换句话说,z 值就是偏离均值的标准差的个数。

最后也是最重要的一点,不同分布的 z 值具有可比性。我们应用下面的数据表说明这一点,这个数据表和上一个类似。我们从100个数值中选了10个样本数值,样本分布的均值是59,标准差是14.5。

原始数值	$X-\bar{X}$	z 值
67	8	0.55
54	−5	−0.34
65	6	0.41
33	−26	−1.79
56	−3	−0.21
76	17	1.17
65	6	0.41
33	−26	−1.79
48	−11	−0.76
76	17	1.17

在之前看到的均值是12标准差是2的数据分布中,原始数值12.8对应的 Z 值是+0.4,也就是说原始数据12.8距离均值0.4个标准差。在均值是59标准差是14.5的第二个数据分布中,原始数值64.8对应的 Z 值也是+0.4。这是奇迹吗?不,这只是一个很好的想法。

原始数值12.8和64.8相对来说与均值的距离相等。如果这些原始数值用标准值表示,就可以直接使用在各自分布中的相对位置来直接进行相互比较。

z 值表示什么

你已经了解特定的 z 值表示一个原始数值,也表示数据分布在 x 轴上的特定位置。而且 z 值越大(例如−2或+2.6),距离均值越远。

因为你已经知道落在 x 轴的特定两点之间的面积占全部曲线覆盖面积的百分比,例如均值和+1个标准差之间的面积是34%,+1个标准差和+2个标准差之间的面积是14%,我们也可以得出如下正确的结论:

- 84%的数值落在值为+1的 z 值之下(50%落在均值之下,34%落在均值和值为+1的 z 值之间)。
- 16%的数值落在值为+1的 z 值之上(曲线下的全部面积是100%,84%的数值落在值为+1的 z 值之下)

想一下上面的两个结论。我们所要表达的是,如果数据分布是正态分布,曲线的不同面积可以用标准差或者 z 值的不同数值来表示。

当然,你应该明白这些面积或比例也可以被看作是表示特定数值出现的概率。例如,这里有一个问题:

在均值为 100 标准差为 10 的数据分布中,110 或 110 以上的数值出现的概率是多少?

答案是 16%,或者说 100 次中会出现 16 次。我们如何得到答案?

首先我们计算对应的 z 值,也就是 +1〔(110-100)/10〕。接着,依据我们已了解的知识(见图 8.4),我们知道 z 值为 1 表示 x 轴上的一个特定位置,数据分布中 84% 的数值落在这个位置之下,这个位置之上是 16% 的数值或概率是 .16。因为我们已经知道均值和均值之上或之下 1,2 和 3 个标准差之间的面积,我们可以很容易地得出任何 z 值对应的数值出现的概率。

但是我们介绍的方法对于 z 值是 1,2 和 3 很合适。但是如果 z 值不是像 2 一样的整数,而是像 1.23,-2.01 一样的非整数,该如何确定呢?我们需要找到更简洁的方法。

我们怎么办呢?很简单,就是学会微积分并将微积分应用到正态曲线来计算 x 轴上每一个可能的值对应的曲线面积,或者我们更喜欢使用附录 B 的 B1 表(正态分布表)。表中列出了不同 z 值对应的曲线之下的所有面积数值,当然不包括极值。这个表有两列。第一列是 z 值,就是已经计算的 z 值。第二列是均值和 z 值之间的面积,就是这两点之间曲线所覆盖的面积。

例如,如果我们想知道均值和值为 +1 的 z 值之间的面积,在 z 值列找到数值 1.00,接着在对应的第二列找到均值和 z 值 1.00 之间的面积数值是 34.13。你以前看到过这样的表吗?

为什么在表中没有正号或负号,如 -1.00 呢?因为曲线是对称的,z 值是正是负对数值没有影响。均值和 1 个标准差之间的面积在任何方向上都是 34.13%。

接着往下。对于特定的 z 值如 1.38 来说,你想知道与 z 值对应的概率。如果你想知道均值和 z 值 1.38 之间的面积百分比,你可以在 B1 表中找到对应 z 值 1.38 的面积是 41.62,这表明数据分布中 41% 以上的数据落在 z 值 0 和 1.38 之间,而 92%(50%+41.62%)的数据落在 z 值 1.38(包括 1.38)之下。现在你肯定已经注意到最后的案例中根本没有提到原始数值。一旦你会用这个表,就不再需要原始数值。

但是我们是否始终只对均值和某些 z 值之间的面积感兴趣?要不要关注两个 z 值之间的面积呢?例如,我们有兴趣知道的是 z 值 1.5 和 z 值 2.5 之间的面积,或者说数值落在这两个 z 值之间的概率是多少?我们如何使用这个表计算这些结果?这很容易。只要找到每一个 z 值对应的面积,然后用一个减去另一个。通常绘制如图 8.5 所示的图有助于我们理解。

例如,我们想找到均值为 100,标准差为 10 的数据分布中原始数值 110 和 125 之间的面积。我们可以采用如下的步骤。

1—计算原始数值 110 对应的 z 值,也就是(110-100)/10,即+1。

2—计算原始数值 125 对应的 z 值,也就是(125-100)/10,即+2.5。

3—使用附录 B 的 B1 表,找到均值和 z 值+1 之间的面积,是 34.13%。

4—使用附录 B 的 B1 表,找到均值和 z 值+2.5 之间的面积,是49.38%。

5—因为你想知道两个 z 值之间的距离,用较大的数减去较小的数,也就是 49.38%-34.13%,结果是 15.25%。图 8.5 中包含很多信息。

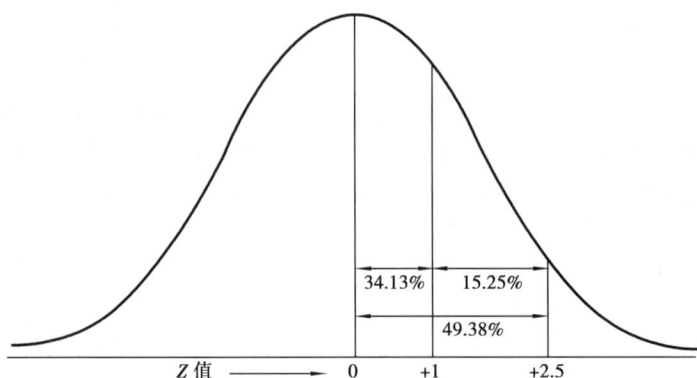

图 8.5　绘图说明不同 z 值之间面积的差异

因此我们十分确信,特定数值出现的概率可以通过确定这个数值相对其他数值落在数据分布的某个区域来理解。在这个案例中,数值出现在 z 值+1 和 z 值+2.5 之间的概率大约是 15%。

这儿还有另一个例子。在均值 100,标准差 10 的数据集中,原始数值 117 对应的 z 值是 1.70。这个 z 值对应的曲线覆盖面积是 95.54%(50%+45.54%),意味着数值出现在 z 值 1.70 之下的概率是 95.54%,或者说 100 个中有 95.5 个,或者是.955。

关于标准值的两个方面。首先,虽然我们关注的重点是 z 值,但还有其他类型的标准值。例如,T 值是另一种类型的标准值,通过 z 值乘以 10 加 50 来计算。这个标准值的优点是很少出现负值。和 z 值一样,T 值也可以比较不同数据分布的数值。

其次,标准值和标准差完全不同。标准值来自预先确定均值和标准差的数据分布。考试成绩如 SATs 和 GREs(研究生入学考试)使用标准化分数,可以很容易地比较均值和标准差相同的数据分布的数值。

z值真正表示什么

统计游戏的另一个作用是能够估计某个结果的概率。如果我们掌握了前面的内容并且能够在本章学习中再往前走一步，就能确定某些特定事件发生的概率。接下来我们使用一些标准来判断我们考虑的事件的发生是高于还是低于我们预期的随机概率水平。研究假设提出了预期事件发生的命题，我们使用统计工具来估计事件发生的概率。

这是统计学是什么的"20秒版本"，但是包含了很多内容。现在我们回顾这一段所有的内容，并通过案例来理解。

比如说你的老朋友，值得信赖的卢给了你一枚硬币，并让你决定硬币是否是"真的"。如果是真的，那你抛十次硬币，可以得到5次正面5次反面。因为每抛掷一次出现正面或反面的概率是.5，所以我们预期出现5次正面和5次反面。在10次独立的抛硬币实验中（也就是一次抛掷不会影响下一次），我们应该得到5次正面，等等。现在的问题是出现多少次正面会确认这枚硬币是伪造的或者非法的？

现在说说我们用以判断"真"的标准，也就是如果抛掷10次硬币我们得到正面（或者反面）的次数少于5%次，我们就能说硬币是伪造的，那就应该叫警察来抓卢了（或者他本来就是在假释中）。5%就是统计学家们使用的标准。如果事件（正面出现的次数、一次考试的成绩或者两个数据组平均值的差异）发生的概率是极值（我们所说的极值定义为出现次数小于5%），那么就是不可能出现的结果，在这个案例中就是"硬币不是真的"。

这是10次随机抛掷硬币实验中预期出现的正面次数的分布。所有可能的结果组合是2^{10}或1 024种，例如9次正面1次反面，7次正面3次反面，10次正面0次反面，等等。而10次抛掷实验中得到6次正面的概率大约是21%。

正面次数	概 率
0	0.00
1	0.01
2	0.04
3	0.12
4	0.21
5	0.25
6	0.21
7	0.12
8	0.04
9	0.01
10	0.00

以上是任何特定结果出现的可能性，如10次投掷中出现6次正面的可能性大约是.21，或21%。现在是做出决定的时间。也就是10次抛掷中你得到多少次正面就可以断定硬币损坏了、不均匀，或者是伪造的。

与优秀的统计学家一样，我们采用的标准也是5%，之前我们也是这样定义。如果观察到的结果（我们投掷硬币的结果）的概率小于5%，我们可以断定这是不可能的,除非有非概率事件出现——我们的结论就是"非概率事件"是伪造的硬币。

看看上面的数据表,你就会发现 8、9 或 10 次正面出现的结果都小于 5%。因此,如果 10 次硬币投掷的结果是 8、9 或 10 次正面,结论就是这枚硬币不是真的。(当然正面出现 0、1 或 2 次也能得出相同的结论,这是对的。硬币另一面的出现情形也如此。)

相同的逻辑也适用于在之前关于 z 值的讨论。我们预期 z 值多大就可以断定一个结果的出现不是由于随机因素而是由于一些其他因素? 如果查阅附录 B 的正态曲线表你会知道 z 值的临界点 1.65 包含了曲线覆盖面积的 45%,如果与曲线另一侧覆盖面积的 50% 加起来,就得到全部面积的 95%。也就是在 x 轴的这一点之上留下了 5%。任何表示 z 值 1.65 或这个值以上的数值就在很小的区域内——或者至少是分布在出现的概率小于其他数值的区域内。

假设检验和 z 值:第一步

我们所要说的是任何事件都有相应的发生概率。我们使用这些概率值来推断我们预期的某个事件不出现的可能性。例如,抛掷 10 次硬币出现 1 次正面 9 次反面的可能性就很小。我们也说过如果事件的发生 100 次中只有 5 次(5%),我们就可以认为相对于其他可能发生的事件来说这个事件更不可能发生。

研究假设相关的结论当然也同样如此。零假设(见第 6 章)认为群体或变量之间没有差异,而且发生的可能性是 100%。我们要尽力检验零假设可能存在的错误。

换句话说,如果通过研究假设的检验我们发现事件发生的可能性是极值,那么研究假设就是更有力的解释而不是零假设。因此,如果我们发现 z 值是极值(发生概率小于 5% 就是极值),我们就会说极值出现的原因不是由于随机因素而是与某种关系或者某种处理方式有关。我们会在接下来的章节更详细地讨论这一点。

使用计算机计算 z 值

SPSS 真的可以完成很多任务,但是在这你会看到使用这个软件计算 z 值是多么节省时间。你已经知道如何手动计算 z 值,现在使用 SPSS 来计算。

应用 SPSS 计算图 8.6 中第一列所示的数据集(也是本章之前所示数据)的 z 值,步骤如下。

1.在新的 SPSS 窗口输入数据。

2.点击 Analyze→Descriptive Statistics →Descriptive。

3.双击变量名将变量移到 Variable(s)框。

	var00001	zvar0000
1	67.00	.62153
2	54.00	-.21145
3	65.00	.49338
4	33.00	-1.55703
5	56.00	-.08330
6	76.00	1.19821
7	65.00	.49338
8	33.00	-1.55703
9	48.00	-.59590
10	76.00	1.19821
11		

图 8.6　使用 SPSS 计算 z 值

4.在 Descriptive 对话框点击 Save Standardized values as variables。

5.点击 OK。

你可以在数据显示窗口看到 SPSS 如何计算对应的 z 值。（注意——SPSS 在完成所有的过程后，会自动进入结果输出窗口，但在输出窗口看不到 z 值！你必须转换到数据显示窗口。）

小 结

理解整个推论统计的最基本的和最重要的技能就是可以计算 z 值并能够估计在一个样本数据中某个数值出现的可能性。一旦我们知道考试成绩或者组间差异发生的可能性，我们就能将这个可能性和我们随机预期的可能性进行比较，并进一步得出推论结论。在《爱上统计学》第 IV 部分的开始，我们将这个模型应用到检验差异性问题的特定案例中。

练习时间

1.正态曲线有什么特点？你认为人类的哪些行为、特征呈正态分布？

2.标准分或者 z 值可以用来进行不同样本之间的比较。为什么？

3.为什么 z 值是标准化的值？为什么 z 值可以用于比较不同数据分布的数值？

4.计算下面的均值为 50、标准差为 5 的数据分布的原始数值的 z 值。

a.55

b.50

c.60

d.57.5

e.46

5.下面是一组数据,填写空白的格。这组数据的均值是 70,标准差是 8。

原始数据	z 值
68.0	?
?	-1.6
82.0	?
?	1.8
69.0	?
?	-0.5
85.0	?
?	1.7
72.0	?

6.问题 4a 到 4b 依据均值为 75、标准差为 6.38 的数据分布来回答。绘制一个简图来确定你需要怎么做。

a.一个数值落在原始数值 70 和 80 之间的概率是多少？

b.一个数值落在原始数值 80 以上的概率是多少？

c.一个数值落在原始数值 81 和 83 之间的概率是多少？

d.一个数值落在原始数值 63 以下的概率是多少？

7.Jake 为了得到身体健康的证明需要取得组内前 10% 的成绩。班级的均值是 78,标准差是 5.5,Jake 需要得多少分才能得到他需要的证明?

8.为什么不能简单地将不同课程的课堂成绩加起来计算平均数,然后就这样结束?

9.相对于他或她的同学,Noah 和 Talya 谁的学习更好? 下面是你可能需要的所有信息?

数学			
班级均值	81		
班级标准差	2		
阅读			
班级均值	87		
班级标准差	10		

原始值			
	数学成绩	阅读成绩	平均数
Noah	85	88	86.5
Talya	87	81	84
标准值			
	数学成绩	阅读成绩	平均数
Noah	————	————	————
Talya	————	————	————

"我看大卫这会儿正忙着计算 z 值……"

显著性差异
——使用推论统计

Using Inferential Statistics Snapshots

你已经学到这里,而且仍然充满活力,所以要恭喜你。到现在为止,你已经很好地掌握了描述统计是什么,偶然性因素在决策中如何影响结果,以及由于偶然性因素和处理方法的不同,结果出现的可能性是如何的。

你是建立和理解假设在社会和行为科学研究中所扮演的角色的专家。现在就是实践的时候了。让我们看看在《爱上统计学》接下来的部分会学到什么。最重要的是你曾经付出的努力会以理解具体的问题而得到快速的补偿。

这部分的主要内容是理解和应用特定的统计类型来回答特定类型的研究问题。我们会介绍最常用的统计检验,也会介绍一些稍微复杂的统计检验类型。在最后部分会介绍一些比较常用的统计软件包,这些统计软件包可用于计算那些我们用老式的计算器计算的相同的值。

我们以显著性概念的简短讨论开始,然后逐步进行推论检验。接着就是特定检验的案例。这一章需要动手的内容挺多,现在就开始吧。

显著性的显著
——对你我来说意味着什么

9

本章你会学到什么 ☺☺☺☺

- 显著性的概念和显著性的重要性
- 第一类错误和第二类错误的重要性和两者之间的区别
- 如何进行推论统计
- 如何根据目的选择适当的统计检验

显著性的概念

对于初学统计学的学生来说可能没有哪一个概念或词汇比统计显著性更让人迷惑了。但是,对你来说这并不意味着事实就是如此。虽然统计显著性是非常有影响的概念,但它也很简单,基础统计学课上的任何学生都可以理解。

我们需要用研究案例来说明我们总结的要点。例如达科特和理查德(E.Duckett & M.Richard)的"单亲母亲家庭中母亲的职业和青少年的日常经验(Maternal Employment and Young Adolescents' Daily Experiences in Single-Mother Families)"(1989年密苏里州堪萨斯,儿童发展研究协会论文)。他们调查了436个5年级到9年级的青少年对母亲就业的态度。

特别的是他们调查了母亲有工作和没工作的青少年在态度上是否存在差异。他们也检验了其他因素,但是就这个案例来说,我们关注的是有工作的母亲和没有工作的母亲之间的群体差异。再加一项内容就是在是否存在差异的讨论中增加显著性,因此我们的研究假设类似如下的陈述:

依据情绪状态的测量,母亲工作和不工作的青少年对母亲就业的态度具有显著性差异。

我们所说的显著性的含义是指两个群体的态度之间的任何差异是由于系统性因素而不是偶然性因素的影响。在这个案例中,影响因素是母亲是否工作。我们假定控制了可能影响两个群体之间差异的所有其他因素。因此,余下的解释青少年态度差异的唯一因素就是母亲是否工作。对吗?是的。这就完了?还没呢。

是否只有我们是完美的

我们的世界并不完美,所以我们在一定程度上确信我们确定的引起群体间差异的那些因素时要留有余地。换句话说,你需要表明即使你很确信两个青少年群体之间的差异是由于母亲的就业状态引起的,但是你不能100%、绝对地、肯定地、无可置疑或毫不含糊地确信这一点。你的结论是错误的可能性始终存在,不论这个可能性多小。

为什么? 原因很多。例如,有可能你的结论完全错误。也许在这次研究中,青少年的态度差异不是由于母亲工作或不工作引起的,而是由于其他没有注意到的解释因素,例如地方就业母亲俱乐部举办的演讲,一些学生加入了这样的俱乐部。如果一个青少年群体的成员几乎都是男性而另一个青少年群体的成员几乎都是女性,这样的情况下又该是怎样的结论?这也可能是差异的来源。如果你是优秀的研究者,也进行了一定的研究,你可以解释差异,但是总有可能你做不出解释。你必须考虑这种可能性的存在。

那么你要怎么做? 在大多数涉及假设检验(例如这里的案例中的群体差异)的科学研究中一定存在一定数量的不能控制的误差——这也是前面几章已经讨论过的偶然性因素。你愿意承担的风险水平或者概率水平就是显著水平,这个词不会给人们带来内心的恐惧。

显著水平(significance level,这里是快捷简单的定义)是不能100%确信实验中观察到的结果是由于处理因素或需要检验的因素引起的——在我们的案例中是母亲是否工作——所要承担的风险。如果你看到的陈述是显著性结论是在.05概率水平下(或者更专业地说 $p<.05$,在专业期刊中你会经常看到),换句话说就是20次中有1次(或.05,或5%)所发现的任何差异不是由于假定的原因(母亲是否工作),而是由于其他未知的原因引起的。你的工作就是尽可能减少这种可能性,消除所有可能引起观察到的任何差异的其他原因。因为你不可能完全消除这种可能性(没有人能够控制所有潜在的因素),必须分配一定的概率水平,并谨慎地陈述结论。

总之(实际上也是如此),研究者定义了他或者她愿意承担的风险水平。如果结果落在这个范围内,也就是说"这不是偶然出现的——而是有其他因素在产生影响",研究者就会知道零假设(表达式是等式)不是观察到的结果的最有力的解释。相反研究假设(也就是说是不等式,或者说存在差异)是可选择的解释。

现在来看另一个案例,这是假设的案例。

研究者有兴趣了解参与学前项目的孩子与没有参与的孩子在学习成绩上是否存在差异。零假设是两个群体的学习成绩相等。

研究假设是参与学前项目的孩子的平均成绩高于没有参与项目的孩子的平均成绩。

作为一个优秀的研究者,你的工作就是表明(尽你所能就好,没有人可以完美地解释任何事物)两个群体之间存在的任何差异仅仅是由于学前项目的影响,而不是任何其他因素或者因素的组合。你可以使用一些技术(你会在高一级的统计学课程中学习)控制或者消除影响差异的所有可能的原因,如父母教育水平、家中孩子的数量等的影响。一旦消除了其他潜在的解释变量,唯一留下的对差异的解释就是学前经验的影响。

但是你可以绝对地确定吗？不，你不可以。为什么？首先，你不能确定你所研究的样本能够很好地代表总体。而且即使样本能很好地代表总体，也总是存在影响结论的影响因素，而且在设计试验的过程中你总会无意中遗漏这些因素。研究中始终存在犯错的可能性。

如果推断考试成绩的差异是由于经历的不同，就得接受一定的风险。实际上（给点掌声鼓励）风险水平就是你愿意执行的统计显著性水平。

统计显著性（statistical significance，这里是正式的定义）是指零假设为真的情况下拒绝零假设所要承担的风险水平。就上面的例子来说，零假设是两个样本群体之间没有差异（记住，零假设始终以等式的形式表述）。但是在给你们的数据中，你们会发现差异确实存在。也就是考虑到目前你们找到的证据的情况下，群体成员的身份似乎对学习成绩有影响。但是在真实的世界中却可能没有差异。如果你拒绝了你陈述的零假设，你就犯了一个错误。犯此类错误你可能承担的风险（或者说显著水平）就是人们熟知的第一类错误。

世界上最重要的表格（只对这一学期而言）

下面是简要的概括。

零假设可能是真实的也可能是虚假的。两个群体之间可能真的没有差异，也可能真的确实是不相等的（如两个群体之间存在差异）。但是要记住你永远不会知道真实的状况，因为零假设不能直接检验（记住零假设只应用于总体）。

实际上，作为优秀的统计学者你既可以选择拒绝也可以接受零假设，对吧？一共有四种情况，你可以在表9.1中看到。

现在就来看看表中的每一格。

更多地了解表9.1

表9.1中的四个重要的格描述了零假设的性质（真实的或虚假的）和相应的选择（接受或拒绝零假设）之间的关系。就如你能看到的，零假设可能是真实的也可能是虚假的，而你可能拒绝也可能接受它。

对于理解这个表来说最重要的事实是研究者永远不知道零假设的真实性质，以及群体之间真的存在还是不存在差异。为什么？因为总体（零假设所表示的）不能直接检验。为什么？这样做是不现实的，而这也是为什么我们有推论统计。

- 表9.1中格子1表示的状况是，零假设是真实的（群体之间没有差异）情况下研究者做出了接受的正确选择。这里没有问题。在我们的案例中，我们的结论表明两个孩子群体之间没有差异，而我们接受了零假设（也就是没有差异）的正确选择。
- 格子2表示的是严重的错误。这里我们拒绝了零假设（也就是没有差异），而零假设实际上是真实的（即真的没有差异）。两个孩子群体之间没有差异，但是我们得出的结论是有差异，这就犯一种类型的错误。就是人们所说的第一类错误（Type Ⅰ error），也就是显著水平。
- 还存在一类错误。格子3我们已经接受了零假设（也就是没有差异),而零假设实际上是虚假的(即实际上存在差异)。两个孩子群体之间有差异,但是我们得出的结论是没有差异。很明显这就是人们熟知的第二类错误(Type Ⅱ error)。

- 表 9.1 中的格子 4 表示的状况是在零假设实际上是虚假的情况下,研究者做出了拒绝的正确决定。这里没有问题。在我们的案例中,我们的结论表明两个孩子群体之间有差异,而且我们做出了拒绝表述为没有差异的零假设的正确选择。

表 9.1　不同类型的错误

		可能的选择	
		接受零假设	拒绝零假设
零假设的真实性质	零假设是真实的	1 ☺对啦,零假设是真实的情况下你接受了零假设,而且群体之间没有差别。	2 哎—你犯了第 Ⅰ 类错误,在群体之间没有差异的情况下拒绝了零假设。第 Ⅰ 类错误也可以用希腊字母阿尔法,或 α 表示。
	零假设是虚假的	3 哦—你犯了第 Ⅱ 类错误,接受了虚假的零假设。第 Ⅱ 类错误也可以用希腊字母贝塔,或 β 表示。	4 ☺很好,在群体之间存在差异的情况下你拒绝了零假设。也可以叫作检定力,或 $1-\beta$。

TECH TALK

　　如果.05 是好的,那么.01 更好,为什么不把第一类错误的风险水平定在.000 001?对于每一个好的解释来说,有时你如此严谨地拒绝虚假的零假设以至于会错过了正确的零假设。这样严格的第一类错误的发生率留下的余地很小——实际上研究假设可能是正确的,但是相应的概率水平是.015——非常少见,但是由于严格的显著水平而错过了。

回顾第一类错误

　　我们现在把重点更多地放在格子 2 上,也就是犯了第一类错误,因为这是我们讨论的重点。

　　第一类错误或者说显著水平具有特定的值,而且与任何零假设检验中定义的你愿意承担的风险联系在一起。一般设置的显著水平是在.01 与.05之间。

　　例如,如果显著水平是.01,这意味着在任何一个零假设检验中,只有1%的可能性是零假设为真,而你拒绝了零假设,并且在群体之间实际上根本没有差异的情况下得出群体之间有差异的结论。

　　如果显著水平是.05,这意味着在任何一个零假设检验中,只有5%的可能性是零假设为真,而你拒绝了零假设(并得出群体之间有差异的结论），而实际上根本没有群体间差异。要注意的是显著水平与零假设的独立性检验相关，而且不可以说"对零假设的 100 次检验中我犯了 5 次或总数中 5% 的错误"。

　　在最近的研究报告中，统计显著性通常以 $p < .05$ 表示，可以读作"观察到这种结果的概率小于 .05"，在专业文章的报告中简单地表述为"在 .05 的显著水平下。"

TECH TALK　　依据很流行的统计分析软件的介绍，就不再需要担心这样的陈述如"$p < .05$"或"$p < .01$"的不准确性——$p < .05$ 就意味着是从 .000 到 .049 999 的所有值吗？但是类似 SPSS 的软件给出了你犯第一类错误愿意承担的风险的确定概率如 $p = .013$，或者 $p = .158$。因此当你在研究报告中看到类似的陈述如"$p < .05$"时，意味着 p 值是从 .00 到 .049 999 999 999 之间的任何值（你会明白的）。同样的，当你看到"$p > .05$"或"$p = n.s.$"（非显著性），意味着拒绝真实的零假设的概率超过 .05，实际上可能性范围是 .050 000 1 到 1.00。

　　因此，知道一个结果的确定的概率是很大的进步，因为我们能够更准确地测量我们愿意承担的风险。

　　在第一类错误之外，你还可能犯另一类型的错误，如在表 9.1 中所示。当你无意中接受了虚假的零假设就产生了第二类错误（表中的格子 3）。

TECH TALK　　当我们讨论一项发现的显著性时，你可能听到检定力这个词。检定力是关于统计检验如何很好检验和拒绝一个虚假的零假设的概念。从数学上来说，检定力就是用 1 减去第二类错误的值。更有检定力的检验总是比相对没有检定力的检验更具有吸引力，因为更有检定力的检验可以让你更接近辨别虚假的核心。

　　例如，样本群体代表的两个总体之间存在真实的差异，但是你错误地得出差异不存在的结论。

　　就理想状态而言，你想同时减少第一类错误和第二类错误，但是这总是很难实现，或很难控制。你已经完全控制了第一类错误的水平或者说你愿意承担一定的风险（因为你实际上设置了风险水平）。第二类错误没有直接控制，但是第二类错误与样本规模等因素相关。第二类错误对样本中个体的数量特别敏感，当个体数量增加时，第二类错误就越低。换句话说，样本的特征越是与总体的特征匹配（可以通过增大样本的规模提高），你接受虚假的零假设的可能性就越低。

显著性与意义

　　对研究者来说，有趣的状况是发现试验的结果在统计上是显著的。你知道统计显著性的含义——也就是研究在统计上成功了，而且零假设不是发现结果的合理解释。如果你的实验设计和其他因素都经过谨慎的考虑，统计上显著的结论无可怀疑使你对所在研究领域的贡献迈出了第一步。但是,统计显著性的值和其重要性或意义必须认真考虑。

例如,我们面对的情况是将规模非常大的不识字的成年人(大概10 000人)样本分成两组。一组通过使用电脑来接受集中的阅读训练,另外的一组通过课堂教学来接受集中的阅读训练。组1(在课堂中学习)的阅读测验的平均成绩,也就是被解释变量是75.6,组2(使用电脑学习)的平均成绩是75.7。两组的方差几乎相等。就如你所能看到的,成绩均值的差异只有十分之一点(75.6与75.7),但是对独立均值之间的显著性进行 t 检验时,结果在.01的水平是显著的,这表明电脑学习者比教室教学学习者学得更好。(接下来的两章讨论 t 检验)

两组之间0.1的差异是统计显著的,但这是否有意义?考试成绩(在这么小的范围内)的提高是否能够为花费300 000美元建立电脑辅助教学项目提供充分的合理解释?或者说这个差异无足轻重可以忽略,即使在统计上是显著的?

下面列出的是我们依据这个案例和其他许多可能的案例得出的有关统计显著性的重要性的结论。

- 统计显著性本身或内部是无意义的,除非所执行的研究具有合理的概念基础,可以由此推导结果具有显著性的意义。
- 统计显著性不能脱离发生的背景独立地解释。例如,如果你是学校系统的管理者,如果留级项目以半分之差显著地提高学生的标准化考试成绩,你是否愿意将学生留在一年级?
- 虽然统计显著性是很重要的概念,但不是终极目标,当然也不应该是统计研究的唯一目标。这就是为什么我们以检验假设开始而不是证明假设。如果我们的研究设计正确,那么甚至零假设也会揭示重要的信息。如果特定的处理因素没有产生影响,这也是其他人需要知道的重要信息。如果你的研究设计得很好,接着你应该知道为什么处理因素没有发挥作用,那么沿着这条线研究的其他人在设计自己的研究时就可以考虑你所提供的有价值的信息。

推论统计介绍

描述统计是用于描述样本的特征,而推论统计是基于样本特征推断总体的某些特征。

在《爱上统计学》前半部分的几个方面,我们已经强调,好的科学研究的一个标志就是以这样的标准选择样本,也就是样本是从中选择样本的总体的代表。接着的过程就是推论,就是基于样本的检验(和试验)结果从较小的样本群体推断较大的群体。

在我们开始讨论具体的推论检验之前,先了解推论方法应用的逻辑。

推论如何进行

下面是研究项目的一般步骤,可以了解推论如何进行。我们仍然以青少年对母亲工作的态度作为案例。

事件可能发生的次序如下。

1.研究者从母亲工作的青少年和母亲不工作的青少年中选择代表性样本。样本选择的标准是样本能够代表从中选择的总体。

2.每一个青少年要进行一次测试来评价他或她的态度。接着计算群体的均值并使用一些检验方法来比较。

3.可以得出的结论是成绩之间的差异是由于偶然性因素（也就是母亲工作之外的一些因素是差异的原因）引起，或是由于群体之间"真实的"以及统计显著的差异引起（也就是由于母亲工作）。

4.可以得出的结论是从中选择样本的总体中母亲就业和青少年态度之间的关系。换句话说，基于样本数据分析所得结论进行的推论是关于青少年总体的。

如何选择用于检验的方法

上面的第三步让我们提出这个问题，"我如何选择恰当的统计检验来确定群体之间的差异是否存在?"检验方法太多了，你必须决定使用哪一种以及何时使用。如何使用哪一种检验的最好的学习方式是成为有经验的统计学者——选修过许多这个领域的课程而且参与了许多研究。经验永远是最好的老师。实际上没什么真正的学习选用哪一种以及何时使用的方式，除非你具有真实的实际应用这些工具的机会。因此上这门课你就在学习如何使用这些特定的工具。

因此，为了实现我们目的并开始学习，我们建立了各种工具的简易流程图（或速查图），如图9.1所示。你必须知道你在做什么，这样选择正确的统计检验就不完全是随意的决定，当然也是很好的开始学习的起点。

不要认为图9.1可以替代你学习不同的检验应该何时使用的需要。这里的流程图只是帮助你开始学习。

如何使用流程图

1—假定你是刚入门的统计人员（实际上也是），对显著性检验有一定的了解，但是对于何时使用哪一种很迷惑。

2—回答流程图上部的问题。

3—依据对流程图每一个问题的回答进行选择，直到流程图的末端。那就是你应该选用的统计检验。这没有火箭科学那么难，而且经过一些实践（你可以通过本书的这一部分来实践），你就能够快速有效地选择恰当的检验。本书这一部分的每一章都会有类似图9.1中所见的流程图，让你经过特定的步骤选择应该使用的统计检验。

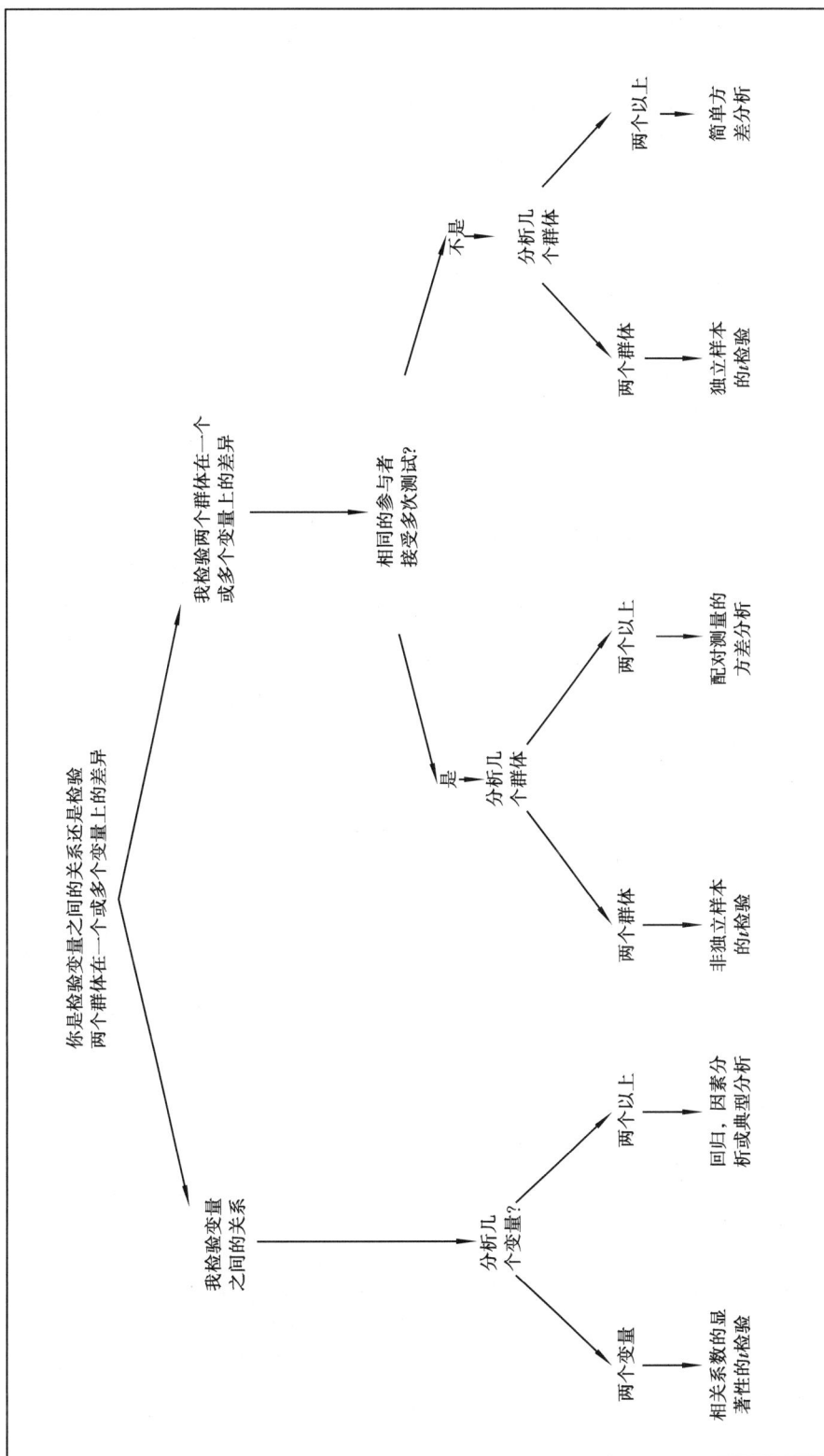

图9.1 选择统计检验方法的快速流程（并不总是最好的）

　　　　图 9.1 中的简易流程图是否包含所有的统计检验？当然不是全部。大约有上百种统计检验方法,但是图 9.1 列出了最常用的。而且你熟悉了你所在领域的研究之后,你就会固定于其中几种检验方法。

显著性检验介绍

　　推论统计的优势就是可以依据样本的信息得出关于总体的结论。进行推论的最有用的工具之一就是统计显著性检验,显著性检验可以依据所提问题的性质和零假设的形式而应用于不同的情形。

　　例如,你是否想了解两个群体之间的差异,如男孩的某些考试的成绩是否与女孩的成绩有显著差别？或者是两个变量之间的关系,如一个家庭中孩子的数量和智力测试的平均成绩？这两个案例需要不同的方法,但是两者最后都会使用特定的统计显著性检验对零假设进行检验。

如何进行显著性检验:计划

　　显著性检验是基于这样的事实,每一类型的零假设都与特定的统计类型联系在一起。而每一种统计类型与特定的分布联系在一起,你要比较从样本获得的数据的分布。依据样本特征与检验的分布特征的比较你可以推断样本特征是否不同于预期的随机分布特征。

　　下面是任何零假设进行统计检验时需要采用的一般步骤。这些步骤也是第 Ⅳ 部分各章的模式。

　　1.零假设的陈述。你是否还记得零假设的陈述形式是等式？零假设是假定没有其他信息可用于做出判断的情况下事件的"真实"状态。

　　2.设置零假设的风险水平(或者显著水平,或第一类错误)。任何研究假设都要设置你可能犯错的特定风险水平。第一类错误越小(如.01 与.05 相比),你愿意承担的风险越小。没有假设检验是完全没有风险的,因为你永远不会知道两个变量之间的"真实"关系。要记住按惯例第一类错误设置的概率水平是.01 或.05;SPSS 和其他软件可以给出准确的概率水平。

　　3.选择恰当的检验统计量。每一个零假设伴随着特定的检验统计量。在本书的这部分你可以知道什么样的检验与什么样的问题类型相联系。

　　4.计算检验统计量。检验统计量(也叫实际值)是特定的统计检验的结果。例如,两个群体的平均值之间差异的显著性,相关系数与 0 值之间差异的显著性,两个比例值之间差异的显著性,都需要进行统计检验,得到一个具体的数值。

　　5.使用特定统计量的统计临界值表确定拒绝零假设需要的值。每一个检验统计量(同时考虑群体规模和愿意承担的风险)都有相应的**临界值**。这个值是零假设,是真实的情况下你预期的拒绝零假设的统计检验值。你应当知道,现在有越来越多的计算机软件可以得到数据分析中统计检验值对应的准确概率。有了这样的替代方式,这一步及下一步的计算就不那么必要了。

　　6.比较实际值和临界值。这是关键的一步。就是比较通过检验统计量获得的值(你计算所得的值)与你预期的随机的情况下对应的值(临界值)。

7.如果实际值大于临界值,不能接受零假设。也就是说,零假设的等式陈述(反映偶然性)不是我们发现的差异的最有力解释。这也是推论方法表现出其优点的地方。只有实际值大于随机状态对应的值(也就是统计检验的结果不是随机变动的结果)你才可以说你发现的差异不是随机结果,且零假设的等式陈述不是解释你发现的差异的最有力的解释。相反,差异一定是由于处理因素引起。

8.如果实际值没有超过临界值,零假设是最有力的解释。换句话说,此时如果你不能表明你发现的差异是由于偶然因素之外的因素(如处理因素)引起,那么差异一定是由于偶然因素或者其他你没有控制的因素引起的。此时零假设是最好的解释。

一张图胜过千言万语

在图9.2中你可以看到我们刚才学习的八个步骤的表述。这是实际值和临界值比较时不同情况的图形表示。在这个案例中,显著水平设置为.05或说5%。也可以设置为.01或1%。

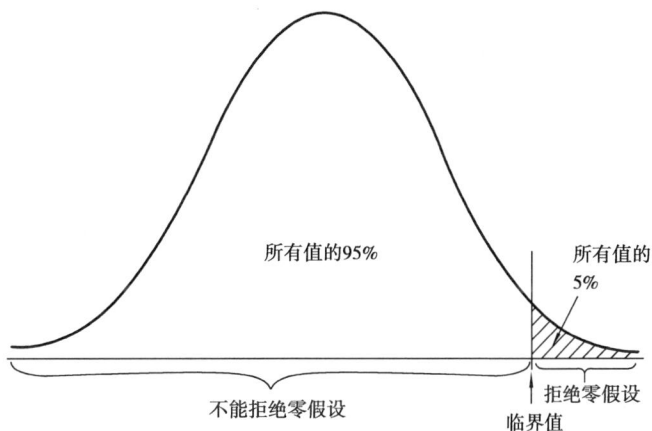

图9.2 比较实际值和临界值,并作出拒绝或者接受零假设的决定

1.整个曲线表示基于特定零假设——如两个群体之间的差异或相关系数的显著性——的所有可能的结果。

2.临界值是这样的点,即超过这个点的实际结果如此稀少,因此可以推断实际结果不是由于偶然因素而是由于其他因素引起的。在这个案例中,我们定义的稀少程度是发生的可能性不足5%。

3.如果结果表示实际值落在临界值的左边(就是小于极值),结论就是零假设是观察到的差异的最有力的解释。换句话说,实际值落在这个范围(曲线下面积的95%),我们只能推测结果是由于偶然因素引起的。

4.如果实际值落在临界值的右边(就是大于极值),结论就是研究假设是观察到的差异的最有力的解释。换句话说,实际值落在这个范围(曲线下面积的5%),我们只能推测结果是由于偶然因素之外的因素引起的。

小 结

现在你已经明确地了解了显著性概念如何应用,余下的工作就是将显著性概念应用到不同的研究问题中。这也是下一章开始的内容,也会在本书这一部分的大部分章节中继续。

练习时间

1.为什么显著性是研究和应用推论统计的重要概念?

2.临界值表示什么?

3.下面的陈述有什么问题?

a.第一类错误是.05,意味着100次中有5次我会拒绝真实的零假设。

b.将第一类错误设置为0是可能的。

c.第一类错误的概率水平越小,结果越好。

4.为什么研究假设在.01显著水平下检验比在.05显著水平下更难找到显著性结果?

5.下面是关于显著性——意义性的讨论。

a.举一个例子,结果在统计上是显著的,也有意义。

b.举一个例子,结果在统计上是显著的,但是没有意义。

6.偶然性为何与研究假设的显著性检验有关?

7.图9.2中曲线右侧有一部分区域画了斜线。

a.整个画斜线部分表示什么?

b.如果画斜线部分是曲线下较大的那部分,这表示什么?

两个群体的 t 检验——不同群体的均值检验

10

本章你会学到什么 ☺☺☺

- 何时使用独立均值的 t 检验
- 如何计算观察值 t 值
- 解释 t 值，理解 t 值的含义

独立样本 t 检验介绍

即使饮食紊乱因为其严重性得到关注，也很少进行症状的盛行程度和严重性的跨文化比较研究。约翰·舍斯泰特、约翰·舒马克与纳特沃特(John P. Sjostedt, John f. Shumaker & S.S. Nathawat)对 297 个澳大利亚大学生和 249 个印度大学生进行了这项比较研究。每个学生都参加了饮食态度测试和 Goldfarb 肥胖恐惧量表测试。然后比较群体得分。就澳大利亚学生和印度学生的均值比较而言，印度学生的两个测试的得分都高于澳大利亚学生。饮食态度测试的结果是 $t_{(544)} = -4.19$, $p < .000\ 1$, Goldfarb 肥胖恐惧量的测试结果是 $t_{544} = -7.64$, $p < .000\ 1$。

那么，结果意味着什么？接着往下读。

为什么 t 检验用于独立均值？舍斯泰特和他的同事的兴趣在于发现两个相互独立的群体在一个(或多个)变量的平均值上是否有差异。我们所指的独立性的含义是两个群体在任何方面都不相关。研究中的每一个参与者只接受一次测试。研究者采用独立均值的 t 检验，依据对每一个结果变量得出的结论，两个群体之间的差异在等于和小于 .000 1 的显著水平下是显著的。这么小的第一类错误意味着两个群体得分的差异是由群体成员本身之外的偶然因素引起的几率非常小，在这个案例中群体本身的因素是指民族、文化或者种族。

是否想了解更多？查阅约翰·舍斯泰特、约翰·舒马克与纳特沃特(Sjostedt, J.P., Shumaker, J.F. & Nathawat, S.S.) 1998 年发表在《社会心理学杂志》(*Journal of Social Psychology*) 138 期第 3 卷 351~357 页上的文章"印度大学生和澳大利亚大学生的饮食紊乱调查(Eating disorders among Indian and Australian university student)"。

智慧和知识之路

下面介绍如何使用图 10.1 所示的第 9 章已经介绍的流程图选择合适的统计检验,也就是独立均值的 t 检验。沿着图 10.1 中加黑的步骤就可以。

1——研究澳大利亚学生和印度学生之间差异。

2——每一个参与者只被测试一次。

3——有两个群体。

4——合适的统计检验是独立均值的 t 检验。

几乎每一个统计检验都有特定的假设支持检验的使用。例如,t 检验的一个主要的假设是两个群体中每个群体的变异性的量是相等的。这是方差齐性假定。如果样本规模足够大就会破坏这个假定,小样本或者假定的破坏都可能导致自相矛盾的结果和结论。你不需要太担心这些假定,因为这些内容已经超过了本书的范围。不过,你应该知道虽然这样的假定很少被破坏,但这种可能确实存在。

计算检验统计量

公式 10.1 是计算独立均值 t 检验中 t 值的公式。公式的分子是均值之间的差。群体内和群体之间的变化的数量构成分母。

$$t = \frac{\overline{X}_1 - \overline{X}_2}{\sqrt{\left[\dfrac{(n_1 - 1)s_1^2 + (n_2 - 1)s_2^2}{n_1 + n_2 - 2}\right]\left[\dfrac{n_1 + n_2}{n_1 n_2}\right]}} \tag{10.1}$$

其中

$\overline{X}_1$ 表示群体 1 的均值

$\overline{X}_2$ 表示群体 2 的均值

n_1 表示群体 1 中参与者的数量

n_2 表示群体 2 中参与者的数量

s_1^2 表示群体 1 的方差

s_2^2 表示群体 2 的方差

公式中没有新的内容。重要的只是代入正确的值。

下面的数据是帮助老年痴呆症患者记住日常生活秩序而设计的项目中,患者能够记住的单词的数量。群体 1 是使用视觉教学,群体 2 使用视觉教学和发声训练。我们使用这些数据计算下面案例的检验统计量。

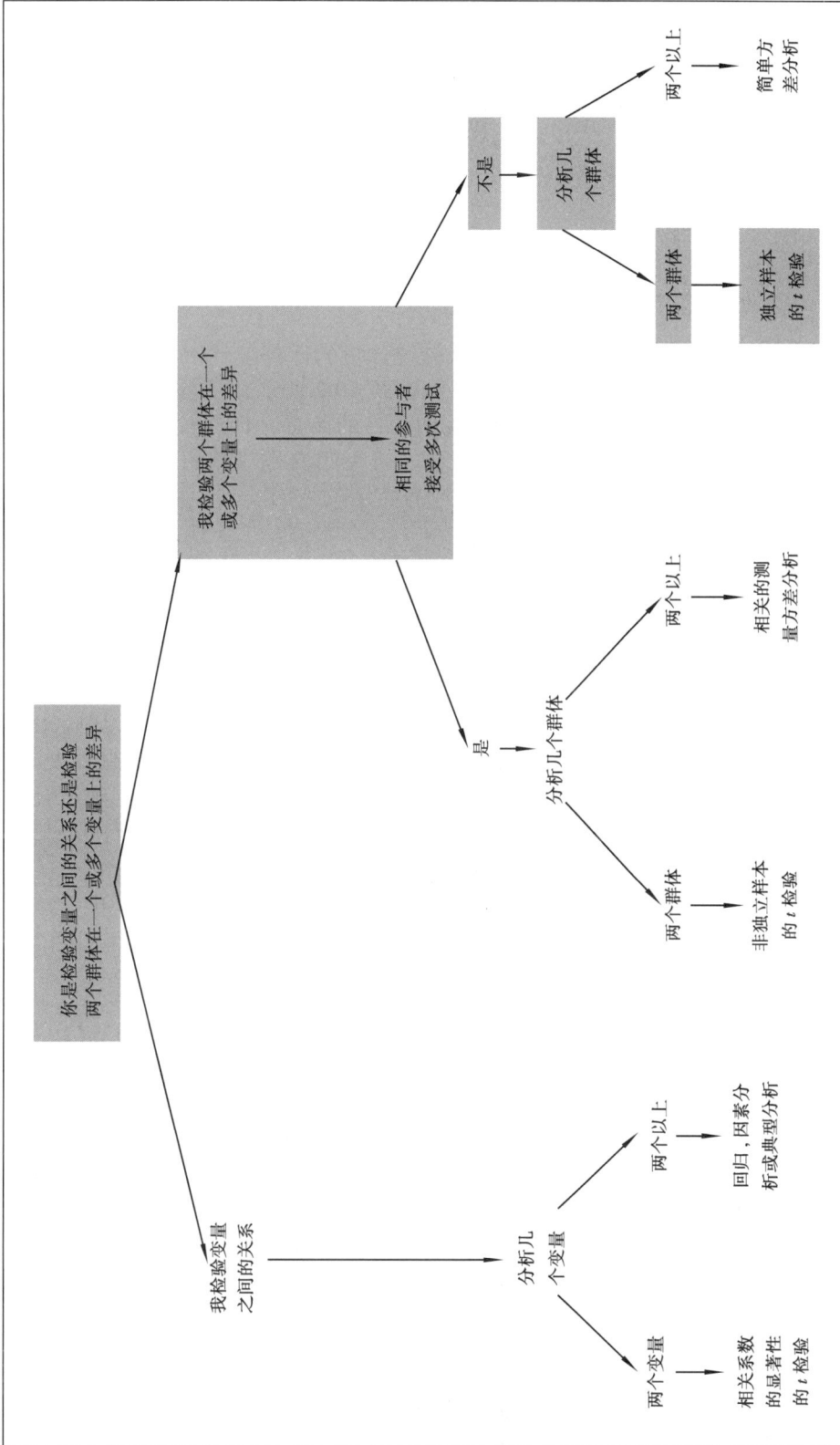

图10.1 确定 *t* 检验是否适合语的统计检验方法

群体 1			群体 2		
7	5	5	5	3	4
3	4	7	4	2	3
3	6	1	4	5	2
2	10	9	5	4	7
3	10	2	5	4	6
8	5	5	7	6	2
8	1	2	8	7	8
5	1	12	8	7	9
8	4	15	9	5	7
5	3	4	8	6	6

下面是著名的八个步骤和 t 检验统计量的计算。

1.零假设和研究假设的表述。如公式 10.2 所示，零假设表示群体 1 和群体 2 的均值之间没有差异。就我们的目的而言，研究假设（公式 10.3 所示）表示两个群体的均值之间有差异。研究假设是双侧的无方向假设，因为研究假设只是表示差异存在，而没有特定的方向。

零假设是

$$H_0 : \mu_1 = \mu_2 \tag{10.2}$$

研究假设是

$$H_1 : \overline{X}_1 \neq \overline{X}_2 \tag{10.3}$$

2.设置零假设的风险水平（或显著性水平，或第一类错误）。风险水平或第一类错误或显著性水平（或其他的称谓）是.05，这完全由研究者决定。

3.选择合适的检验统计量。使用图 10.1 所示的流程图，我们确定合适的检验方法是独立均值的 t 检验。因为这两个群体相互独立，所以不是非独立均值的 t 检验（初学者常犯这个错误）。

4.计算检验统计值（也叫作实际值）。现在我们代入观察值并进行计算。公式 10.1 是 t 值公式。代入具体的值之后，我们就得到等式 10.4（我们已经计算了均值和标准差）。

$$t = \frac{5.43 - 5.53}{\sqrt{\left[\dfrac{(30-1)3.42^2 + (30-1)2.06^2}{30 + 30 - 2}\right]\left[\dfrac{30 + 30}{30 \times 30}\right]}} \tag{10.4}$$

代入具体的数值之后，公式 10.5 表示我们如何得到最后的值-.18。因为是用一个较小的值（群体 1 的均值是 5.43）减去一个较大的值（群体 2 的均值是 5.53），所以这个值是负值。要记住一点，即使检验是无方向的，而且任何差异都被假设了，差异的符号也是无意义的。

$$t = \frac{.1}{\sqrt{\left[\dfrac{339.20 + 123.06}{58}\right]\left[\dfrac{60}{900}\right]}} = -.18 \tag{10.5}$$

5.使用特定的统计量的临界值分布表确定拒绝零假设需要的值。现在我们需要查阅附录 B 的表 B2，表 B2 列出了 t 检验的临界值。

我们可以使用这个数据分布表来看两个独立均值是否不同,这要通过比较预期的随机数值(分布表中的值或者临界值)与观察到的值(实际值)来实现。

我们的第一个任务是确定自由度(degrees of freedom,df),自由度近似于样本规模。对目前选定的检验统计量来说自由度是 n_1-1+n_2-1。因此对每一个群体来说,就是将两个样本的规模加起来然后减去 2。在这个案例中就是 30+30-2=58。这是就这类检验统计量的自由度,但不是对其他统计量也合适。

使用这个数字(58)、你愿意承担的风险水平(早先定义的.05)以及双侧检验(因为研究假设没有方向),你就可以使用 *t* 检验表来查找临界值。对于显著水平为.05、自由度为 58 的双侧检验来说,拒绝零假设需要的值就是…哦!在分布表中没有自由度 58 这个数值!你该做什么?如果选择对应自由度 55 的值,你会显得保守,因为你使用了小于现有样本规模的样本对应的值(临界值 *t* 值会变大)。

如果你选择对应自由度 60(最接近 58 的值)的值,你会更接近总体规模,但是选择 60 相对于 58 而言更为随意一些。虽然统计学家对于这种情况该怎么做的观点不同,我们通常选择最接近于实际样本规模的值。因此在显著水平为.05、自由度为 58 的情况下拒绝零假设需要的值是 2.001。

6.比较实际值和临界值。实际值是-.14,拒绝零假设(也就是群体 1 和群体 2 取得的成绩没有差异)的临界值是 2.001。临界值 2.001 表示对应于这个值,在愿意承担的风险水平为.05、每个群体 30 个参与者的情况下,随机因素是对两个群体之间观察到的任何差异的最有力的解释。

7.和 8.做出决定。现在我们该做出决定了。如果实际值大于临界值(参照图 9.2)就不能接受零假设。如果实际值没有超过临界值,零假设就是最有力的解释。在这个案例中,实际值(-.14)没有超过临界值(2.001)——这个值不够大,我们不能说群体 1 和群体 2 之间的差异是由于随机因素之外的因素引起的。如果实际值等于或者大于2.001,就如投硬币试验中 10 次有 8,9 或 10 次都得到正面一样,这个值大到我们不能相信除了随机因素之外其他因素没有发挥作用。在投硬币试验中,是不均匀的硬币;在这个案例中,一定有其他更好的方法来向老年人教授记忆能力。

那么什么引起两个群体之间这么小的差异?如果我们继续现在的讨论,那么可以说差异是由于抽样误差或者对参与者成绩的微小变化的四舍五入误差引起的。最重要的是我们可以确信(当然不是 100%确信)不是由于任何特定的因素使得一个群体或另一个群体取得更好的成绩。

那么如何解释 $t_{(58)}=-.14,p>.05$

- *t* 表示我们所用的检验统计量。
- 58 是自由度数值。
- -.14 是实际值,是使用本章之前给出的公式计算所得的值。
- $p>.05$(*p* 值是最重要的)说明对零假设的任何检验来说,两个群体的差异来源于随机因素的可能性大于 5%。同时注意 $p>.05$ 也以 *p* =n.s.的形式表示非显著性。

特殊效果:差异是真实的吗

现在你已经知道如何检验两个不同的群体或者两个独立群体的均值差异。很好,但这还不是全部。

如果你已经知道群体之间具有显著性差异,但是决定是否投入 64 000 美元的不仅仅是差异是否显著,还有是否有意义的问题。我们的问题是代表不同群体的数据分布之间的差异是否足以说明你观察到的差异,以及你检验到的差异就是真实的差异! 好吧,现在进入效应量的讨论。

效应量是对两个群体之间如何相互不同的测量——也是对处理规模的测量。类似于多大才算大。而且计算效应量特别有趣的方面是不考虑样本规模。计算效应量并且对效应量做出判断是理解显著性结果的全新的维度。

现在看下面的案例。研究者检验的问题是参与社区自助服务(例如扑克牌游戏、野外旅行等)是否提高了美国老年人的生活质量(从 1 到 10 分为十个等级)。研究者执行了为期六个月的服务项目,在项目期结束之后测量两个群体的生活质量(每个群体由 50 名 80 岁以上的老人构成,其中一个群体得到服务而另一个没有得到。)下面是结果。

	没有社区服务	有社区服务
均值	7.46	6.90
标准差	1.03	1.53

而且结论是在风险水平.034 下差异是显著的(也就是 $p<.05$)。

现在,差异是显著的,但是差异的规模是多大?

雅各布·科恩(Jacob Cohen)是对效应量贡献最大的人,他撰写了有关效应量最有影响、最重要的文章。他撰写的一本非常重要非常有影响的书(你的统计学老师的书架上肯定有这本书),可以指导研究者就差异和变量之间的关系提出的不同问题计算效应量。下面是具体介绍。

计算和理解效应量

与其他统计技术一样,计算效应量(effect size)的方式也有多种。我们现在介绍最简单最直接的方法。你会在我们下面就给出的一些文献中对效应量有更多的了解。

到目前为止,最直接、最简单的计算效应量的方式就是以均值之间的差除以任何一个群体的标准差。这样做有一定的风险——因为假定两个群体的标准差(和方差)相等。就我们上面的案例来说,我们会这样计算:

$$ES = \frac{\overline{X}_1 - \overline{X}_2}{SD}$$

其中

ES 表示效应量

$\overline{X}_1$ 表示群体 1 的均值

$\overline{X}_2$ 表述群体 2 的均值

SD 表示任何一个群体的标准差

因此,在我们的案例中,

$$ES = \frac{7.46 - 6.90}{1.53}$$

结果等于.366,也就是这个案例的效应量是.37。

这意味着什么? 科恩等人指出非常重要的一点是效应量的大、中、小的范围。他们使用下面的标准:

- 小效应量的范围是 0.0~.20。
- 中等效应量的范围是.20~.50。
- 大效应量的范围是.50 及以上。

我们案例的效应量是.37,属于中等规模。但这实际上意味着什么呢?

效应量给我们这样的认识,即每个群体相对于另一个群体的位置。例如,如果效应量为 0,就意味着两个群体非常的相似而且几乎完全重叠——两个数值分布之间没有差异。另一方面,效应量为 1 意味着两个群体大约有 45%(通常能达到这个量)重叠。而且,就如你所预期的,效应量越大就意味着两个群体重叠的部分越少。

雅各布·科恩(Jacob Cohen)的《行为科学的统计检定力分析》[(*Statistical Power Analysis for the Behavioral Sciences*),1967 年的首版和最近的版本(1988)由 Lawrence Erlbaum Associates 公司出版。]是每一个想了解更多而不限于这里提供的非常一般的信息的人所必需的。这本书有许多表格和技术,可以用于理解为什么统计显著的发现只是分析工作的一半——另一半是效应的规模。

TECH TALK

那么你真的想对效应量了解更多。你可以通过简单的方式计算效应量,就如我们刚才所展示的(均值相减,然后除以任何一个标准差),或者偷看坐在你旁边的学霸同学。效应量计算公式的发展就是在上面的 *ES* 等式的分母中使用综合的方差。综合的标准差类似于群体 1 的标准差和群体 2 的标准差的平均值。公式如下:

$$ES = \frac{\overline{X}_1 - \overline{X}_2}{\sqrt{\dfrac{\sigma_1^2 + \sigma_2^2}{2}}}$$

其中

ES 表示效应量

$\overline{X}_1$ 表示群体 1 的均值

$\overline{X}_2$ 表示群体 2 的均值

σ_1^2 表示群体 1 的方差

σ_2^2 表示群体 2 的方差

如果我们将上面给出的数字代入这个公式,就会得到效应量.43——与我们使用之前给出的更简便的方法计算所得的.37 差异很大(但是都属于中等规模效应)。但是这是更准确的计算方法,大家应该好好了解。

非常有用的效应量计算器

为什么不搭顺风车直接登录 http://www.uccs.edu/~lbecker/psy590/escalc3.htm？加州大学的统计学家李·贝克尔(Lee Becker)开发了一个效应量计算器。利用这个计算器,你只要输入数值,点击 compute,软件就会完成接下来的工作,如图 10.2 所示。谢谢贝克尔博士！

图 10.2　非常酷的效应量计算器

使用计算机进行 t 检验

SPSS 可以帮助进行推论检验。现在就运行我们已经完成的检验并对结果进行解释。我们使用的数据集名称是第 10 章数据集 1(chapter 10 data set 1)。利用这些数据进行练习,你可以看到分组变量(组 1 或组 2)在第一列,检验变量(记忆)在第二列。

1——在数据编辑栏录入数据或者下载数据文件。要确保有一列为分组数据,而且在这一列中只有两个组。

2——点击 Analyze→Compare Means→independent-Samples T test,你就会看到如图 10.3 所示的独立样本 t 检验对话框。

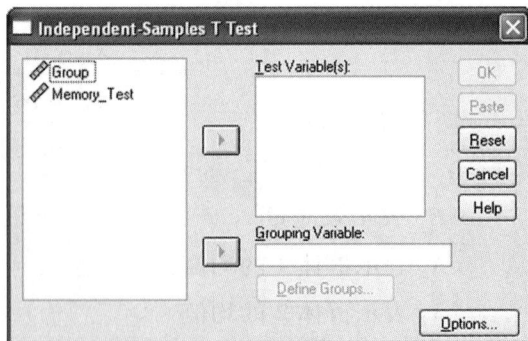

图 10.3　开始 t 检验分析的对话框

　　注意为什么 SPSS 使用大写字母 T 表示这项检验而我们一直用小写字母 t？这项差别严格来说是个人偏好，通常是受到最初教学方式的影响。对你来说重要的是知道这只是字母表示上的差别——实际是完全相同的检验。

3—点击变量 group，然后点击▶将变量移到 Grouping Variable(s) 框中。

4—点击变量 memtest，然后点击▶将变量移到 Test Variable(s) 框中。

5—在定义分组变量之前 SPSS 不可以继续运行。这就是告知 SPSS 变量 group 分成几级（你不会认为软件可以如此智能而发现分组层级吧?）。在任何情况下，点击 group(??)，点击 Define Groups，在 Goup1 键入数值 1，Group2 键入数值 2，如图 10.4 所示。在定义之前分组变量的名称（在这个例子中是 group）必须点中变黑。

6—点击 Continue，接着点击 OK，SPSS 就执行分析过程然后得出图 10.5 所示的结果。

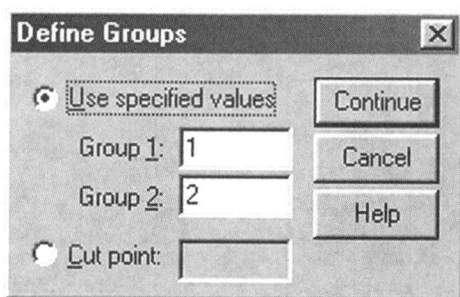

图 10.4   定义组对话框

SPSS 输出结果的含义

　　SPSS 的这项分析的输出结果很多，就我们的目的来说，我们只要分析图 10.5 所示的结果就可以。有三点需要注意。

　　1.实际的 t 值是 -.137，非常接近于我们之前手动计算所得的值（-.18），但是由于四舍五入误差这两个值是不同的。

　　2.自由度数值是 58（你之前应用公式 n_1-1+n_2-1 已得出了这个值）。

　　3.接下来就是重要的结果。结果的显著性水平是 .891，或者 $p=.891$，这意味着就零假设的一项检验来说，零假设是真实的情况下拒绝零假设的可能性非常高（89%）！也就是第一类错误肯定大于 .05，这样我们在应用 $p>.05$ 的公式进行相同的分析时就可以及早得出结论。

T–Test

Group Statistics

	GROUP	N	Mean	Std.Deviation	Std.Error Mean
MEMTEST	Group 1	30	5.43	3.421	.625
	Group 2	30	5.53	2.063	.377

Independent Samples Test

		Levene's Test for Equality of Variances		t-test for Equality of Means					95%Confidence Inerval of the Difference	
		F	Sig.	t	df	Sig.(2-tailed)	Mean Difference	Std.Error Difference	Lower	Upper
MEMTEST	Equal variances assumed	4.994	.029	-.137	58	.891	-.10	.729	-1.560	1.360
	Equal variances not assumed			-.137	47.635	.892	-.10	.729	-1.567	1.367

图10.5 独立均值 t 检验输出结果拷贝

小　结

　　t 检验是进行真实的统计检验，并从应用的角度完整地理解显著性的第一步。在进一步深入学习之前要确定你理解本章的内容。而且可以手动完成我们要求做到的一些计算。接下来我们学习相同检验的另外一种形式，不过这项检验是对同一个参与者群体进行两次测量而不是对不同的两个群体各进行一次测量。

练习时间

　　1.使用名称为第 10 章数据集 2（chapter 10 data 2）的数据文件，在.05 的显著水平下检验研究假设，也就是"在课堂上男生比女生更经常举手"。使用计算器手动完成这次练习。那么就研究假设你得出的结论是什么？记住首先要确定这是单侧还是双侧检验。

　　2.使用相同的数据集（第 10 章数据集 2），在.01 的显著水平下检验研究假设，也就是"在课堂上男生和女生举手的次数不同"。使用计算器手动完成这次练习。那么就研究假设你得出的结论是什么？你使用的数据和问题 1 使用的数据相同，但是假设不同（一个是有方向的另一个是无方向的）。那么结果会有何不同？为什么？

　　3.使用 SPSS 或者其他计算软件，写一个简短的报告说明家内治疗和家外治疗两个不同群体的效果是否相同？下面的数据是以一个"10 点"量表测量的治疗后病例的焦虑水平。

家内治疗	家外治疗
3	7
4	6
1	7
1	8
1	7
3	6
3	5
6	6
5	4
1	2
4	5
5	4
4	3
4	6
3	7
6	5
7	4
7	3
7	8
8	7

4.使用名称为第10章数据集3(chapter 10 data 3)的数据文件,检验零假设,也就是"农村居民和城市居民对枪支控制有相同态度"。使用SPSS完成对这个问题的分析。

5.这有一个很值得思考的问题。公共健康研究者检验一项假设——给新车购买者提供儿童安全座椅会促使父母采取更多保护儿童的措施(更安全的驾驶,家内儿童防护)。L博士计算了接受了安全座椅和没有接受安全座椅父母在车内和家内的安全行为的发生率。他发现在.013的显著水平下有显著性差异。另一个研究者进行了相同的研究,我们可以假定所有条件都一样——相同类型的样本、相同的数据测量方法、相同的汽车座椅,等等。R博士的结果是在.051显著水平下是显著的(记得第9章的内容吗?)。你更相信谁的结果,为什么?

6.下面是三个实验结果,两个比较的群体的均值相同,但是每个实验的标准差是不同的,使用121页的公式计算效应量,并解释为什么效应量是方差变化的结果。

实验1			效应量
	组1	78.6	
	组2	73.4	
	标准差	2	——
实验2			效应量
	组1	78.6	
	组2	73.4	
	标准差	4	——
实验3			效应量
	组1	78.6	
	组2	73.4	
	标准差	8	——

两个群体的 t 检验(又是) —— 两个相关群体的均值检验

11

本章你会学到什么 ☺☺☺

- 何时使用非独立均值的 t 检验
- 如何计算观察值 t 值
- 解释 t 值,理解 t 值的含义

非独立样本 t 检验介绍

如何给孩子提供最好的教育很明显是任何社会都面对的重要问题之一。孩子之间差异太大,所以不得不在满足整体的基本需求和保证特殊的孩子(差异连续体的两端)得到他们需要的机会之间寻求平衡。阅读显然是教育过程中重要的部分,阿拉巴马大学的三位教授研究阅读资料和常规教学对有学习障碍的孩子的阅读能力的影响。雷尼塔·古德曼、加里·萨普与安·舒梅特·福斯特(Renitta Goldman, Gary L. Sapp, & Ann Shumate Foster)发现,大体上来说,对阅读资料和课堂教学给予一年的日常指导在阅读成绩提高方面没有差异。通过对阅读资料这一组前测试和后测试的特定比较,他们发现 $t_{34} = 1.23, p>.05$。在项目的最初,阅读资料组的孩子的阅读成绩是 85.5。在项目的最后阅读资料组的孩子的阅读成绩是88.5——有差异,但是差异不显著。

为什么用非独立均值检验?非独立均值检验表明是相同的群体在两种不同的条件下进行相同的研究。在这个案例中,条件是实验前和实验结束后。相同的一群孩子测试两次,也就是在 1 年期项目开始之前和 1 年期项目结束之后,所以我们使用非独立均值检验。依据上面的结果你可以知道,在项目前和项目后阅读成绩没有差异。t 值(1.23)非常小,没有落在我们拒绝零假设的值域范围之外。换句话说,变化太小,我们不能说变化是由随机因素之外的因素引起。这么小的差异——2.7(88.5-85.8)可能是由于抽样误差或者组内的变化引起。

是否想了解更多?查阅古德曼、萨普和福斯特(Goldman, r., Sapp, c.l., & Foster, a.s.) 1998 年发表在《感知与运动技能》(*Perceptual and Motor Skills*)86 期 192~194 页上的文章"学习障碍学生在阅读资料和常规课堂教学中阅读能力的提高(Reading achievement by learning disabled student in resource and regular classes)"。

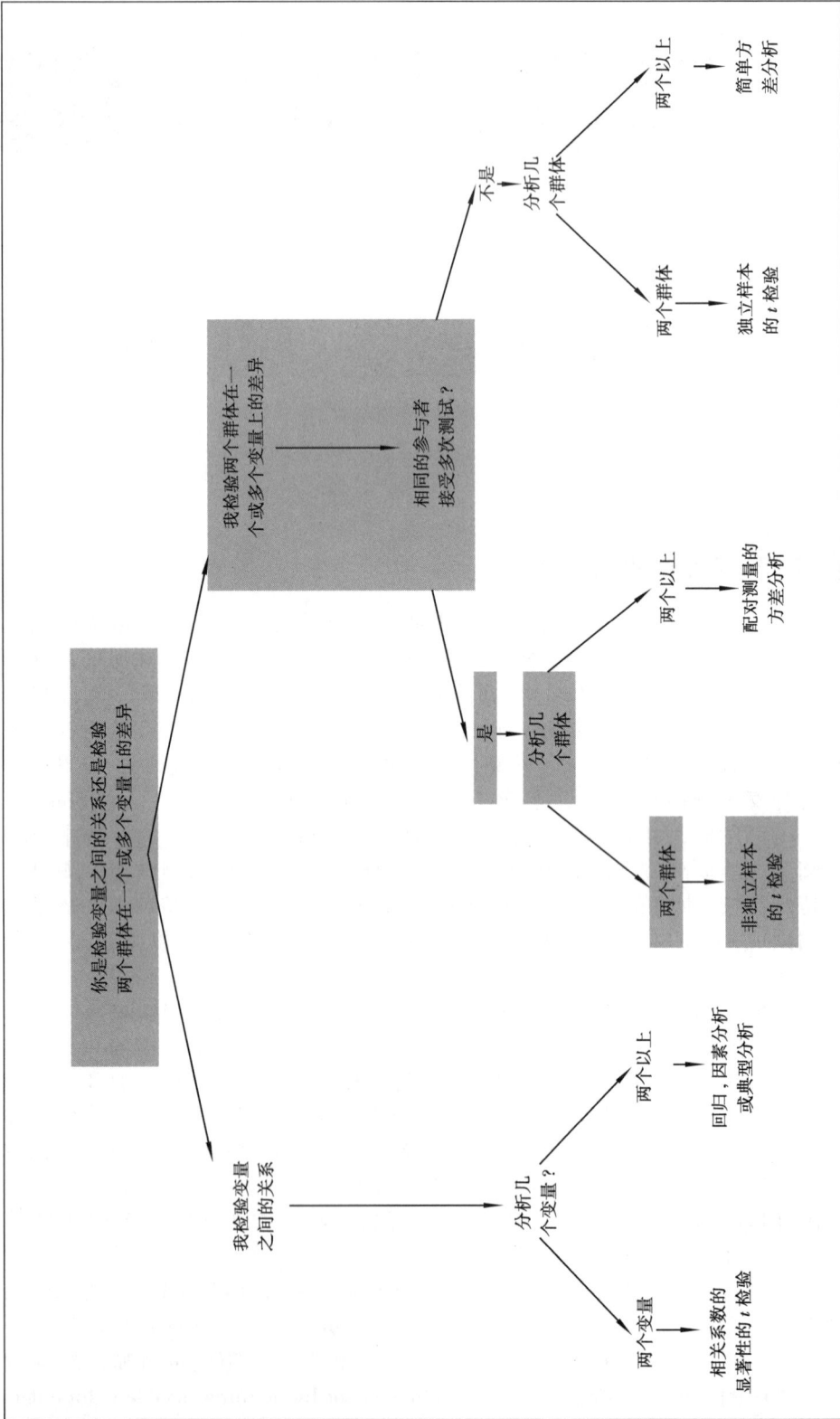

图 11.1 确定非独立均值 t 检验是合适的统计检验方法

智慧和知识之路

下面介绍如何使用流程表选择合适的统计检验,也就是非独立均值的 t 检验。沿着图 11.1 中加黑的步骤就可以。

1—学生的项目前测试和项目后测试成绩的差异是关注的重点。

2—每一个参与者接受不止一次的测试。

3—有两组数据。

4—合适的统计检验方法是非独立均值的 t 检验。

计算检验统计量

非独立均值 t 检验包含不同数据组均值的比较,而且重点是不同数值之间的差异。就如公式 11.1 所示,两次测试的差异总和构成分子,表示两组数据组之间的差异。

$$t = \frac{\sum D}{\sqrt{\dfrac{n \sum D^2 - \left(\sum D \right)^2}{n - 1}}} \tag{11.1}$$

其中

$\sum D$ 表示两组数据间差异的总和

$\sum D^2$ 表示两组数据间差异的平方和

n 表示成对观察的参与者数量

下面用一些数据说明 t 值如何计算。就如上面给出的例子一样列出前测试和后测试结果,而且为了解释的需要假定这是开展阅读项目之前和之后的成绩。

下面是著名的八个步骤和 t 检验统计量的计算。

1.零假设和研究假设的表述。零假设表示前测试和后测试的阅读成绩均值之间没有差异。研究假设是单侧、有方向的假设,因为研究假设假定后测试成绩高于前测试成绩。

前测试	后测试	差异	D^2
3	7	4	16
5	8	3	9
4	6	2	4
6	7	1	1
5	8	3	9
5	9	4	16
4	6	2	4
5	6	1	1
3	7	4	16
6	8	2	4
7	8	1	1
8	7	−1	1

续表

	前测试	后测试	差异	D^2
	7	9	2	4
	6	10	4	16
	7	9	2	4
	8	9	1	1
	8	8	0	0
	9	8	−1	1
	9	4	−5	25
	8	4	−4	16
	7	5	−2	4
	7	6	−1	1
	6	9	3	9
	7	8	1	1
	8	12	4	16
总和	158	188	30	180
均值	6.32	7.52	1.2	7.2

零假设是

$$H_0: \mu_{posttest} = U_{pretest} \qquad (11.2)$$

研究假设是

$$H_1: \overline{X}_{posttest} > \overline{X}_{pretest} \qquad (11.3)$$

2.设置零假设的风险水平(或显著性水平,或第一类错误)。风险水平或第一类错误或显著水平是.05,这完全由研究者决定。

3.选择合适的检验统计量。使用图 11.1 所示的流程图,我们确定合适的检验方法是非独立均值的 t 检验。因为这两个群体相互不独立,所以不是独立均值的 t 检验。实际上,这两个群体不是参与者群体而是相同参与者的两组成绩。两组之间相互依赖。非独立均值 t 检验的另一个名称是配对样本 t 检验,或相关样本 t 检验。你会在第 14 章看到两组成绩(前测和后测)之间相关关系的显著性检验,和我们这里计算的 t 值之间有很大关系。

4.计算检验统计值(也叫作实际值)。现在我们代入观察值并进行计算。上面已经给出 t 值计算公式。代入具体的值之后,我们就得到等式 11.4(我们已经计算了前测和后测成绩的均值和标准差)。

$$t = \frac{30}{\sqrt{\dfrac{(25 \times 180) - 30^2}{25 - 1}}} \qquad (11.4)$$

代入具体的数值之后,我们得到下面的等式和最终的实际 t 值 2.45。项目前测试成绩的均值是 6.32,项目后测试成绩的均值是 7.52。

$$t = \frac{30}{\sqrt{150}} = 2.45 \qquad (11.5)$$

5.使用特定统计量的临界值分布表确定拒绝零假设需要的值。现在我们需要查阅附录 B 的表 B2,表 B2 列出了 t 检验的临界值。我们又一次进行了 t 检验,而且应用第 10 章中用到的相同的临界值表来确定拒绝零假设的临界值。

我们的第一个任务是确定自由度(df),自由度近似于样本规模。对现在选定的检验统计量来说,自由度是 $n-1$,其中 n 等于配对观察的参与者数量,也就是 $25-1=24$。这项统计检验的自由度是独特的,对其他统计检验来说并不需要。

使用这个数字(24)、你愿意承担的风险水平(之前定义的.05)以及单侧检验(因为研究假设有方向——后测成绩大于前测成绩),拒绝零假设需要的值是 1.711。

6.比较实际值和临界值。实际值是 2.45,大于拒绝零假设值需要的临界值。

7.和 8.做出决定。现在我们该做出决定了。如果实际值大于临界值就不能接受零假设。如果实际值没有超过临界值,零假设就是最有力的解释。在这个案例中,实际值超过临界值——这个值足够大,我们可以说前测成绩和后测成绩的差异的确是缘于随机因素之外的因素引起的。如果我们的实验安排正确,那么是什么因素影响结果? 很简单——是日常阅读项目的引入。我们知道差异的产生是由于特定的因素。前测群体和后测群体之间的差异不可能是由随机因素引起的,而是由于特定的处理因素。

那么如何解释 $t_{(24)} = 2.45, p<.05$

- t 表示我们所用的检验统计量。
- 24 是自由度数值。
- 2.45 是实际值,是使用本章之前给出的公式计算所得的值。
- $p<.05$(p 值是最重要的)表示对零假设的任何检验来说,后测成绩的均值大于前测成绩的均值是由于随机因素的可能性小于 5%,也就是说有其他因素在发挥作用。因为我们以.05 作为研究假设比零假设更有解释力的标准,我们的结论就是两组成绩之间具有显著性差异。也就是其他因素在发挥作用。

使用计算机进行 t 检验

应用 SPSS 可以随时帮助你进行推论检验。现在就运行我们已经完成的检验并对结果进行解释。我们使用的数据集名称是第 10 章数据集 1(chapter 11 data set 1),这个数据集也用在之前的案例中。

1.在数据编辑栏录入数据。要确保前测成绩和后测成绩在不同的列。与独立均值 t 检验不同,这里不需要定义组。在图 11.2 中你可以看到每一列的开头分别被贴上标签 pretest 与 posttest。

2.点击 Analyze→Compare Means→Pared-Samples T test,你就会看到如图 11.3 所示的对话框。

3.按住 Shift 键,然后点击变量 pretest 与 posttest。

4.点击▶将选中的变量移到 Pared Variables 框中。

5.点击 OK。

6.接着 SPSS 执行分析过程然后得出图 11.4 所示的结果。

图 11.2 第 11 章数据集 1 的数据

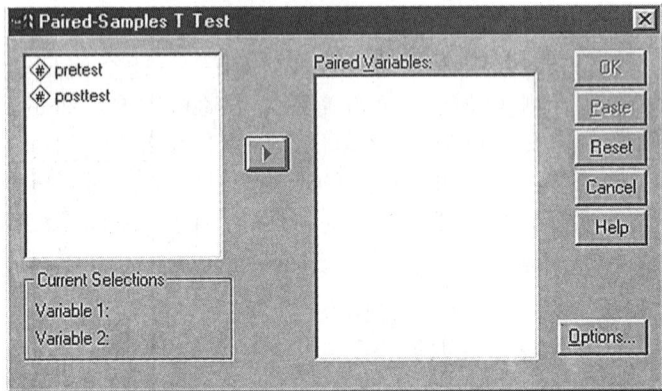

图 11.3 配对样本 t 检验对话框

SPSS 输出结果的含义

SPSS 的输出结果很明确。先是对不同构成的描述,接着关注在本书范围之内而且对理解我们正在讨论的检验非常重要的内容。

首先,对于前测和后测成绩来说,都给出了均值、样本规模、标准差和均值的标准误差(对抽样误差的测量)。就这个结果来说,你可以直接知道后测成绩(7.52)大于前测成绩(6.32)。进一步分析可以知道这个结果支持研究假设,也就是学生的后测成绩高于前测成绩。

现在来看令人感兴趣的结果——与 t 检验相关的实际值。前测和后测群体之间的均值之差是 -1.2,因为是前测成绩均值减去后测成绩均值所以是负值。由于随机因素影响使 t 值等于 -2.449 的可能性是 .022——所以几乎不可能的。但是我们还不能得出支持研究假设的结论。继续往下看。

是否注意到我们这里的结果和应用公式 11.5 手动计算并进行分析结果之间的任何差异? SPSS 输出结果中差异是负值(图 11.4)。但是我们在手动计算时这个值是正值。你知道为什么吗? 因为 SPSS(不论是否相信)进行均值之间的单侧检验不是很容易,

T–Test

Paired Samples Statistics

		Mean	N	Std.Deviation	Std.Error Mean
Pair 1	PRETEST	6.32	25	1.725	.345
	POSTTEST	7.52	25	1.828	.366

Paired Samples Correlations

		N	Correlation	Sig.
Pair 1	PRETEST & POSTTEST	25	.051	.810

Paired Samples Test

		Paired Differences							
					95% Confidence Interval of the Difference				
		Mean	Std.Deviation	Std.Error Mean	Lower	Upper	t	df	Sig.(2-tailed)
Pair 1	PRETEST-POSTTEST	-1.20	2.449	.490	-2.21	-.19	-2.449	24	.022

图 11.4 非独均值 t 检验的 SPSS 输出结果

而且总是用第一个变量(在这个案例中是前测成绩)减去第二个变量(在这个案例中是后测成绩)。而我们手动计算时,我们以相反的方式进行,与研究假设一致(见公式11.3)。SPSS只是不支持这种类型的分析。那么我们该怎么做?

现在我们回到第10章用到的临界值表,并且如果结果是显著的我们就进行分析。使用附录B表B2,我们发现对自由度24、显著水平.05的单侧检验来说,拒绝零假设的临界值是1.711。因此,虽然SPSS给出特定的t值,但是没有给出单侧检验值的概率水平。SPSS在双侧检验中给出这种可能性,而在单侧检验中没有给出。因此,我们必须依赖自己的技能来近似地获得这个值,就如我们在这里所做的,或者使用其他可以进行单侧检验的软件(在18章可以了解更多相关的内容)。

> 不论是否相信,在过去的日子,那时现在的作者或者你的老师还是大学生,我们只有大型的计算机,还没有我们现在所有的桌上电脑。换句话说,统计学课堂上所做的所有计算都是手动计算。那样做的好处首先是帮助我们更好地理解过程;其次就是没有计算机也可以进行分析。因此,如果计算机不能给出你需要的所有结果,就需要具备一定的创造性。只要知道临界值的基本公式,而且具备合适的临界值表,你也可以做得很好。

小　结

这是对均值的检验。你已经知道如何比较来自独立群体(第10章)和非独立群体(第11章)的数据,现在是时候更进一步学习处理两个以上群体(可能是独立的也可能是非独立的)的显著性检验。这项统计技术就是方差分析,这项统计分析工具非常重要、应用广泛,也很有价值。

练习时间

1.独立均值检验和非独立均值检验有何不同? 何时使用哪一个?

2.在下面的案例中,你要进行独立均值t检验还是非独立均值t检验?

a.脚腕扭伤的两组病人采用不同的治疗方式,哪一种治疗最有效?

b.护理研究者想知道得到额外家庭护理的病人的恢复是否快于只得到标准护理的病人。

c.一组青少年得到了人际技能指导,接着在9月份接受测试来看这是否有利于他们家庭关系和谐。

d.一组成年男子得到降低高血压的指导,另一组没有得到任何指导。

e.一组男子加入了一个为期6个月的锻炼项目。测试项目前后两个时期他们的心脏健康状况。

3.使用第11章数据集2(chapter 11 data 2)手动计算t值,然后将结论写下来,也就是25个街区的废纸回收项目是否影响纸的使用量。(提示:实施项目前和实施项目后是两个不同的测试水平。)在.01显著水平下检验零假设。

4.下面是一项研究的数据,这项研究是分析在入学时给予青少年一定的咨询是否影响他们对其他不同种族的青少年的宽容性。对影响的评价是在咨询前和 6 个月后进行。这个咨询项目是否发挥作用？结果变量是对他人态度的测量的得分，可能的分值是从 0 到 50。使用 SPSS 或者其他计算机软件来完成这项分析。

咨询前	咨询后
45	46
46	44
32	47
34	42
33	45
21	32
23	36
41	43
27	24
38	41
41	38
47	31
41	22
32	36
22	36
34	27
36	41
19	44
23	32
22	32

5.使用第 11 章数据集 3(chapter 11 data 3)计算 *t* 值，然后将结论写下来，也就是引入服务项目之后使用服务中心的家庭的满意水平是否有差异。使用 SPSS 完成这个练习，并且给出结果对应的准确概率。

6.以古老的方式手动完成这项练习。一个著名品牌的生产商想知道人们是喜欢 Nibbles 还是 Wribbles。每个受测者都有机会品尝每个样本，并以 1 到 10 分表示其不喜欢或喜欢的程度。他们最喜欢哪一个牌子？

Nibbles 评分	Wribbles 评分
9	4
3	7
1	6
6	8
5	7
7	7
8	8
3	6
10	7
3	8
5	9
2	8
9	7
6	3
2	6
5	7
8	6
1	5
6	5
3	6

本章你会学到什么 ☺

- 方差分析是什么,何时使用
- 如何计算和解释 F 统计量
- 如何使用 SPSS 完成方差分析

方差分析介绍

  心理学的一个新兴领域是体育心理学。虽然这个领域主要关注提高运动成绩,但也关注运动的许多其他方面。其中之一是什么心理技能对于成为一个成功的运动员是必需的。带着这个问题,马里斯·古塔、杨尼斯·塞奥佐拉基斯和乔治斯·卡拉莫萨利蒂斯(Marious Goudas, Yiannis Theodorakis, & Georgios Karamousalidis)对运动员应对技能量表的有效性进行了检验。

  作为研究的一部分,他们使用简单的方差分析(或 ANOVA)检验假设,也就是某项运动的训练年数与应对技能(或者运动员应对技能量表的得分)的关系。因为需要检验两个以上的群体,并比较这些群体的平均成绩,所以使用方差分析。具体地说,群体 1 是训练年数在 6 年之内的运动员,群体 2 是训练了 7~10 年的运动员,群体 3 是训练年数在 10 年以上的运动员。

  方差分析的检验统计量是 F 统计量(以这个统计量的建立者 R. A. Fisher 命名),结果是 $F_{(2, 110)} = 13.08, p < .01$。三个群体的压力下巅峰表现子量表测试成绩的均值两两不同。换句话说测试成绩的不同是由于在运动方面的训练年数的不同,而不是可能影响成绩的随机因素。

  是否想了解更多?查阅原始文献:古塔、塞奥佐拉基斯和卡拉莫萨利蒂斯(Goudas, M., Theodorakis, Y., & Karamousalidis, K.) 1998 年发表在《感知和运动技能》(*Perceptual and Motor Skills*) 86 期 59~65 页的文章"篮球运动中的心理技能:发展运动员应对技能量表的希腊形式的初步研究(Psychological skills in basketball: Preliminary study for development of a Greek form of the Athletic Coping Skills Inventory)。"

智慧和知识之路

  下面介绍如何使用图 12.1 所示流程选择方差分析作为合适的统计检验方法。沿着图中加黑的步骤就可以。

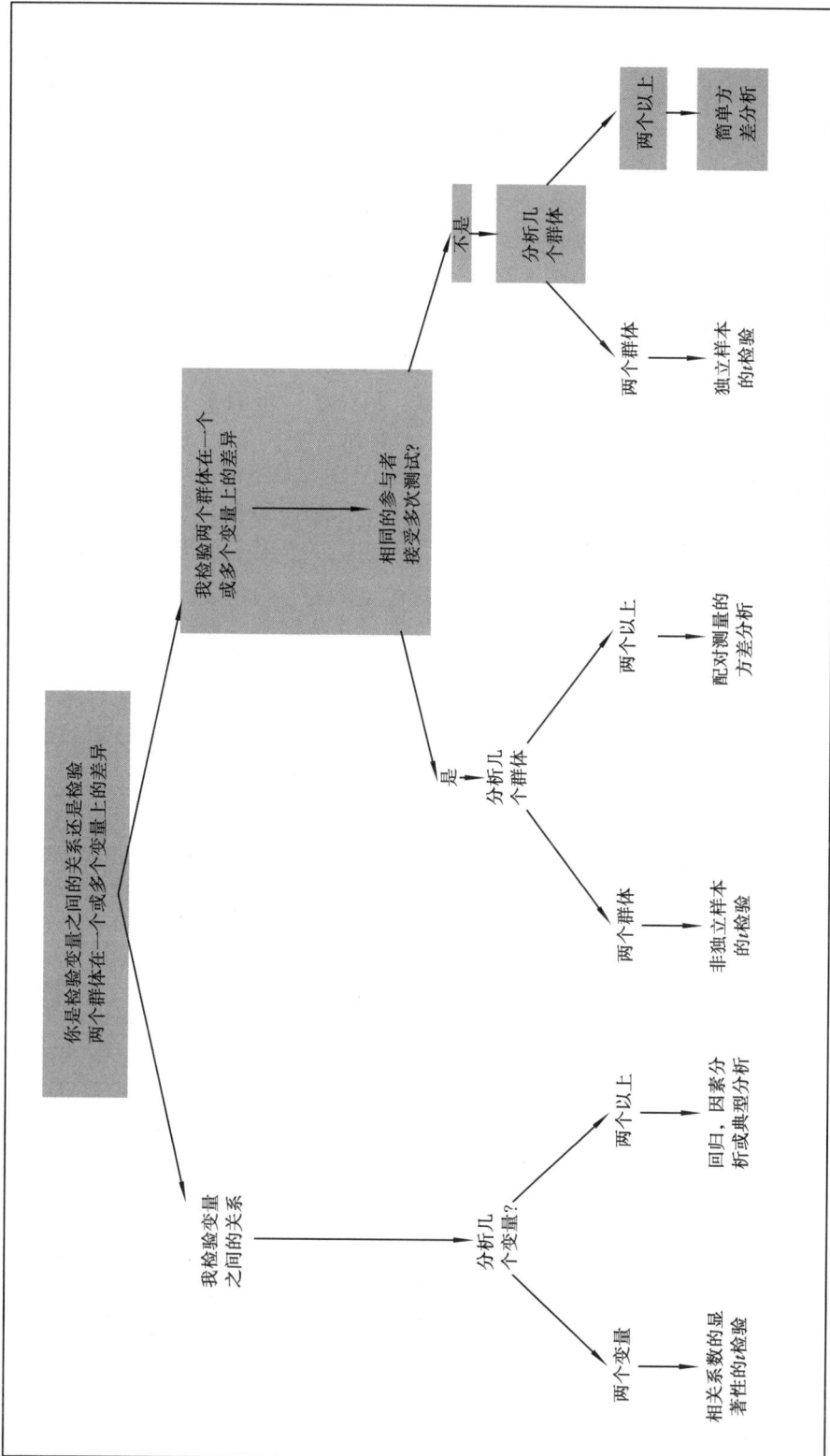

图12.1　确定方差分析是合适的统计检验方法

1—我们检验不同群体之间的差异,在这个案例中是检验不同运动员群体巅峰成绩的差异。

2—每一个运动员只接受一次测试。

3—有三个群体(按训练年数分为 6 年以下、7~10 年和 10 年以上)。

4—合适的检验统计是简单方差分析。

方差分析的不同类型

方差分析有许多不同的形式。最简单的形式是简单方差分析(simple analysis of variance),也是本章的重点,只分析一个因素或者一个处理变量(如群体身份),且有两个以上的群体受到这个因素的影响。简单方差分析也叫作一元方差分析(one-way analysis of variance),因为只有一个分组维度。这项技术叫作方差分析,这是由于运动成绩差异的方差可以分解为群体内个体差异产生的方差和群体之间差异产生的方差。接着对两类方差进行相互比较。

实际上,方差分析在许多情况下类似于 t 检验。在这两项检验中都需要计算均值之间的差异。但方差分析要处理两个以上的均值。

例如,我们调查每个星期呆在预备学校 5,10 和 20 个小时对孩子语言发展的影响。每个孩子所属的组别就是处理变量,或者就是分组因素。语言发展是被解释变量或者是结果。实验设计类似如下所示。

组 1(每星期 5 小时)	组 2(每星期 10 小时)	组 3(每星期 20 小时)
语言发展测试成绩	语言发展测试成绩	语言发展测试成绩

更复杂的方差分析类型是析因设计(factorial design),是分析一个以上的处理变量。下面的案例是研究参加预备学校的时间所产生的效应,但是性别差异产生的效应也是研究的内容。实验设计类似如下所示:

	待在预备学校的时间		
性别	组 1(每星期 5 小时)	组 2(每星期 10 小时)	组 3(每星期 20 小时)
男	语言发展测试成绩	语言发展测试成绩	语言发展测试成绩
女	语言发展测试成绩	语言发展测试成绩	语言发展测试成绩

这是 3×2 的析因设计。3 表示分组因素有三个层级(组 1,组 2 和组 3)。2 表示其他分组因素有两个层级(男和女)。综合起来就有 6 种不同的可能性(每个星期呆在预备学校 5 小时的男生;每个星期呆在预备学校 5 小时的女生;每个星期呆在预备学校 10 小时的男生,等等)。

析因设计遵循和简单方差分析一样的基本逻辑和原则,但是析因设计更为复杂,需要同时检验一个以上的因素的影响以及多因素综合的影响。别担心——接下来的一章会全面学习析因设计。

计算 F 检验统计量

　　简单方差分析检验两个以上的群体在一个因素或一个维度上的均值差异。例如，你可能想知道四个群体（20,25,30 和 35 岁的年龄群体）对私人学校的公共财政支持的态度。或者你想知道 5 个不同年级（2,4,6,8 和 10 年级）的学生的父母群体参与学校活动的水平是否有差异。

　　任何分析如果

- 只有一个维度或者一个处理变量，
- 分组因素有两个以上的层级，
- 而且关注不同群体在平均成绩上的差异。

就需要使用简单方差分析。

　　F 统计量是检验"群体之间有差异"假设的检验统计量，计算公式如公式 12.1 所示。就方差分析而言这是简单的公式，但是相对于前几章学习的其他检验统计量来说需要花费更多精力来计算。

$$F = \frac{MS_{between}}{MS_{within}} \tag{12.1}$$

TECH TALK　　这个比率背后的逻辑就是这样。如果组内完全没有变化（所有的成绩都相同），那么组之间的任何差异都有意义，对吧？可能如此。方差分析公式是一个比率，比较组间的变化量（由于分组因素产生）与组内的变化量（由于随机因素产生）。如果比值为 1，那么组内差异产生的变化量等于组间差异产生的变化量，而且组间的任何差异都不显著。如果组间差异的平均值变大（也就是比率的分子变大），F 值也变大。F 值越大，在所有 F 值的分布中就会越趋向于极值，也就越可能是随机因素之外的因素在产生影响。

　　下面给出一些数据并初步的计算来说明 F 统计量如何计算。就我们的例子来说，我们假定这是三个预备学校参与者群体和他们的语言测试成绩。

群体 1 的成绩	群体 2 的成绩	群体 3 的成绩
87	87	89
86	85	91
76	99	96
56	85	87
78	79	89
98	81	90
77	82	89
66	78	96
75	85	96
67	91	93

　　下面是著名的八个步骤和 F 检验统计量的计算。

　　1.零假设和研究假设的表述。公式 12.2 所示的零假设表示三个不同群体的均值之间没有差异。方差分析,也叫作 F 检验(因为计算得出的是 F 统计量或 F 比值),寻求不同群体之间所有的差异。

F 检验不是分析配对差异,如群体 1 和群体 2 之间的差异。我们需要使用另一项统计技术进行配对差异分析,本章后面部分会讨论

$$H_0: \mu_1 = \mu_2 = \mu_3 \tag{12.2}$$

公式 12.3 所示的研究假设表示三个群体的均值之间相互有差异。要注意的是所有的差异之间没有方向,这是因为所有的 F 值都是无方向的。

$$H_1: \overline{X}_1 \neq \overline{X}_2 \neq \overline{X}_3 \tag{12.3}$$

> 前面我们已经讨论了单侧和双侧检验。在讨论方差分析时不需要确定单侧或双侧。因为要检验两个以上的群体,而且因为 F 检验是综合的检验(也就是检验均值之间的所有差异),讨论特定差异的方向没有意义。

2.设置零假设的风险水平(或显著性水平,或第一类错误)。风险水平或第一类错误或显著水平(或者其他名称?)是.05。再一次申明,风险水平完全由研究者决定。

3.选择合适的检验统计量。使用图 12.1 所示的流程图,我们确定合适的检验方法是简单方差分析。

4.计算检验统计值(也叫作实际值)。

现在我们代入具体的值并进行计算。需要进行很多计算。

- F 值是组间差异和组内差异的比值。要计算这些值,首先我们要计算每一种差异——组间、组内和总的差异的平方和。
- 组间差异平方和等于对所有值的均值和每一个群体的均值之差平方然后求和。这意味着每一群体的均值和总的均值的差异的大小。
- 组内差异平方和等于对群体内每一个具体的值和这个群体的均值之间的差异平方然后求和。这意味着群体内每一个值和这个群体的均值的差异的大小。
- 总的差异平方和等于组间差异平方和与组内差异平方和的总和。现在我们计算这些值。

依据上面给出的实际数值计算所有需要计算的组间、组内和总的平方和。首先,我们看看这个扩展的表中所有的项目,先从图 12.2 的左下角开始:

n 表示每个群体的参与者数量(如 10)

$\sum X$ 表示每个群体的具体数值的总和(如 766)

$\overline{X}$ 表示每个群体的均值(如 76.60)

$\sum (X^2)$ 表示每个数值的平方和(如 59 964)

$\left(\sum X\right)^2 / n$ 表示每个群体的所有数值的和的平方除以群体的规模(如58 675.60)

群体	考试成绩	X^2	群体	考试成绩	X^2	群体	考试成绩	X^2
1	87	7 569	2	87	7 569	3	89	7 921
1	86	7 396	2	85	7 225	3	91	8 281
1	76	5 776	2	99	9 801	3	96	9 216
1	56	3 136	2	85	7 225	3	87	7 569
1	78	6 084	2	79	6 241	3	89	7 921
1	98	9 604	2	81	6 561	3	90	8 100
1	77	5 929	2	82	6 724	3	89	7 921
1	66	4 356	2	78	6 084	3	96	9 216
1	75	5 625	2	85	7 225	3	96	9 216
1	67	4 489	2	91	8 281	3	93	8 649
n　10			10			10		
$\sum X$	766			852			916	
$\overline{X}$	76.60			85.20			91.60	
$\sum(X^2)$	59 964			72 936			84 010	
$(\sum X)^2/n$	58 675.60			72 590.40			83 905.60	

$N=30.00$

$\sum\sum X=2{,}534.00$

$(\sum\sum X)^2/N=214{,}038.53$

$\sum\sum(X^2)=216{,}910$

$(\sum X)^2/n=215{,}171.60$

图 12.2　计算一元方差分析需要的重要的值

其次,我们看看表的右下角的项目

N 表示参与者的总体数量(如 30)

$\sum \sum X$ 表示所有群体的数值的总和

$\left(\sum \sum X \right)^2 / N$ 表示所有数值的总和的平方除以 N

$\sum \sum \left(X^2 \right)$ 表示所有数值的平方的总和

$\sum \left(\sum X \right)^2 / n$ 表示每个群体和的平方的总和除以 n

以上是所有需要进行的计算,我们也几乎完成了计算。

首先我们计算所有不同来源的差异的平方和,也就是进行这样的计算:

组间平方和	$\sum \left(\sum X \right)^2 / n - \left(\sum \sum X \right)^2 / N$,或者 215 171.60 − 214 038.53	1 133.07
组内平方和	$\sum \sum \left(X^2 \right) - \sum \left(\sum X \right)^2 / n$,或者 216 910 − 215 171.6	1 738.40
总平方和	$\sum \sum \left(X^2 \right) - \left(\sum \sum X \right)^2 / N$,或者 216 910 − 214 038.53	2 871.47

其次,我们需要计算平方和的均值,也就是简单的平方和的平均值。这些都是最终计算 F 比率需要的方差估计。

我们是以近似的自由度(df)去除每一个平方和。还记得吗? 自由度是样本规模或者群体规模的近似值。对方差分析来说我们需要两类自由度。对组间估计来说,自由度是 $k-1$,其中 k 等于群体的数量(在这个案例中,有 3 个群体,自由度是 2),对组内估计来说,我们需要的自由度是 $N-k$,其中 N 是总的样本规模(也就是说自由度是 30−3,或 27)。而且 F 比率是组间差异平方和均值与组内差异平方和均值的简单比值,或 566.54/64.39 = 8.799。这就是实际的 F 值。

下面的表格总结了用于计算 F 比率的方差估计,也是专业期刊和手稿中大多数 F 表出现的形式。

来源	平方和	df	平方和的均值(均方)	F
组间	1 133.07	2	566.54	8.799
组内	1 738.40	27	64.39	
总和	2 871.47	29		

要计算一个小小的 F 值确实挺麻烦,但是我们之前已经说过,至少手动计算一次,这对了解计算过程很重要。计算过程会告诉你这些数字的来源,而且一定程度上可以更好地了解这些数字的含义。

你已经了解 t 检验，所以你可能想知道 t 值（总是用于两个群体的均值差异的检验）和 F 值（总是用于两个以上的群体）之间的关系。有趣的是两个群体的 F 值等于两个群体的 t 值的平方，或 $F=t^2$。很简单，但是只知道其中一个却还想知道另一个的情况下就非常的有用。

5.使用特定统计量的临界值分布表确定拒绝零假设需要的值。就如之前所进行的，我们需要比较实际值和临界值。我们现在需要查阅附录 B 表 B3，也就是 F 检验的临界值分布表。我们的第一个任务是确定分子的自由度，也就是 $k-1$，或 $3-1=2$。接着确定分母的自由度，也就是 $N-k$，或 $30-3=27$。结合在一起可以表示为 $F_{(2,27)}$。

实际值是 8.80，或 $F_{(2,27)}=8.80$。在显著水平为.05、分子自由度为 2（由表 B3 中的纵行表示）、分母自由度为 27（由表 B3 中的横行表示）情况下临界值是 3.36。也就是在显著水平为.05、自由度是 2 和 27 的三个群体的均值的综合检验来说，拒绝零假设所需要的值是 3.36。

6.比较实际值和临界值。实际值是 8.80，在.05 显著水平下拒绝零假设也就是说三个群体相互有差异（没有关注差异在什么地方）的临界值是 3.36。

7.和 8.做出决定。现在我们该做出决定了。如果实际值大于临界值就不能接受零假设。如果实际值没有超过临界值，零假设就是最有力的解释。在这个案例中，实际值超过临界值——这个值足够大，我们可以说三个群体之间的两两差异不是由于随机因素引起的。如果我们的实验过程正确，那么是什么因素影响结果？很简单——是在预备学校的时间。我们知道差异的产生是由于特定的因素，因为群体之间的差异不可能是由随机因素引起的，而是缘于特定的处理变量。

那么如何解释 $F_{(2,27)}=8.80,p<.05$

- F 表示我们使用的检验统计量。
- 2,27 是组间估计和组内估计的自由度数值。
- 8.80 是实际值，是使用本章之前给出的公式计算所得的值。
- $p<.05$（p 值是最重要的）表示对零假设的任何检验来说，每个群体语言技能的平均成绩相互不同的原因是由于随机因素而不是实验变量的影响造成的可能性小于 5%。因为我们以.05 作为研究假设比零假设更有解释力的标准，我们的结论就是三个群体之间存在显著差异。

TECH TALK　　想象这样的事件。你是广告公司的有高级授权的研究者，想知道颜色是否影响销售。而且你在.05 的显著水平下进行检验。你将全黑、全白、25%带彩色、50%带彩色和 100%是彩色的产品集合在一起构成 5 个不同的层级。然后进行方差分析并发现有差异存在。但是方差分析是综合的检验，你不知道显著差异的来源。因此你一次只能选择两个群体（如 25%带彩色和 75%带彩色）然后进行相互检验。实际上你要检验每一个两两群体组合的差异。这

样做对吗？不对。这被称为多元 t 检验，而多元 t 检验实际上违反一些原则。当进行多元 t 检验时，由于要执行的检验的数量增加，第一类错误（你设定为.05）发生的可能性提高。这项检验中有 10 对可能的群体差异比较（如没带彩色与 25% 带彩色，没带彩色与 50% 带彩色，没带彩色与 75% 带彩色等），第一类错误真正发生的可能性是 $1-(1-\alpha)^k$，其中

α 表示第一类错误发生的水平，在这个案例中是.05

k 表示比较的数量

因此每一对比较群体被检验时实际的第一类错误不是.05，而是.40，

$$1 - (1 - .05)^{10} = .40$$

肯定不是.05。差异相当大，不是吗？

使用计算机计算 F 比率

F 比率不容易手动计算。需要太多的计算才能得出 F 比率。使用计算机会更容易、更准确，因为计算机可以消除计算上的误差。也就是说你会为手动计算了这个值而感到高兴，因为这是一项你应该掌握的技能。可也会同样高兴可以使用类似 SPSS 的工具来计算。

我们使用第 12 章数据集 1（chapter 12 data set 1）中的数据，也就是之前预备学校案例中使用的数据。

1.在数据编辑栏录入数据。要确保群体在同一列，这一列中有三个不同的群体。在图 12.3 你可以看到每一列开始的标签分别为 Group 与 Language-Score。

图 12.3　第 12 章数据集 1 数据

2.点击 Analyze→Compare Means→One-Way 方差分析，你就会看如图 12.4 所示的一元方差分析对话框。

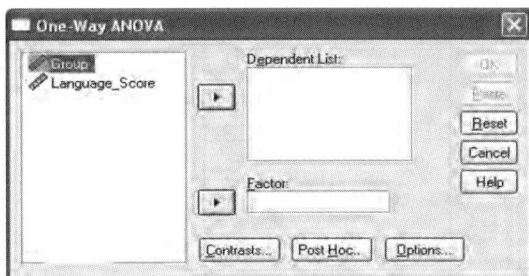

图12.4　一元方差分析对话框

3.点击变量 Group，然后点击▶将选中的变量移到 Factor 框中。

4.点击变量 Language-Score，然后点击▶将选中的变量移到 Depend List 框中。

5.点击 Opertions，接着点击 Descriptives，然后点击 Continue。

6.点击 OK。SPSS 执行分析过程然后得出图 12.5 所示的结果。

SPSS 输出结果的含义

SPSS 的输出结果很明确，而且和之前我们展示如何计算 *F* 比率而建立的表类似，同时给出了描述统计量。下面就是我们得到的内容。

1.我们确定的方差来源——组间、组内和总的方差。

2.接着是我们需要的不同来源的差异平方和。

3.然后是自由度，以及平方和均值（或均方），也就是平方和除以自由度。

4.最后，就是实际值和相应的显著水平。

要记住的一点是假设是在.05 的显著水平检验。SPSS 的输出结果给出了结果的准确的概率水平，.001——比.05 更为准确，而且更不可能。

TECH TALK

现在你已经运行了方差分析，也知道三个、四个或者更多群体之间有差异。但是差异处在什么位置？你已经知道不能进行多元 *t* 检验，就需要进行事后（post hoc）比较检验或既成事实（after-the-fact）分析。也就是每一个群体的均值和另一个群体的均值比较，然后来看差异处在什么位置，但是最重要的是每一次比较的第一类错误都控制在你设定的相同的水平。其中要进行许多不同的比较，也就是 Bonferroni（作者偏好使用的统计学词汇）分析。使用 SPSS 完成特定的分析之后，在方差分析对话框（图 12.4）你可以看到 Post Hoc 选项，选中这个选项之后点击 Bonferroni，接着点击 Continue，然后你就看到如图 12.6 所示的 SPSS 输出结果。你可以很容易就看到这些分析告诉你引起三个群体之间整体的显著性差异的群体配对显著性差异处在群体 1 和群体 3 之间，而且群体 1 和群体 2 或群体 2 和群体 3 之间没有配对差异。配对分析非常重要，可以让你知道两个以上群体差异的来源。

	N	Mean	Std.Deviation	Std.Error	95% Confidence Interval for Mean		Minimum	Maximum
					Lower Bound	Upper Bound		
5 Hours	10	76.60	11.965	3.784	68.04	85.16	56	98
10 Hours	10	85.20	6.197	1.960	80.77	89.63	78	99
20 Hours	10	91.60	3.406	1.077	89.16	94.04	87	96
Total	30	84.47	9.951	1.817	80.75	88.18	56	99

ANOVA

Language_Score

	Sum of Squares	df	Mean Square	F	Sig.
Between Groups	1133.067	2	566.533	8.799	.001
within Groups	1738.400	27	64.385		
Total	2871.437	29			

图12.5 一元方差分析的SPSS输出结果

Post Hoc Tests

Multiple Comparisons

Dependent Variable:LANG_SC

Bonferroni

(I)GROUP	(J)GROUP	Mean Difference (I-J)	Std. Error	Sig.	95% Confidence Interval	
					Lower Bound	Upper Bound
5 Hours	10 Hours	-8.60	3.588	.071	-17.76	.56
	20 Hours	-15.00*	3.588	.001	-24.16	-5.84
10 Hours	5 Hours	8.60	3.588	.071	-.56	17.76
	20 Hours	-6.40	3.588	.257	-15.56	2.76
20 Hours	5 Hours	15.00*	3.588	.001	5.84	24.16
	10 Hours	6.40	3.588	.257	-2.76	15.56

*.The mean difference is significant at the .05 level.

图 12.6 一元方差分析之后的事后比较分析

小　结

方差分析(方差分析)是《爱上统计学》这本书中你能学到的最复杂的推论检验。你需要付出更多的精力来进行手动计算,即使可以使用 SPSS,你也必须真的了解这是综合的检验,而且只做部分的话不能给出配对群体差异的信息。只有紧接着进行事后比较分析,你才真正完成与这项有力的工具相关的所有的工作。如果是均值之间不止一次的检验,那么就是析因方差分析。还有 Holy Grail 方差分析,可以分析两个或更多因素,但是我们主要讨论两个因素的方差分析,而且 SPSS 会展示出具体的方式。

练习时间

1.什么情况下方差分析是比配对均值检验更适合的统计技术?

2.使用下面的表分别给出简单一元方差分析的案例、两个两因素方差分析的案例和一个三因素方差分析的案例。我们给出一些范例,比照我们所做的确定分组变量和检验变量。

设计	分组变量	检验变量
简单方差分析	培训时间分为四个层级——2、4、6 和 8 个小时	打字的准确程度
	填入你的案例	填入你的案例
	填入你的案例	填入你的案例
	填入你的案例	填入你的案例
两因素方差分析	培训的两个层级和性别(2×2 设计)	
	填入你的案例	填入你的案例
	填入你的案例	填入你的案例
三因素方差分析	培训的三个层级、性别和收入的三个层级	选举态度
	填入你的案例	填入你的案例

3.使用第 12 章数据集 2(chapter 12 data 2)和 SPSS,计算游泳者每周训练的平均时间(<15,15~25 以及>25 小时)的三个层级比较的 F 比率,被解释变量或结果变量是 100 码自由泳时间。回答这个问题,也就是训练时间是否产生差异。不要忘记使用 Options 选项得到群体的均值。

两个因素——析因方差分析 **13**

本章你会学到什么 ☺☺☺☺☺

- 何时使用一个以上因素的方差分析
- 什么是主效应和交互效应
- 如何使用 SPSS 完成析因方差分析

析因方差分析介绍

  人们如何做出决策已经成为迷惑心理学者几十年的问题。相关研究形成的数据广泛地应用在广告学、商业、规划和宗教领域。米尔蒂亚德·普罗阿斯与乔治·多加尼斯(Miltiadis Proios & George Doganis)研究积极参与决策过程(在一系列的条件下)的经验和年龄如何对道德归因产生影响。研究样本由 148 个裁判构成——56 个足球裁判、55 个篮球裁判以及 37 个手球裁判。他们的年龄范围是 17~50 岁,性别不是考虑的重要变量。在整个样本中,大约 8%没有社会、政治或运动领域全面参与决策制定过程的任何经验,大约 53%表现积极但是没有全面参与,大约 39%既表现积极,又全面参与一些组织中的决策制定。二元方差分析(在第 17 章可以更多了解多元方差分析)可以展现经验和年龄对道德归因和裁判的目标定位的交互影响。

  什么是二元方差分析? 很容易——有两个独立因素,第一个是经验水平,第二个是年龄。与每一个方差分析程序相类似,包括

- 对年龄的主效应的检验。
- 对经验的主效应的检验。
- 对经验和年龄的交互效应的检验(结果可能是显著的)。

  在检验一个以上因素或者独立变量时就体现出方差分析的一个重要特点,也就是研究者可以分析每一个因素的效应,同时可以通过交互效应分析两者共同的效应,在本章后面的部分会进行更多的讨论。

  是否想了解更多? 查阅原始文献:普罗阿斯与多加尼斯(Proios, M. & Doganis, G.)2003 年发表在《感知与运动技能》(*Perceptual and Motor Skills*)第 96(1)期 113~126 页的文章"积极活动的经验、决策制定过程的参与和年龄对裁判的道德归因和目标定位的影响。(Experience from active membership and participation in decision-making process and age in moral reasoning and goal orientation of referees)。"

智慧和知识之路

下面介绍如何使用图 13.1 所示流程图选择方差分析（现在处理一个以上的因素）作为合适的检验统计。沿着图中加黑的步骤就可以。

就如在第 12 章一样，我们已经确定方差分析是正确的选择（检验多个群体之间差异或者独立变量的多个层级之间的差异），但是我们要处理不止一个因素，析因方差分析是正确的选择。

1—我们检验不同群体的数值之间的差异，在这个案例中是检验经验水平和年龄之间的差异。

2—参与者接受一次测试。

3—我们检验两个或多个群体。

4—我们处理不止一个因素或独立变量。

5—合适的检验统计是析因方差分析。

方差分析的新类型

你已经了解方差分析的一种形式，也就是第 12 章讨论的简单方差分析。简单方差分析只分析一个因素或者处理变量（如群体身份），而且这个因素或者处理变量可分为两个以上的层级或群体。

现在，我们对整个技术进行发展，进而可以同时分析不止一个因素，也就是析因方差分析（factorial analysis of variance）。

现在我们来看一个简单的包含两个因素的案例：性别（男和女）和处理变量——处理变量是不同类型的训练项目（高强度和低强度），以及结果——体重减少的数量。这个案例的实验设计类似于：

		训练项目	
		高强度	低强度
性别	男性		
	女性		

接着我们来看什么是主效应和交互效应。现在不进行更多的数据分析，在本章的最后才会相应的增加数据分析，现在只是看和了解。即使在结果中提供了第一类错误的准确概率（我们不使用"$p<.05$"这样的陈述），我们还是使用.05 作为拒绝零假设的标准。

就析因分析来说，你可以提出并回答三个问题。

1.不同的训练项目层级也就是高强度和低强度之间是否有差异？

2.不同性别——男性和女性之间是否有差异？

3.高强度或低强度项目是否对男性或女性有不同的效应？

问题 1 和问题 2 确定主效应是否存在，问题 3 确定两个因素之间是否有交互效应。

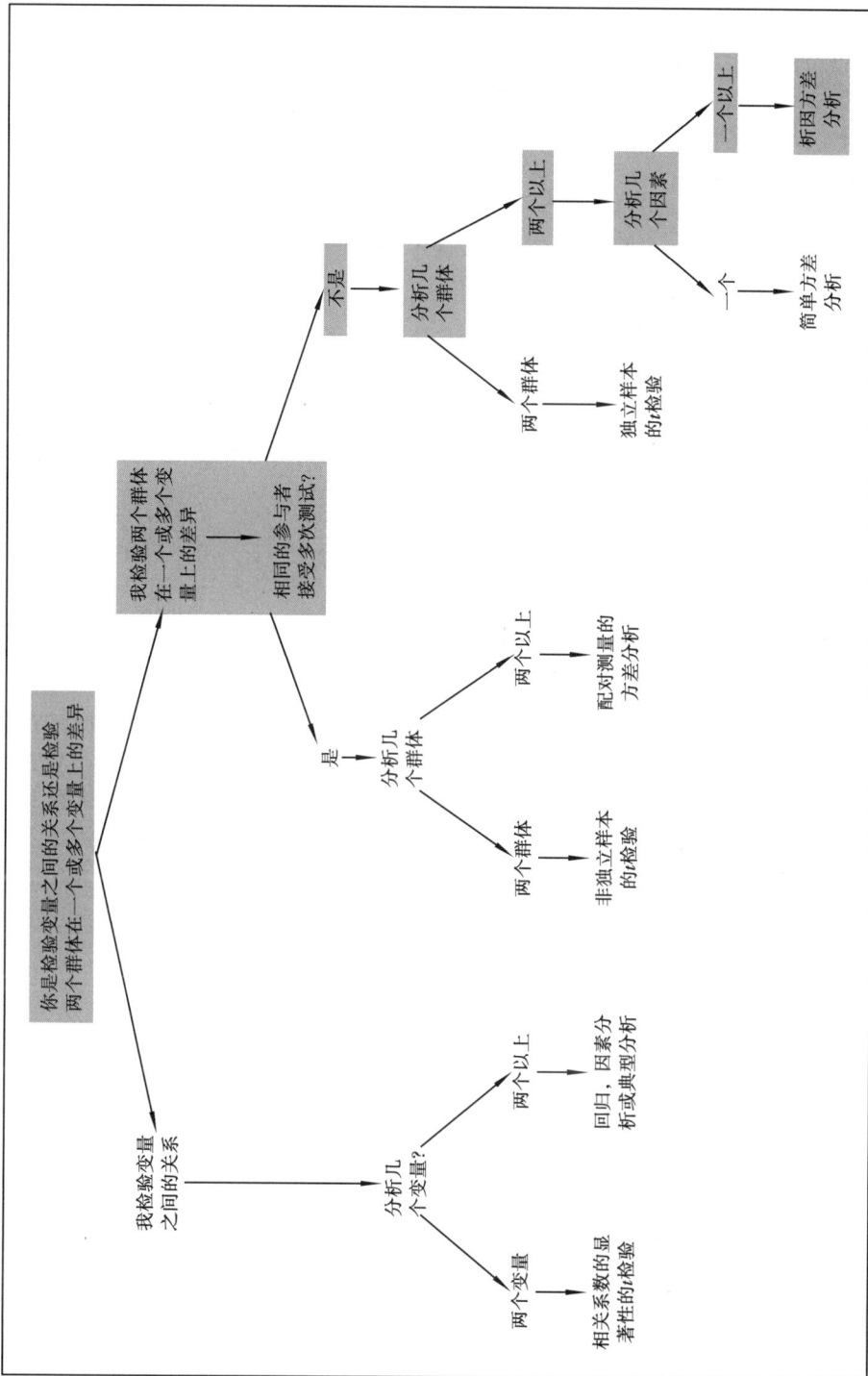

图13.1 确定析因方差分析是正确的统计检验方法

主要方面:析因方差分析中的主效应

你应该记得方差分析的最初目标是检验两个或两个以上群体之间的差异。如果数据分析表明某个因素的不同层级之间存在差异,我们就会说存在主效应(main effect)。现在来看一个例子,上面给出的案例中共有四个群体,每个群体 10 个参与者,总共是 40。下面给出可能的分析结果(我们使用 SPSS 计算得出这个紧凑的表格)。这个表也叫作源表(source table)。

主效应与交互效应检验

被解释变量:LOSS

来　源	第三类平方和	df	均　方	F	Sig.
Corrected Model	3 678.275	3	1 226.092	8.605	.000
Intercept	232 715.025	1	232 715.025	1 633.183	.000
TREATMEN	429.025	1	429.025	3.011	.091
GENDER	3 222.025	1	3 222.025	22.612	.000
TREATMEN * GENDER	27.225	1	27.225	.191	.665
Error	5 129.700	36	142.492		
Total	241 523.000	40			
Corrected Total	8 807.975	39			

现在只关注来源列和 sig. 列(已经用阴影显示)。我们可以得出的结论是性别有主效应($p = .000$),而处理变量没有主效应($p = .091$),而且这两个主要因素之间没有交互效应($p = .665$)。因此在高强度组或低强度组对减少体重来说并不重要,但是性别是重要的影响因素。而且处理因素和性别之间没有交互效应,所以不同的强度对性别没有差异性影响。

如果将对应的均值绘图,就会得到图 13.2 的形象展示。

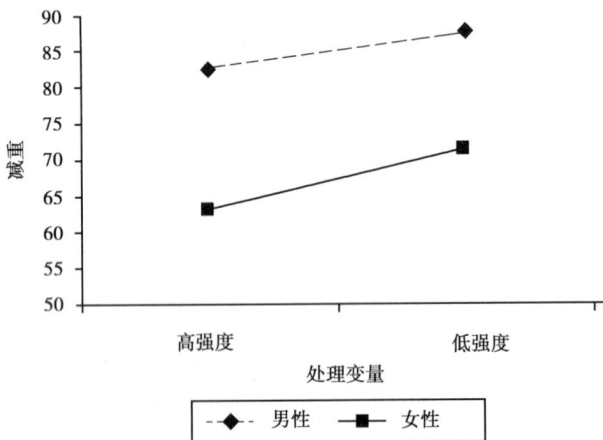

图 13.2　处理变量对应男性和女性的均值

在图 13.2 中你可以看到男性和女性在"减重"轴相差的距离很大(男性的均值是 85.25,女性的均值是 67.30)。但是对处理变量来说(如果你计算了平均值),你会发现差异很小(高强度项目的均值是 73.00,低强度的均值是 79.55）。当然现在是进行方差分析，群体内的变化很重要，但是在这个案例中，你可以看到每一个因素（如性别）的群体间的差异（如男性和女性）以及它们如何在分析结果中反映。

更有趣的方面：交互效应

现在开始讨论交互效应。先看一组新数据的源表，这些数据表明男性和女性受到处理变量的影响，也就是存在交互效应（interaction effect）。而且你还可以看到一些非常有趣的分析结果。

主效应与交互效应检验

被解释变量：LOSS

来　源	第三类平方和	df	均　方	F	Sig.
Corrected Model	1 522.875[a]	3	507.625	4.678	.007
Intercept	218 892.025	1	218 892.025	2 017.386	.000
TREATMEN	265.225	1	265.225	2.444	.127
GENDER	207.025	1	207.025	1.908	.176
TREATMEN ∗ GENDER	1 050.625	1	1 050.625	9.683	.004
Error	3 096.100	36	108.503		
Total	224 321.000	40			
Corrected Total	5 428.975	39			

处理变量和性别没有主效应（分别为 $p = .127$，$p = .176$），但是存在交互效应（$p = .004$），这是一个非常有意思的结果。实际上，你是在高强度项目还是低强度项目或者你是男性还是女性都不重要，但是同时处在两种条件下就很重要，如处理变量对于男性和女性的体重减少有不同的影响。

现在给出四个群体的均值的图形展示（图 13.3 所示）。

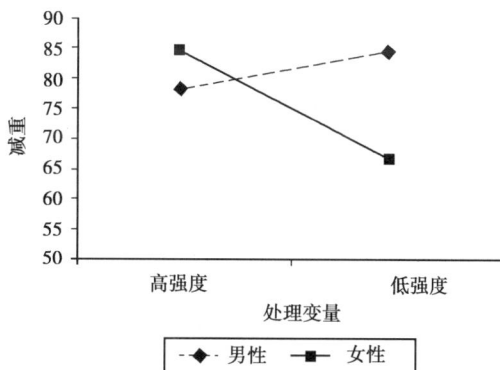

图 13.3　处理变量对男性和女性的均值

下面列出实际的均值大小（应用 SPSS 计算）：

	男性均值	女性均值
高强度	73.70	78.80
低强度	79.40	64.00

如何理解这个结果？解释非常简洁。下面是我们可以做出的解释，就如你可以认识到的，这是之前列出的三个问题的答案。

训练类型没有主效应。

性别没有主效应。

处理变量和性别之间有明显的交互效应，也就是说在高强度项目中女性减少的体重比男性减少的体重多，而在低强度项目中男性减少的体重比女性减少的体重多。

需要记忆的内容

这是特别需要记忆的内容。如果没有掌握更多的知识（也没有持续学习到本章），你可能会认为你必须做的所有分析都是男性和女性均值之间的 t 检验，或者参与高强度训练项目的群体和参与低强度项目的群体的均值之间的另一种简单的 t 检验——不过你不会有所发现。但是如果考虑到主要因素之间的交互效应，就会发现不同的效应的存在——这是其他的分析没有注意到的结果。实际上你花足够工夫真正搞懂了，就会发生交互效应在任何析因方差分析中都是最有趣的结果。

计算检验统计量

现在要面对一种改变。在《爱上统计学》整本书中，我们提供一些案例展示如何使用老的方式（使用计算器手动计算）或者应用类似 SPSS 的统计分析软件包进行特定的统计分析。但对于析因方差分析的介绍，我们只使用 SPSS 来说明——这不是由于应用计算器完成析因 ANOVA 更具知识上的挑战性，而是由于计算工作量太大。正是由于这个原因我们不准备手动进行所有的计算，而是直接对重要的值进行计算，并且将更多的时间用在解释方面。

我们使用之前展示的存在显著的交互效应的那组数据。

处理变量—— 性别——	高强度 男性	高强度 女性	低强度 男性	低强度 女性
	76	65	88	65
	78	90	76	67
	76	65	76	67
	76	90	76	87
	76	65	56	78
	74	90	76	56
	74	90	76	54
	76	79	98	56
	76	70	88	54
	55	90	78	56

下面是 F 统计检验量的计算和步骤。这里没有"著名的八个步骤"这个标题，这是全书唯一不用手动计算而只用计算机计算的统计值。因为其分析过程比较复杂，对刚入门的学生来说需要花费的精力太多了。

1.零假设和研究假设的表述。实际上这里出现的零假设有三个(公式 13.1a,13.1b,13.1c),表明两个因素的均值之间没有差异,没有交互效应。现在就具体描述。

首先,对处理变量来说,

$$H_0: \mu_{high} = \mu_{low} \tag{13.1a}$$

对性别变量来说,

$$H_0: \mu_{male} = \mu_{female} \tag{13.1b}$$

对处理变量和性别之间的交互效应来说,

$$H_0: \mu_{high \times male} = \mu_{high \times female} = \mu_{low \times male} = \mu_{low \times female} \tag{13.1c}$$

公式 13.2a,13.2b,13.2c 所示为研究假设,表明群体的均值之间有差异,而且存在交互效应。具体如下。

首先,对处理变量来说,

$$H_1: \overline{X}_{high} \neq \overline{X}_{low} \tag{13.2a}$$

对性别变量来说,

$$H_1: \overline{X}_{male} \neq \overline{X}_{female} \tag{13.2b}$$

对处理变量和性别之间的交互效应来说,

$$H_1: \overline{X}_{high \times male} \neq \overline{X}_{high \times female} \neq \overline{X}_{low \times male} \neq \overline{X}_{low \times female} \tag{13.2c}$$

2.设置零假设的风险水平(或显著性水平,或第一类错误)。风险水平或第一类错误或显著水平是.05。再一次强调,风险水平完全由研究者决定。

3.选择合适的检验统计量。使用图 13.1 所示的流程表,我们确定合适的检验方法是析因方差分析。

4.计算检验统计值(也叫作实际值)。我们使用 SPSS 来计算,并给出具体的运行步骤。我们使用上面给出的数据,这些数据可以从网上下载,数据集名称是第 13 章数据集 1(chapter 13 data 1)(也在附录 C 中列出)。

在数据编辑栏录入数据,或打开数据文件。要确保每一个因素也就是处理变量和性别在不同的列,如图 13.4 所示。

5. 点击 Analyze → Ceneral Linear Model→Univariate,你会看到如图 13.5 所示析因方差分析对话框。

6.点击变量 loss,然后点击▶将选中的变量移到 Depend Variable 框中。

7.点击变量 treatment,然后点击▶将选中的变量移到 Fixed Factors 框中。

8.点击变量 gender,然后点击▶将选中的变量移到 Fixed Factors 框中。

图 13.4　第 13 章数据集 1 的数据

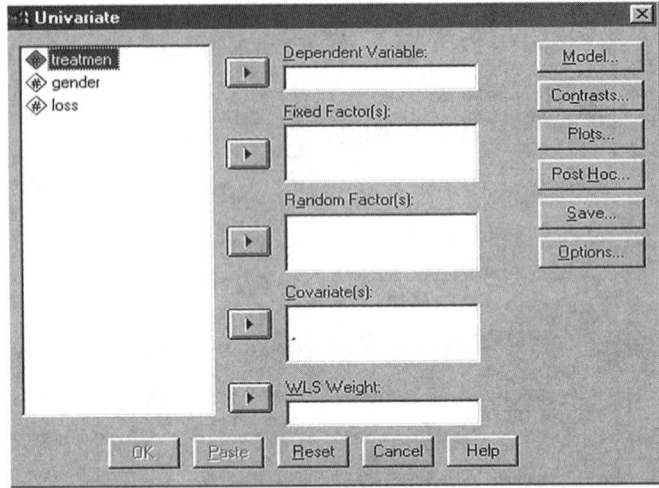

图 13.5 析因方差分析对话框

9.点击 Opertions,接着点击 Descriptives,然后点击 Continue。

10.点击 OK。SPSS 执行分析过程,然后得出图 13.6 所示的结果。

Univariate Analysis of Variance

Between–Subjects Factors

		Value Label	N
Treatment	1	High Impact	20
	2	Low Impact	20
Gender	1	Male	20
	2	Female	20

Tests of Between–Subjects Effects

Dependent Variable:LOSS

Source	Type III Sum of Squares	df	Mean Square	F	Sig.
Corrected Model	1 522.875[a]	3	507.625	4.678	.007
Intercept	218 892.025	1	218 892.025	2 017.386	.000
GENDER	207.025	1	207.025	1.908	.176
TREATMEN	265.225	1	265.225	2.444	.127
GENDER*TREATMEN	1 050.625	1	1050.625	9.683	.004
Error	3 906.100	36	108.503		
Total	224 321.000	40			
Corrected Total	5 428.975	39			

a.R Squared=.281(Adjusted R Squared=.221)

图 13.6 析因方差分析的 SPSS 输出结果

TECH TALK

为什么 SPSS 的输出结果的标签为 *Univariate Aanalysis of Variance*? 也许你想知道。就 SPSS 而言,这项分析只处理一个被解释变量或者结果变量——在我们的这个案例中就是体重减少。如果我们的研究问题中不止一个变量(如对饮食的态度),那么就是多元方差分析,在检验群体差异的同时要控制依赖变量之间的关系。第 17 章会讨论更多的内容。

SPSS 输出结果的含义

SPSS 的输出结果很明确。下面就是我们得到的内容。

1. 我们确定的方差来源——组间、组内和总的方差。
2. 接着我们确定不同来源的平方和。
3. 紧接着是自由度,以及平方和均值(均方),也就是平方和除以自由度。
4. 最后就是实际值和相应的准确的显著水平。
5. 对性别来说,在期刊或者报告中出现的结果形式类似于 $F_{(1,36)} = 1.908, P = .176$。
6. 对处理变量来说,在期刊或者报告中出现的结果形式类似于 $F_{(1,36)} = 2.444, P = .127$。
7. 对交互效应来说,在期刊或者报告中出现的结果形式类似于 $F_{(1,36)} = 9.683, P = .004$。

现在都已经完成。

小　结

我们已经完成了群体均值之间差异的检验,接下来要研究相关关系,或者说两个变量之间的关系的显著性。

练习时间

1. 说明何时使用析因方差分析而不是简单方差分析检验两个或更多群体之间差异的显著性。

2. 设计一项可以进行析因方差分析的 2×3 实验。

3. 使用第 13 章数据集 2(chapter 13 data 2),用 SPSS 完成分析并解释结果。这是一个 2×3 实验设计,类似于问题 2 要求的答案。

4. 设计一个两因素实验,一个因素有两个层级,另一个因素有三个层级,使用 SPSS 检验每个因素的主效应以及交互效应。确保独立变量(2 个)和依赖变量(1 个)的选择有意义。接着完成下面两个问题。

　a. 打印出你要分析的数据,清晰地标注每一个数据点属于独立变量的哪一个层级。

　b. 建立一个源表,并解释。

近亲还是好朋友
——使用相关系数检验关系

14

本章你会学到什么 ☺☺☺☺

- 如何检验相关系数的显著性
- 相关系数的解释
- 统计显著性和结论有意义的重要区别
- 如何使用 SPSS 分析有相关关系的数据以及如何理解分析结果

相关系数检验的介绍

丹尼尔·舍克（Daniel Shek）在他研究婚姻质量与父母-子女关系的文章中告诉我们至少存在两种可能性。首先，失败的婚姻可能促进父母-子女关系。这是由于父母对婚姻不满意，就可能以与子女的关系替代夫妻关系来实现情感的满足。另外，依据进一步的假设，失败的婚姻也可能破坏父母-子女关系。这是由于失败的婚姻可能增加了抚养子女的困难。

舍克研究了 378 对中国夫妇 2 年期内的婚姻质量与父母-子女关系之间的关系。他发现婚姻质量水平越高，父母-子女关系水平也越高；截面（现时）数据和纵向（过去一段时期）数据都支持这项发现。他也发现父母-子女关系的强度对父亲和母亲是一样的。这是一个明显的例证，可以说明如何使用相关系数给出我们需要的关于一个变量和另一个变量相关的信息。舍克全面计算了时期 1、时期 2 与父亲和母亲之间不同的相关关系，所有的计算的目的都相同：确定变量之间是否显著相关。要记住，这不是说变量关系存在任何因果性，只是说一个变量和另一个变量相关。

如果想了解更多，请查阅舍克（Shek, D.T.L.）1998 年发表在《家庭问题杂志》（*Journal of Family Issues*）第 19 期 687~704 页的文章"婚姻质量和父母-子女关系之间的关系（Linkage between marital quality and parent-child relationship）。"

智慧和知识之路

下面介绍如何使用流程图选择合适的统计检验来检验相关系数。沿着图 14.1 中加黑的步骤就可以。

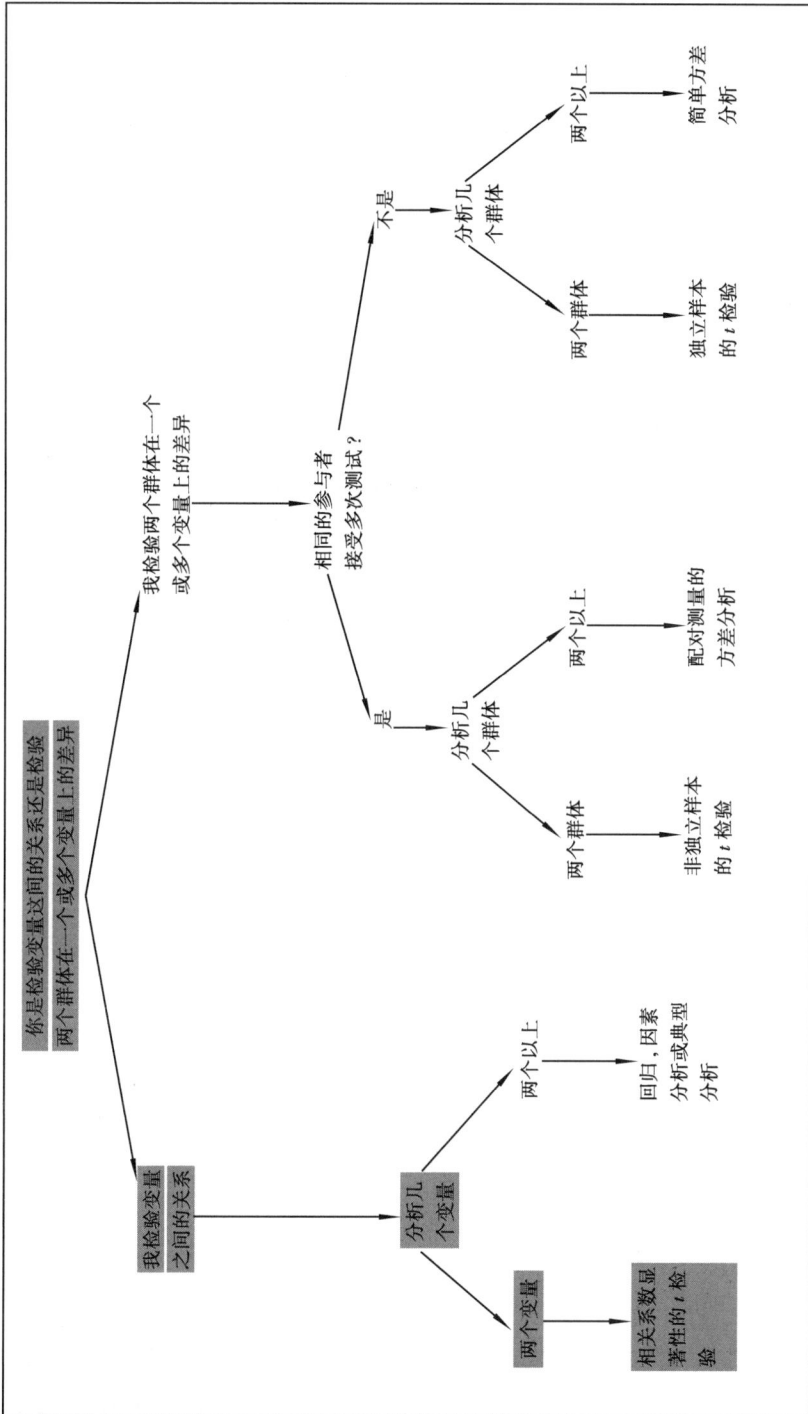

图 14.1　确定相关系数 *t* 检验是合适的统计检验方法

1—我们检验变量之间的关系而不是群体之间的差异。

2—只检验两个变量之间的关系。

3—所要应用的合适的检验统计是相关系数的 t 检验。

计算检验统计量

你会喜欢看到下面的资料：相关系数本身可以作为自己的检验统计量。你不需要计算任何检验统计量，而且检验显著性也非常的容易，这使事情变得相当简单。

我们现在利用下面的一组数据举例说明两个变量——也就是婚姻质量和父母-子女关系水平——之间关系的检验，

婚姻质量	父母-子女关系水平
76	43
81	33
78	23
76	34
76	31
78	51
76	56
78	43
98	44
88	45
76	32
66	33
44	28
67	39
65	31
59	38
87	21
77	27
79	43
85	46
68	41
76	41
77	48
98	56
99	55
98	45
87	68
67	54
78	33

可以应用第 5 章的公式 5.1 计算皮尔森相关系数。具体计算时你会得到的结果是 $r = .393$。现在我们按步骤检验这个值的显著性，并且确定这个值的含义。

下面是著名的八个步骤和检验统计量的计算。

1.零假设和研究假设的表述。零假设是婚姻质量和父母-子女关系之间没有关系。研究假设是双侧的无方向的假设,因为研究假设只是陈述两个变量之间关系,而方向并不重要。记住相关可能是正向的或负向的,但相关系数最重要的特征是它的绝对值大小而不是符号(正或者负)。

零假设如公式 14.1 所示:

$$H_0: \rho_{xy} = 0 \tag{14.1}$$

希腊字母 ρ 或 rho 表示相关系数的总体估计。

研究假设(公式 14.2 所示)表示两组值之间有关系,而且这个关系值不等于 0。

$$H_1: r_{xy} \neq 0$$

> 　　单侧还是双侧检验?如果是检验均值之间的差异,很容易理解单侧检验和双侧检验的概念。而理解相关系数的双侧检验(任何不同于零值的差异都要检验)也很容易。但是单侧检验呢?其实也不难。对研究假设有方向的检验就是判断其关系是同向的(正向的)还是反向的(负向的)。因此,如果你认为两个变量之间正向相关,那么就是单侧检验。类似的,如果你假定两个变量之间负向相关,那么也是单侧检验。只有当你没有预测关系的方向的情况下才是双侧检验。明白了?

2.设置零假设的风险水平(或显著性水平,或第一类错误)。风险水平或第一类错误或显著水平是.05。

3.和 4. 选择合适的检验统计量。使用图 14.1 所示的流程图,我们确定用于相关系数的合适的检验。在这个案例中,我们不需要计算检验统计量,因为简单的 r 值($r_{xy} = .393$)就我们的检验目的来说就是我们的检验统计量。

5.使用特定统计量的合适的临界值表来确定拒绝零假设需要的值。附录 B 的表 B4 列出了相关系数的临界值。

首先我们要确定自由度(df),自由度近似样本规模。就现在的检验统计量来说,自由度是 $n-2$,或者 $29-2=27$,其中 n 等于用于计算相关系数的配对数量。这里的自由度只适合于这项统计检验,但不是其他统计检验所需要的。

使用自由度数值(27)、你愿意承担的风险水平(.05)和双侧检验(因为研究假设没有方向),临界值是.349(使用 $df = 30$,30 是最接近的数字)。因此对显著水平为.05、自由度为 27 的双侧检验来说,我们拒绝零假设需要的值是.349。

TECH TALK 　　好了,我们有点儿投机取巧。实际上你可以计算 t 值(类似于不同均值之间差异的检验)检验相关系数的显著性。计算公式并不比之前几章学到的公式难,但是你不会在本章看到。重点是一些聪明的统计学家已经计算了在不同显著水平下(.01,.05)不同样本规模的单侧检验和双侧检验临界 r 值,就如表 B4 所示。如果你在读专业期刊时看到过使用 t 值检验相关关系,现在你知道这是为什么了吧。

6.比较实际值和临界值。实际值是.393,拒绝零假设也就是两个变量不相关的临界值是.349。

7.和8.做出决定。现在我们该做出决定了。如果实际值(或者检验统计量的值)大于临界值(表中列出的值)就不能接受零假设。如果实际值没有超过临界值,零假设就是最有力的解释。

在这个案例中,实际值(.393)超过临界值(.349)——这个值足够大,我们可以说两个变量(婚姻质量和父母-子女关系)之间确实存在除随机因素之外的某些因素引起的某种关系。

那么如何解释 $r_{27} = .393, p < .05$

- r 表示我们使用的检验统计量。
- 27 是自由度数值。
- .393 是实际值,是使用第 5 章给出的公式计算所得的值。
- $p < .05$(p 值是最重要的)表示对零假设的任何检验来说,两个变量之间的关系是缘于随机因素的可能性小于 5%。因为我们以 .05 作为研究假设比零假设更有解释力的标准,我们的结论就是两个变量之间的关系是显著的。这意味着随着婚姻质量水平的提高父母-子女关系的水平也提高。相应的,随着婚姻质量水平的降低父母-子女关系的水平也降低。

> 相关系数可以用于许多不同的目的,而且你可能在一些文章中看到相关系数用于估计测量的信度。你已学习了第 6 章的内容,应该已经了解和掌握了相关的内容。我们在第 6 章讨论了几种不同类型的信度,如再测信度(两个不同时点数据的相关程度)、复本信度(不同形式的数据之间的相关程度)和内在一致性信度(项目之间的内在相关程度)。相关系数也会在更高级的统计技术中所有的统计指标运用,我们会在第 17 章继续讨论。

因果和相关(再次说明)

你可能认为你已经对因果和相关有了足够的了解,但是这一点太重要了,因此我们不得不再申明一次。仅仅因为两个变量相互相关(类似上面给出的案例),并不表示一个变量变化就引起另一个变量的变化。换句话说,婚姻质量高并不能保证父母-子女关系水平也高。这两个变量可能因为共享共同的一些使得一个人成为好丈夫、好妻子或好父母的特质(耐心、领悟力、牺牲的意愿)而相关,但是也有相当的可能看到好些可以成为好丈夫或好妻子的人与子女的关系相当糟糕。

是否还记得第 5 章的犯罪和冰淇淋的案例?在本章也一样。仅仅因为变量相关并分享一些共同的特征并不表意味着这两个变量之间存在因果关系。

再强调一遍显著性和意义

在第 5 章我们对使用决定系数理解相关系数的意义进行了评述。你可能记得相关系数的平方可用于确定一个变量的方差可以解释另一个变量方差的程度。在第 9 章我们也讨论了显著性与意义的问题。

但是我们需要再一次讨论这个主题。即使相关系数是显著的（就如本章的案例），并不意味着可以解释的方差的程度是有意义的。例如，在这个案例中，简单皮尔森相关值.393 的决定系数等于.154，这表明可以解释方差的 15.4%，而方差的 84.6% 不能解释。这就留下了很大的质疑空间，对吧？

因此，即使我们知道婚姻质量和父母-子女关系之间有正向的关系，这两个变量可能"走"在一起，但是这么小的相关系数.393 表明在这两个变量的关系中还有其他很重要的因素在发挥作用。因此，我得告诉你统计学中的一句谚语，"你看到的并不总是你得到的"。

使用计算机计算相关系数

现在我们使用第 14 章数据集 1（chapter 14 data set 1），这个数据集中有两个测量指标——一个是婚姻（共度的时间，有三个分类项目），另一个是父母-子女关系（影响力）。

1.在数据编辑栏录入数据（或打开数据文件）。要确保每一个变量对应一列。在图 14.2 中你可以看到每一列开始的标签分别为 qual_mar（婚姻质量）与 qual_pc（父母-子女关系）。

图 14.2 第 14 章数据集 1 数据

2.点击 Analyze→Correlate→Bivariate，你就会看如图 14.3 所示 Bivariate Correlations 对话框。

3.双击变量 qual_pc 将变量移到 Variable(s)框中，接着双击变量 qual_pc 将变量移到 Variable(s)框中。

4.点击 Two-tailed 进行双侧检验。

5.点击 OK。SPSS 执行分析过程然后得出图 14.4 所示的结果。

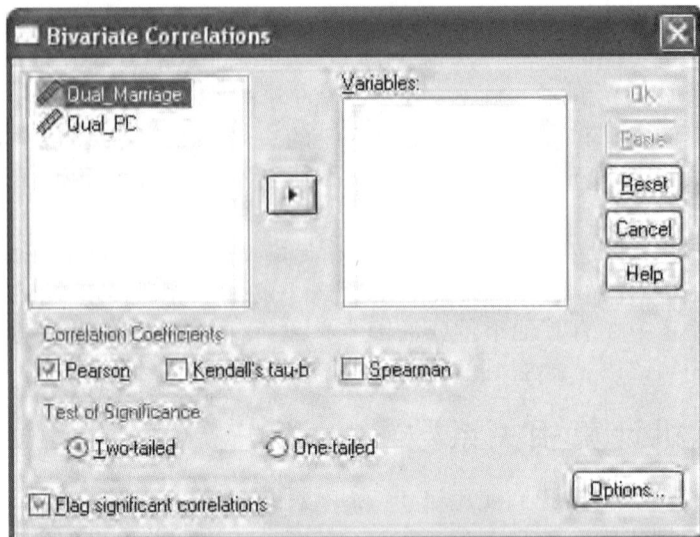

图 14.3　双变量相关分析对话框

Correlations

Correlations

		Qual_Marriage	Qual_PC
Qual_Marriage	Pearson Correlation Sig.(2–tailed) N	1 36	.081 .637 36
Qual_PC	Pearson Correlation Sig.(2–tailed) N	.081 .637 36	1 36

图 14.4　相关系数显著性检验的 SPSS 输出结果

SPSS 输出结果的含义

SPSS 的输出结果简单明确。

两个变量之间的相关系数是.081,这一结果在.637 的显著水平下显著。但是更准确的说法是此时犯第一类错误的概率为.637,这意味着零假设为真(即两变量间不相关)却拒绝它从而犯错的可能性为 63.7%——这可是很可怕的概率。

小　结

相关系数是指出关系的方向并帮助我们更好地理解两个结果变量共享的内容的重要工具。要记住相关只适用于相互关系而不是因果关系。

练习时间

1.参照下面给出的信息,使用附录 B 的表 B4 确定相关系数是否显著,以及如何解释结果。

a.20 个妇女的速度和力量之间的相关系数是.567。在.05 的显著水平下使用单侧检验来检验结果。

b.数学考试中回答正确的问题数量和完成考试的时间之间相关系数是−.45。在.05 的显著水平下检验 80 个孩子的相关系数是否显著。选择单侧检验还是双侧检验？请给出解释。

c.50 个青少年的朋友数量和平均成绩（GPA）之间的相关系数为.37。在.05 的显著水平下双侧检验是否显著？

2.使用第 14 章数据集 2（chapter 14 data 2）回答下面的问题。手动计算或者使用 SPSS。

a.计算动机和 GPA 之间的相关系数。

b.使用双侧检验在.05 的显著水平下检验相关系数是否显著。

c.正确或错误？动机水平越高就越愿意学习。你的选择是什么并解释理由。

3.使用第 14 章数据集 3（Chapter 14 Data Set 3）回答下面的问题。手动计算或者使用 SPSS 完成。

a.计算收入和教育水平之间的相关系数。

b.检验相关的显著性。

c.得出的结论是"较低的教育水平导致较低发收入"，如何分析。

4.使用下面的数据集回答问题。手动完成。

年龄(月)	识字数
12	6
15	8
9	4
7	5
18	14
24	18
15	7
16	6
21	12
15	17

5.讨论并举例说明（不要再用冰淇淋和犯罪的例子）：两个变量相关并不意味着一个变量的变化会引起另一个变量的变化。

预测谁将赢得超级杯
——使用线性回归

15

本章你会学到什么 ☺

- 如何进行估计，估计如何应用在社会科学和行为科学中
- 以一个变量估计另一个变量时如何以及为什么进行线性回归
- 如何判断估计的准确性
- 多元回归的应用

什么是估计

现在简短地介绍一下。你不仅可以计算两个变量相关的程度（就如在第 5 章一样计算相关系数），也能够以相关系数为基础通过一个变量的值计算另一个变量的值。这是应用相关的非常特别的案例，而且是社会和行为科学研究者的强力工具。

估计的基本含义就是使用已经收集的数据集（如变量 X、Y 的数据），计算变量如何相关，接着使用相关系数以及 X 的信息来估计 Y。听起来有些难？实际上不难，特别是当你通过下面的例子对估计有了了解之后。

例如，研究者收集了 400 个州立大学的学生高中时期的 GPA 成绩和大学第一年的 GPA。他计算了这两个变量之间的相关系数。接着他使用你将在本章学到的统计技术，利用新的 400 个学生样本的高中 GPA（已经从之前的学生数据集了解高中 GPA 与大学第一年的 GPA 有关系）估计大学第一年的 GPA。很好用，对吧？

这儿还有另一个案例。一些教师对留级发挥的作用感兴趣。也就是一些孩子留在幼儿园（没有进入一年级）是否比进入一年级更好？这些教师知道留级和一年级的成绩的相关系数；他们可以将相关系数应用到新的学生样本并依据幼儿园的成绩估计一年级的成绩。这样行得通吗？很容易。收集过去事件（如两个变量之间现存的关系）的数据，然后在只知道一个变量的情况下应用到未来的事件中。这要比你想象的容易。

相关系数的绝对值越大,依据相关以一个变量估计另一个变量的准确性越高,因为这两个变量共享的部分越多,依据对第一个变量的了解就可以更多地了解第二个变量。而且你可能已经得出结论,也就是如果相关是完全相关(+1 或−1),那么估计也是完全估计。如果 $r_{xy} = -1.0$ 或 1.0,而你知道 X 值,那么你就可以知道 Y 值。当然,如果 $r_{xy} = -1.0$ 或 1.0,而你知道 Y 值,那么你也就可以知道 X 值。这两种估计形式都可以发挥很好的效用。

本章的内容就是详细了解线性回归过程,以学会通过 X 值估计 Y 值。我们从估计的一般逻辑的讨论开始,接着介绍一些简单的绘制线图的技能,最后以具体的案例讨论估计过程。

估计的逻辑

在开始实际的计算并展示如何使用相关进行估计之前,我们先讨论为什么以及如何估计。接着我们继续使用以高中 GPA 估计大学 GPA 的案例。

估计是以过去的结果估计未来结果的活动。当我们想通过一个变量估计另一个变量,我们首先需要计算两个变量之间的相关系数。表 15.1 给出这个案例中使用的数据。图 15.1 是将要计算的两个变量的散点图。

表 15.1　**高中 GPA 和大学第一年 GPA 数据**

高中 GPA	大学第一年 GPA
3.50	3.30
2.50	2.20
4.00	3.50
3.80	2.70
2.80	3.50
1.90	2.00
3.20	3.10
3.70	3.40
2.70	1.90
3.30	3.70

要以高中 GPA 估计大学 GPA,我们必须建立回归等式(regression equation),并使用这个等式建立回归线(regression line)。回归线反映我们以变量 X 的值(高中 GPA)估计变量 Y 值(大学 GPA)的最好猜测。对表 15.1 中所示的所有数据来说,回归线使得回归线和被估计变量 Y 的数据点之间的距离最小化。你会很快学会如何绘制图 15.2 所示的回归线。回归线表示什么?

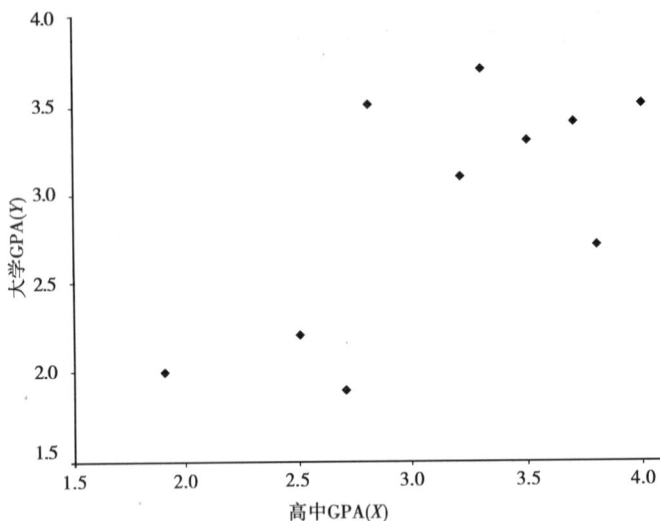

图 15.1　高中 GPA 与大学 GPA 的散点图

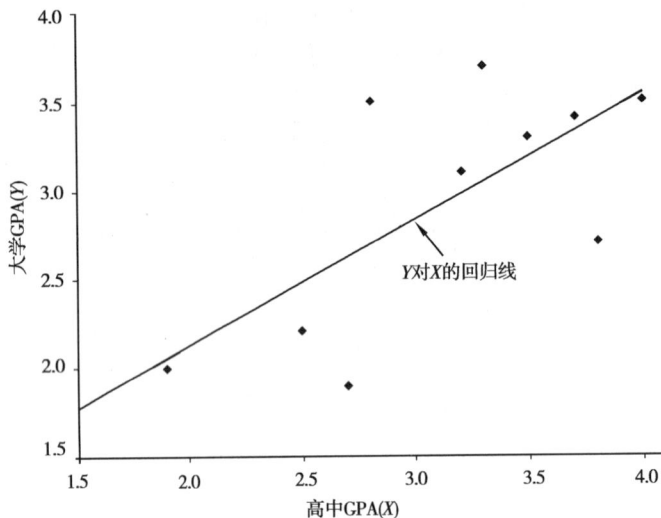

图 15.2　大学 GPA 对高中 GPA 的回归线

　　首先这是变量 Y 对变量 X 的回归。换句话说，Y（大学 GPA）将依据 X（高中 GPA）被估计。回归线也叫作**最优拟合线**（line of best fit）。回归线最好地拟合了数据，因为这条线将每个数据点与回归线的距离最小化。例如，你考虑所有的数据点并尽量寻找可以同时拟合这些数据点的直线，你会看到图 15.2 中所示的直线就是你要用到的直线。

　　其次，这条直线可以用于进行最好的猜测（已知高中 GPA 的情况下对大学 GPA 进行估计）。例如，如果高中 GPA 是 3.0，那么大学 GPA 就大概（记住，这只是看图示大概估计）是 2.8。看图 15.3 你就会了解我们是怎么估计的。我们先在 x 轴定位估计值（3.0），然后绘制从 x 轴到回归线的垂直线，接着绘制水平线到 y 轴并估计对应值的大小。

　　再次，每一个具体数据点和回归线的距离就是估计误差（error in prediction）——是两个变量之间相关的直接反映。例如，你看到的数据点 3.3，3.7

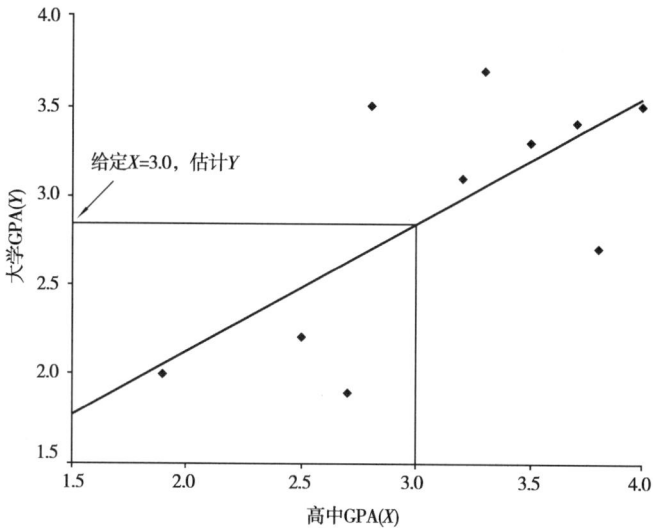

图 15.3　给定高中 GPA 估计大学 GPA

（图 15.4 中所示），在回归线的上方。这个数据点和回归线的距离就是估计误差，就如图 15.4 中所标注的一样。那么如果是完全估计，所有估计的数据点会落在什么位置？刚好就在回归线或估计线之上。

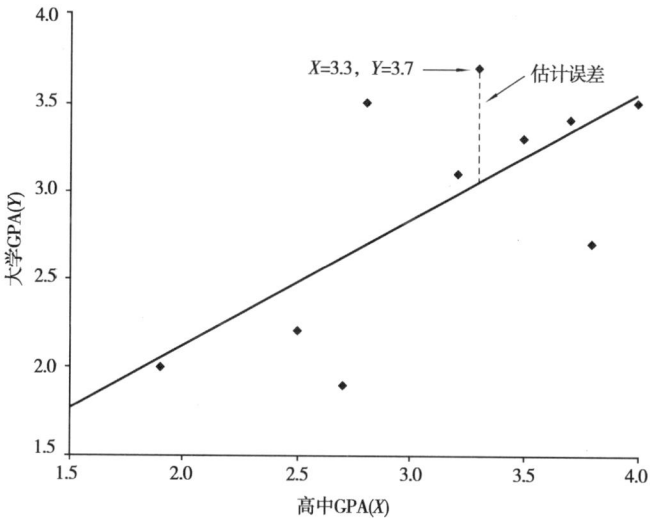

图 15.4　估计很少是完全估计：估计误差

最后，如果是完全相关，所有的数据点将沿着 45°角成为一条直线，而且回归线通过每一个数据点（就如上面的第三点所讲）。

给定回归线之后，我们可以使用回归线估计任何未来的值。这正是我们要做的——建立回归线然后进行估计。

绘制拟合数据的最优直线

理解估计的最简单的方式就是依据一个变量值（我们称为 *X*——自／独立变量［independent variable］或估计变量［predictor］确定另一个变量的值

（我们称为 Y——因/依赖变量[dependent variable]或标准变量[criterion]）。

我们发现利用 X 估计 Y 的很好的方式就是建立本章之前提到的回归线。回归线依据我们已经收集的数据建立。接着利用等式以 X 或估计变量的新的数值进行估计。

公式 15.1 所示是回归线的一般公式，这个公式在高中或者大学的数学课程中都可能用到，对你来说应该很熟悉。这个公式与其他任何直线公式一样。

$$Y' = bX + a \qquad (15.1)$$

其中　Y' 表示已知 X 值的 Y 的估计值。

　　b 表示直线的斜率或者方向。

　　a 表示直线与 y 轴相交的点。

　　X 表示用于估计的数值。

现在我们使用之前表 15.1 中列出的相同数据进行一些必要的计算。

	X	Y	X^2	Y^2	XY
	3.50	3.30	12.25	10.89	11.55
	2.50	2.20	6.25	4.84	5.50
	4.00	3.50	16.00	12.25	14.00
	3.80	2.70	14.44	7.29	10.26
	2.80	3.50	7.84	12.25	9.80
	1.90	2.00	3.61	4.00	3.80
	3.20	3.10	10.24	9.61	9.92
	3.70	3.40	13.69	11.56	12.58
	2.70	1.90	7.29	3.61	5.13
	3.30	3.70	10.89	13.69	12.21
总计	31.4	29.3	102.50	89.99	94.75

$\sum X$ 或所有 X 值的总和是 31.4。

$\sum Y$ 或所有 Y 值的总和是 29.3。

$\sum X^2$ 或每个 X 值的平方和是 102.5。

$\sum Y^2$ 或每个 Y 值的平方和是 89.99。

$\sum XY$ 或所有 X 值和 Y 值乘积的和是 94.75。

公式 15.2 用于计算回归线的斜率（直线公式中的 b）：

$$b = \frac{\sum XY - (\sum X \sum Y/n)}{\sum X^2 - [(\sum X)^2/n]} \qquad (15.2)$$

在公式 15.3 中你可以看到直线斜率 b 的计算值。

$$b = \frac{94.75 - [(31.4 \times 29.3)/10]}{102.5 - [(31.4)^2/10]} \qquad (15.3)$$

$$b = \frac{2.748}{3.904} = .704$$

公式 15.4 用于计算直线与 y 轴相交的点（直线公式中的 a）：

$$a = \frac{\sum Y - b \sum X}{n} \qquad (15.4)$$

在公式 15.5 中你可以看到直线截距 a 的计算值。

$$a = \frac{29.3 - (.704 \times 31.4)}{10} \qquad (15.5)$$

$$a = \frac{7.19}{10} = .719$$

现在回到直线的等式（$Y' = bX + a$）并代入具体的 a 值和 b 值，最后的回归直线就表示为：

$$Y' = .704X + .719$$

为什么是 Y' 而不只是 Y？记住，我们用 X 估计 Y，Y'（读作 Y 撇）是估计值而不是实际的 Y 值。现在我们已经建立了等式，接下来我们能做什么？估计 Y，还有其他吗？

例如，我们可以说高中 GPA 等于 2.8（或 $X = 2.8$），如果我们将 2.8 这个值带入等式，就会得到下面的公式：

$$Y' = .704(2.8) + .719 = 2.69$$

因此 2.69 就是 X 等于 2.8 时 Y 的估计值（或 Y'）。因此对任何的 X 值我们可以很容易地快速计算 Y 的估计值。

TECH TALK　　并不是所有的最优拟合数据点的回归线都是直线。回归线可能是曲线，就如我们在第 5 章讨论的，变量间的关系是曲线关系。例如焦虑和成绩之间的关系就是曲线关系，也就是当人们完全不焦虑或者非常焦虑时，他们的成绩都不好。只有他们的焦虑适度，成绩才能最大化。这两个变量之间的关系就是曲线关系，所以在以 X 值估计 Y 值时要考虑。

预测是否足够好

如何测量我们依据一个结果估计另一个结果的工作完成的好坏？我们知道两个变量之间的相关系数的绝对值越大就越能很好地进行估计。理论上说这很好。但是就实际估计而言，在我们首次计算回归线的公式时，我们就能够看到估计值（Y'）和实际值（Y）之间的差异。

例如，如果回归线的公式是 $Y' = .704(2.8) + .719$，X 值为 2.8 的 Y 的估计值（Y'）是 .704(2.8) + .719 或 2.69。我们知道对应 X 值的实际 Y 值是 3.5（见表 15.1 所示的数据集）。3.5 与 2.69 之间相差 .81，也就是我们所说的估计误差（error of estimate）。

如果我们考虑所有的偏差，我们可以计算每一个数据点偏离于估计的数据点的平均数量，即标准估计误差（standard error of estimate）。这个值告诉我们估计的不准确性程度。就如你可以想到的，两个值之间相关程度越高(估计也越好),估计误差就越小。实际上,如果两个变量之间完全相关(+1 或−1),标准估计误差就是 0。为什么? 因为是完全估计,所有的实际数据点都落在回归线上,以 X 估计 Y 的过程中没有误差。

> 估计变量 X 或独立变量并不总是连续型变量,如身高、考试成绩或问题解决技能,也可能是分类变量,如允许/不允许、水平 A/水平 B,或社会阶层 1/社会阶层 2。对分类变量,在估计过程中先被赋于"虚拟代码"如 1 或 2,这些数值接着用于相同的等式。

使用计算机计算回归线

我们可以使用 SPSS 在以 X 估计 Y 的过程中计算回归线。我们使用的数据集是第 15 章数据集 1(Chapter 15 data 1)。我们以训练的时间估计踢足球过程中受伤的程度。

下面就是数据集中的两个变量:

变　量	定　义
训练(training)(X)	每星期力量训练的小时数
受伤(injureis)(Y)	以 1~10 为测量等级的受伤程度

下面给出计算本章讨论的回归线的步骤。按照这个顺序实际操作。

1.打开数据文件第 15 章数据集 1。

2.点击 Analyze → Regression → Linear。你就会看如图 15.5 所示的 Linear Regression 对话框

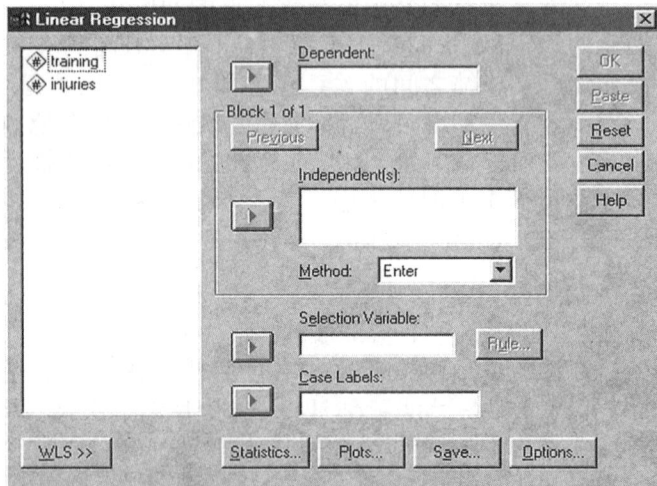

图 15.5　线性回归对话框

3.点击变量 injureis,然后点击 ► 将选中的变量移到 Dependent Variables 框中。这个变量是依赖变量,因为它的值依赖训练的时间。这个变量也是被估计的变量。

4.点击变量 training,然后点击 ► 将选中的变量移到 Independent Variable 框中。

5.点击 OK,你会看到如图 15.6 所示的部分分析结果。

Coefficients[a]					
Model	Unstandardized Coefficients		Standardized Coefficients	t	Sig.
	B	Std. Error	Beta		
1　(Constant)	6.847	1.004		6.818	.000
TRAINING	−.125	.046	−.458	−2.727	.011
a. Dependent variable: injuries					

图 15.6　SPSS 分析结果

待会儿我们会解释输出结果。首先,我们应用 SPSS 在这些数据的散点图上绘制回归线,就如在图 15.2 中所看到的一样。

6.点击 Graphs→Scatter.

7.点击 Simple,然后点击 Define,你会看到 Simple Scatterplot 对话框。

8.点击变量 injuries,然后点击▶将选中的变量移到 *y*-axis 框中。记住 *y* 轴表示被估计的变量。

9.点击变量 training,然后点击▶将选中的变量移到 *x*-axis 框中。

10.点击 OK,你会看到如图 15.7 所示的散点图。

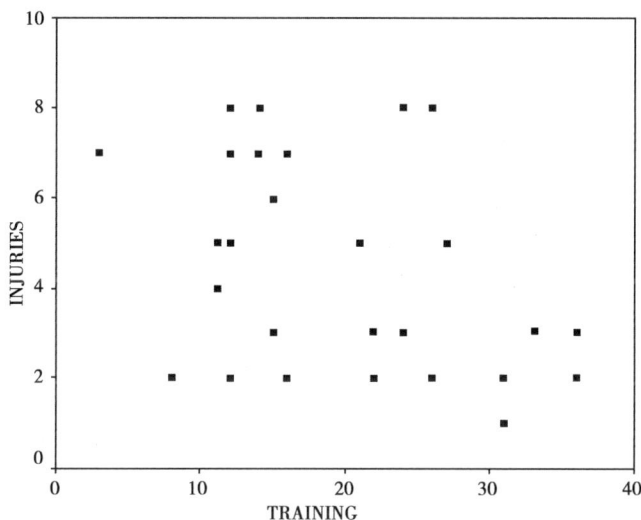

图 15.7　使用 SPSS 建立的散点图

现在绘制回归线。

1.双击散点图,选定之后进行编辑。

2.点击 Chart→Options,你就会看到 Scatterplot Options 对话框。

3.在 Fit Line 区域点击 Total。

4.点击 OK,附带回归线的散点图如图 15.8 所示。

SPSS 输出结果的含义

SPSS 的输出结果可以告诉我们几点。首先,回归线的公式依据图15.6 所示的输出结果设定,是 $Y' = -125X + 6.847$。这个等式可以在给定力量训练的小时数的情况下估计受伤程度。实际上,就如在图 15.8 中能看到的,回归

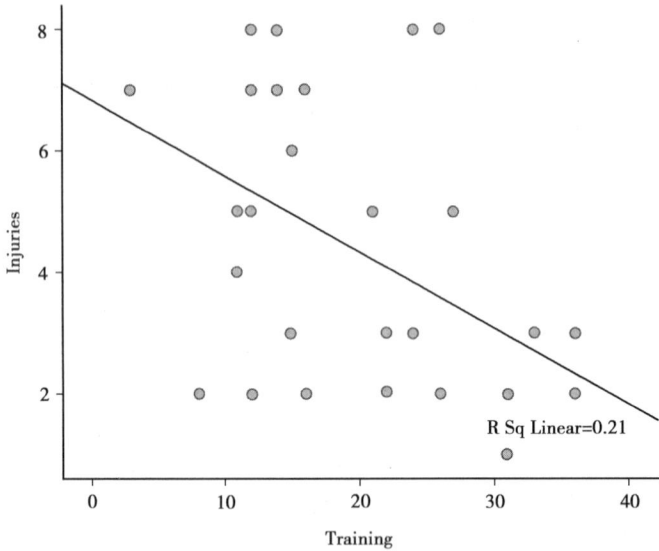

图 15.8　附带回归线的散点图

线的斜率是负值,也反映出训练时间和受伤程度之间负相关(−.458)。因此,依据现在给出的数据,结果就是训练时间越多受伤就越轻微。

估计变量越多就越好? 也许是……

本章我们使用的所有案例都是一个结果变量和一个估计变量。有些情况下回归使用不止一个估计变量或独立变量估计一个特定的结果。如果一个变量能够以一定的准确性估计一个结果,那么两个变量是否能更好地估计?

例如,如果高中 GPA 是大学 GPA 很好的指示器,那么高中 GPA 加上课外活动数量呢? 回归模型从 $Y' = bX + a$ 变成 $Y' = bX_1 + bX_2 + a$,其中

X_1 表示第一个独立变量的数值,

X_2 表示第二个独立变量的数值,

b 表示特定变量的回归权重。

与你猜测的一样,这个模型就是**多元回归**(multiple regression)。因此,在理论上说就是以两个独立变量而不是一个来估计结果。但是只有在某些条件下你才会想增加另外的独立变量。

首先,你增加的任何变量对于理解依赖变量有独特的贡献,否则就没有被使用的意义。我们所说的独特是什么含义? 增加的变量需要解释第一个估计变量不能解释的被估计变量的差异。也就是说这两个变量综合起来可以比任何一个变量单独估计更好地估计 Y。

在我们的案例中,参与课外活动的水平可以做出独特的贡献。那我们是否可以增加一个变量如每个高中生的学习时间作为第三个独立变量或估计变量? 因为学习时间与 GPA(我们的另一个估计变量)的相关程度很

高,所以学习时间对于估计大学 GPA 不能提供更多信息。因此寻找另外的变量(例如推荐信的级别)可能比花费时间收集学习时间的数据更为有效。

使用多元估计变量应遵守的重要原则

如果要使用不止一个估计变量,要谨记遵守下面的两项重要的原则:

1.如果选择一个独立变量估计一个结果,要选择与被估计变量(Y)相关的估计变量(X)。也就是这两个变量有共变的部分(记住,它们应该相关)。

2.如果选择不止一个独立变量或估计变量(如 X_{IV1} 与 X_{IV2}),要尽量选择相互独立或者不相关的变量,但是都要与结果变量或被估计变量(Y)相关。

简而言之就是,你只想要独立变量或估计变量与依赖变量相关,而彼此不相关。也就是每个独立变量尽可能在估计依赖变量或被估计变量时做出独特的贡献。

TECH
TALK

多少估计变量会嫌多? 如果一个变量可以估计结果,而且两个变量就会更准确,那么为什么不选 3 个、4 个或 5 个估计变量? 就实际操作而言,每增加一个变量就相应增加费用。一些人必须去收集数据,这就要花费时间(就研究预算而言就要有很大的花费),等等。就理论上而言,使用多少变量可以有助于理解我们要估计的结果有硬性的限制。问题是一旦你选择了 3 个或 4 个变量,变量之间很少不相关。准确保守的估计比包含太多变量、浪费太多资金和估计效果的估计更有优势。

小 结

估计是简单相关系数的特殊应用,而且是检验复杂关系的非常有力的工具。这可能使得本章比其他各章要难一些,但是你会受益于你的所学,特别是当你能够将此应用到你所阅读的研究报告和期刊文章中时。随着有关推论统计的大多数章节的结束,我们可以进一步将统计技术应用到样本规模非常小或者假定其数据分布不是正态分布的样本中。

练习时间

1.第 15 章数据集 2(chapter 15 data 2)是一个群体参与定时测试的数据。数据是参与者完成每一个项目的平均时间(反应时间),以及项目正确的数量(正确数量)。

a.给出依据正确数量估计反应时间的回归等式。

b.如果正确数量是 8,估计反应时间。

c.对每一个估计的反应时间来说实际的正确数量和估计的正确数量之间的偏差是多少?

2.贝特斯对估计有多少 75 岁的老人会患老年痴呆病感兴趣,并以教育水平和 10 级测量的一般健康状况作为估计变量。但她也对其他估计变量感兴趣。回答下面的问题。

a.在选择其他估计变量时应遵守什么标准,为什么?

b.定义其他两个可能与老年痴呆病发病相关的估计变量。

c.如果选择四个估计变量(教育水平、一般健康状况以及你定义的两个新的变量),给出可能的回归等式。

3.去图书馆,在你感兴趣的领域的研究中选择三个不同的线性回归的案例。如果研究包含不止一个估计变量也可以。对应每个研究回答问题。

a.哪一个是独立变量,哪一个是依赖变量?

b.如果有不止一个独立变量,关于变量之间是否相互独立研究者进行了怎样的讨论?

c.三个研究中哪一个提供的表明依赖变量是依据独立变量进行估计的证据最少,为什么?

4.现在应用本章提供的信息预测获得超级杯胜利者的机会。乔教练非常想知道一年中比赛胜利的平均次数是否可以预测超级杯的成绩(胜利或失败)。变量 X 是在过去 10 个赛季赛事胜利的平均次数。变量 Y 是过去十个赛季某个队是否获得超级杯。下面是给出的数据:

队 伍	过去十年赛事胜利的平均次数	是否赢得超级杯(1=是,0=否)
Savannah sharks	12	1
Pittsburgh pelicans	11	0
Williamstown	15	0
Bennington bruisers	12	1
Atlanta angels	13	1
Trenton terrors	16	0
Virginia vipers	25	1
Charleston crooners	9	0
Harrisburg heathens	8	0
Eaton energizers	12	1

a.如何评价赛事胜利的平均次数作为队伍是否赢得超级杯的估计变量的有效性?

b.使用分类变量(如 1 或 0)作为依赖变量的优点是什么?

c.其他的可用于估计依赖变量的变量有哪些? 为什么选择这些变量?

5.最好的预测变量应该具备什么特点,为什么?

6.尝试着分析多元预测变量。看下面的数据,结果变量是成为一级厨师。我们考虑以下几个变量——烹饪实践的年限、正式的烹饪教育水平、历任不同岗位(例如厨房主管、厨师领班等)的数量都影响一级厨师考试的得分或者等级。

烹饪实践年限	教育水平	位置数量	一级厨师考试的得分
5	1	5	88
6	2	4	78
12	3	9	56
21	3	8	88
7	2	5	97
9	1	8	90
13	2	8	79

续表

烹饪实践年限	教育水平	位置数量	一级厨师考试的得分
16	2	9	85
21	2	9	60
11	1	4	89
15	2	7	88
15	3	7	76
1	3	3	78
17	2	6	98
26	2	8	91
11	2	6	88
18	3	7	90
31	3	12	98
27	2	16	88

到现在为止，你应该非常习惯利用类似这样的数据建立方程式了，那么下面是真正的问题。

a.哪一个变量是厨师等级考试得分的最好的预测变量。

b.一个人的烹调经验是 12 年、教育水平是 2 级、在 5 个位置上工作过，对这个人的厨师等级考试得分你会做怎样的预测？

非正态分布时做什么 —— 卡方和其他非参数检验

16

● 非参数统计的简要介绍以及何时、如何使用非参数统计

非参数统计的介绍

到现在为止我们在《爱上统计学》这本书中介绍的每一种统计检验方法几乎都假定你所使用的数据集具有确定的特征。例如,支持均值(独立均值与不独立均值)之间 t 检验的一个假定就是每个群体的方差是齐性的,或者是类似的。而且这项假定可以检验。大多参数统计(Parametric statistics)的另一项假定是样本要大到足以代表总体。统计学家已经发现样本规模达到 30 就可以满足这项假定。到现在我们已经学过的许多统计检验都是稳健的或者强有力的,哪怕这些假定中有一个已经不成立但是检验仍然有效。

但如果上述假定都不成立你将怎么做? 最初的研究问题肯定只得继续提出并回答。这就是我们使用非参数统计(nonparametric statistics,也叫作自由分布统计)的时候。这些统计检验方法不遵循相同的"规则"(也就是不需要和前面介绍的参数检验一样的假定),可也同样很有价值。非参数检验的使用还可以让我们分析频数数据,例如不同年级的学生数量或获得社会保障的人口比例。

例如,如果你想知道最近的选举中赞同教育券的投票人数是否符合你的随机预测,或者是否真的存在偏好模型,那么我们就使用非参数统计也就是卡方检验。

在这一章我们介绍卡方检验——最常用的非参数检验之一,还要简要地介绍其他非参数检验方法,这样你就会对可能用到的一些非参数检验方法有一定的了解。

单样本卡方检验介绍

卡方是很好的非参数检验方法,可以用于确定你在频数分布中观察到的结果是否就是你随机预期的结果。单样本卡方只包括一维,就如你在这里看到的案例。双样本卡方检验包括两个维度,例如赞同教育券是否独立于政党背景和性别。

例如,这里的数据是随机选自加州索诺玛郡 1990 年人口调查的一个样本数据。就如你所看到的,这个表以不同教育水平划分数据。

教育水平			
没有上大学	上了大学	获得学位	总计
25	42	17	84

这里的问题是回答者的数量是否在各个教育水平等量的分布。要回答这个问题就要计算卡方值(x^2)并进行显著性检验。在这个案例中,卡方值等于 11.643,这个值在.05 显著水平下是显著的。结论就是这个案例中回答者在不同教育水平的分布不是等量的分布。换句话说,这不是随机出现的结果。

单样本卡方检验的原理是,就任何事件的发生而言都可以很容易地计算随机预期的结果。你可以通过事件总体发生的数量除以层级或者分类的数量来实现。在我们的人口调查样本中,观察到的事件发生的总的数量是 84。我们随机预期 84/3 或 28 个(频数的总和 84 除以分类的总数 3)回答者分别落在教育水平的三个分类中。

现在我们来看我们随机预期的数量和实际观察的数量的差异程度。如果预期的数量和实际观察的数量没有区别,卡方值就等于 0。

接下来让我们具体地了解如何计算卡方值。

计算卡方检验统计量

卡方检验要进行观察值和随机预期值的比较。公式 16.1 就是单样本卡方检验的卡方值计算公式。

$$\chi^2 = \sum \frac{(O - E)^2}{E} \tag{16.1}$$

其中

χ^2 表示卡方值

$\sum$ 是连加符号

O 表示观察频数

E 表示预期频数

下面是我们用于计算卡方值的数据。

对教育券的态度			
赞同	中立	反对	总计
23	17	50	90

下面是检验这个统计量的著名的八个步骤。

1.零假设和研究假设的表述。公式 16.2 所示就是零假设,表示每一分类内事件发生的频数或比例没有差异。

$$H_0: P_1 = P_2 = P_3 \tag{16.2}$$

零假设中 P 表示每一分类中事件发生的百分比。零假设表示分类 1（赞同）、分类 2（中立）和分类 3（反对）中个案所占的百分比相等。我们只使用三个分类,如果情况允许这个分类数字可以扩展,只要这些分类相互排斥,也就是任何一个观察值只能落在一个分类中。例如,你不能同时既是男性又是女性。当然你也不能同时既赞同又反对教育券。

公式 16.3 所示就是研究假设,表示每个分类中事件发生的频数或百分比不同。

$$H_1:\ P_1 \neq P_2 \neq P_3 \qquad (16.3)$$

2.设置零假设的风险水平(或显著性水平,或第一类错误)。第一类错误设置在.05。

3.选择合适的检验统计量。相互区别的分类(例如赞同、中立和反对)的频数和百分比之间的任何检验需要使用卡方。我们之前使用的选择统计检验类型的流程图不适合非参数检验过程。

4.计算检验统计值(也叫作实际值)。现在回到之前关于教育券案例的数据并建立一个数据表用于帮助我们计算卡方值。

分类	O(观察频数)	E(预期频数)	D(偏差)	$(O-E)^2$	$(O-E)^2/E$
赞同	23	30	−7	49	1.63
中立	17	30	−13	169	5.63
反对	50	30	20	400	13.33
总计	90	90			

我们依据下面的步骤准备上面的数据表。

1——键入各个分类(Category)——赞同、中立和反对。要记住这三个分类相互排斥。任何数据点只能落在一个分类内。

2——键入观察频数(O),表示实际收集到的数据。

3——键入预期频数(E),是观察到的频数总和除以分类数量(3),或者 $90/3 = 30$ 行。

4——对应每一行(D),就是观察频数减去预期频数。以预期频数减去观察频数也可以,因为这个值在下一步中将进行平方。

5——计算观察值和预期值差的平方。你可以在 $(O-E)^2$ 一栏中看到这些值。

6——观察值和预期值偏差的平方除以预期的频数。你可以在 $(O-E)^2/E$ 一栏中看到这些值。

7——对最后一栏求和,你就会得到总的卡方值 20.6。

5.使用特定统计量的临界值分布表确定拒绝零假设需要的值。现在我们需要查阅附录 B 的表 B5,表 B5 列出了卡方检验的临界值。

我们的第一个任务是确定自由度(df),自由度近似于数据表中的分类数量。对现在选定的统计检验量来说,自由度是 $r-1$,其中 r 等于行数,或 $3-1 = 2$。

使用这个数字(2)、你愿意承担的风险水平(之前定义的.05),你可以使用卡方分布表查阅临界值。这个值是5.99。因此,在显著水平为.05、自由度为2的情况下拒绝零假设需要的值是5.99。

6.比较实际值和临界值。实际值是20.6,拒绝零假设也就是在分类1、分类2和分类3发生的频数相等需要的临界值是5.99。

7.和8.做出决定。现在我们该做出决定了。如果实际值大于临界值就不能接受零假设。如果实际值没有超过临界值,零假设就是最有力的解释。在这个案例中,实际值超过临界值——这个值足够大,我们可以说回答者在三个分类中的分布不相等。实际上人们对教育券的选择上,赞成、中立或反对的频数分布存在差异。

TECH TALK　单样本卡方检验有一个常用的名称是拟合优度。这个名称暗含的问题是一个数据集"拟合"现存的数据集的程度。当然这个现存的数据"集"就是观察到的数据。"拟合"意味着存在另一个可以匹配观察到的数据的数据集。标准就是计算χ^2值的过程中计算的预期数据集。如果观察数据能拟合,就是观察数据和随机预期数据非常接近,而且不存在显著差异。如果观察数据不能拟合,就是观察到的数据和预期的数据不同。

那么如何解释 $\chi^2_{(2)} = 20.6, p < .05$

- χ^2表示检验统计量。
- 2是自由度数值。
- 20.6是实际值,是使用本章之前给出的公式计算所得的值。
- $p < .05$(p值是最重要的)表示对零假设的任何检验来说,投票频数在各个分类中随机等量分布的可能性小于5%,因为我们以.05作为研究假设比零假设更有解释力的标准,所以我们的结论就是两个数据集之间有显著差异。

使用计算机进行卡方检验

下面介绍如何应用SPSS进行简单的单样本卡方检验。我们使用的数据集名称是第16章数据集1(chapter 16 data set 1),这个数据集也用在先前的教育券案例中。

1.打开数据文件。对于单样本的卡方检验来说,你只需要在每一列键入发生的数字,也就是使用每一种可能结果的不同数值。在这个案例中,在第1列总共有90个数据点:键入23个1(赞同),键入17个2(中立),键入50个3(反对)。

2.点击Analyze→Nonparamatric Tests→Chi-Square,你就会看到如图16.1所示的对话框。

3.双击变量voucher。

4.点击OK。SPSS执行分析结果,并产生如图16.2所示的结果。

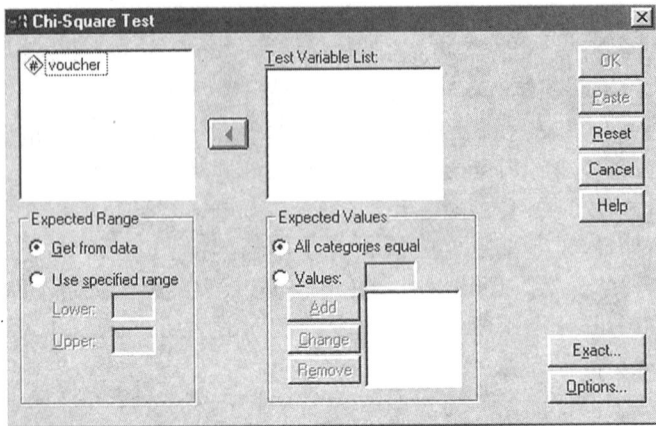

图 16.1　卡方检验对话框

图 16.2　卡方分析的 SPSS 输出结果

SPSS 输出结果的含义

卡方检验的 SPSS 的输出结果明确给出我们之前已经讨论的内容。我们只强调和我们的分析相关的结果。

1.将对应观察出现频数 N 按照具体分类——赞同（编码为 1）、中立（编码为 2）和反对（编码为 3）列出。

2.接着按分类列出预期频数 N，在这个案例中是 90/3，或 30。

3.卡方值是 20.600，自由度在输出结果的 Test Statistics（检验统计量）部分中给出。

准确的显著水平（在图中的名称是 Asymp.Sig.）太小（小于.000）所以 SPSS 以.000 计算。一个非常不可能的结果。因此，这三个分类的频数相等非常不可能。

你应该了解的其他非参数检验

你可能永远不需要非参数检验来回答你所提出的研究问题。但是,你也可能发现你分析的样本非常小(至少小于 30)或者数据不满足支持参数检验的一些重要的假定。

TECH TALK　实际上,你使用非参数统计的最直接原因是你所研究的变量因所处的测量水平。我们在下章会进行更多的讨论,但是就现在而言,大多数数据是分类的或者是放在不同的分类中的(例如鲨鱼种类和喷气式飞机的种类),或者是定序或等级排序(如第 1、第 2 和第 3)的,它们都需要表 16.1 中给出的某种非参数检验。

如果是这种情况,可以依据样本规模选择非参数统计。表16.1 给出了你需要了解的一些非参数检验的内容,包括名称、使用目的和每一个方法应用的研究问题。要记住的是这个表中只给出了你可能用到的各不相同的众多检验方法中的一小部分。

小　结

卡方检验是林林总总的非参数检验中的一种,可以帮助你回答不符合正态分布基本假定或者数据规模太小的统计检验问题。这些非参数检验是非常有价值的工具,即使现在提供的介绍非常有限,你还是会得到一些帮助。

表 16.1　分析分类和定序数据的非参数检验

检验方法名称	何时使用	研究问题示例
分析分类数据		
检验变化显著性的 McNemar 检验	检验变化的"前和后"	打电话给对某个特定问题没有做出投票决定的候选人的效果如何?
Fisher 精确检验	计算 2×2 列联表中每个结果的准确概率	投掷 6 枚硬币得到 6 个正面的准确概率?
单样本卡方检验(就是本章讨论的重点)	确定不同分类的事件发生次数是随机分布的	在最近的销售中品牌 Fruities、Whammies 和 Zippes 的销售量是否相同?
分析定序数据		
Kolmogorov-Smirnov 检验	分析一个样本的数据是否来自特定的总体	一群小学生选择到哪一所小学去的判断是否具有代表性?
符号检验或中位数检验	用于比较两个样本的中位数	投票给候选人 A 的群体的收入中位数是否高于投票给候选人 B 的群体的收入中位数?
Mann-WhitneyU 检验	用于比较两个独立样本	群体 A 是否比群体 B 的学习转移速度快?——以正确数量测量

续表

检验方法名称	何时使用	研究问题示例
Wilcoxon 等级检验	比较两个群体的差异的大小和方向	在帮助儿童语言技能的发展方面学前教育带来的效果是否是没有学前教育的两倍?
Kruskal-wallis 一元方差分析	比较两个或多个独立样本的总体差异	四个地区办公室管理者的等级差异如何?
弗里德曼(Friedman)二元方差分析	比较两个或多个独立样本在不止一个维度上的总体差异	四个地区办公室管理者的性别和等级差异如何?
斯皮尔曼(Spearman)等级相关系数	计算等级相关系数	高中最后一年的名次和大学第一年的名次之间的相关系数是多少?

练习时间

1.什么情况下卡方统计值等于 0,提供一个卡方值为 0 的案例。

2.使用下面的数据检验问题——最近的选举中民主党、共和党和无党派人士的投票人数相同。在.05 的显著水平下检验假设。手动计算。

政治背景		
共和党	民主党	无党派人士
800	700	900

3.使用下面的数据在.01 显著水平下检验问题——男孩和女孩参加初级足球培训的人数相同。(可以从第 16 章数据集 2 得到数据。)使用 SPSS 或其他统计软件并计算卡方值的准确概率。你的结论是什么?

性 别	
男 孩	女 孩
45	55

4.学校注册管理人员预期各年级学生人数(的分布)有变化,但不确定人数在各年级的分布是否真的不等量。在.05 的显著水平下检验数据的拟合优度。下面就是实际的数据:

年 级	一	二	三	四	五	六
学生数量	309	432	346	432	369	329

5.下面的四个研究问题哪一个适合卡方检验?

a.两个数学班的平均成绩的差异。

b.1 班通过数学考试的人数和 2 班通过数学考试的人数不同。

c.今年通过碰撞检验的汽车数量与去年通过的数量不同。

d.比较橄榄球运动员与足球运动员的 100 码跑步速度。

你应该了解的其他重要的统计过程 **17**

● 高级统计过程综述，以及何时如何使用

  《爱上统计学》全书只是覆盖了整个统计学的一小部分。我们没有提供过多的知识，保持了基础级知识的简单、直接。

  但是这并不意味着你阅读最近的研究文章或者在课堂讨论时不会碰到其他的分析技术，这些技术很重要，需要你有所了解。因此，为了让你所学更加全面，这里列出了其他 7 种统计技术，介绍它们的应用，并给出使用这些技术回答问题的研究案例。

多元方差分析

  知道方差分析（ANOVA）有多种应用的方式你可能并不感到惊讶，每一种形式的设计都适合"两个以上群体的平均值比较"的特定情况。其中之一是多元方差分析（MANOVA），用于不止一个依赖变量的情况。也就是不只使用一个结果变量或依赖变量。如果依赖变量或结果变量之间相关（这种情况很常见——见第 12 章关于多元 t 检验的专业讨论），就很难确定处理变量对单个结果变量的影响。因此，需要多元方差分析来解决这个问题。

  例如，印第安纳州立大学的乔纳森·普吕克（Jonathan Plucker）研究天才少年处理学校压力的性别、种族和年级差异。他使用的多元方差分析分析是 2（性别：男性和女性）×4（种族：高加索人、非裔美国人、亚裔美国人和西班牙人）×5（年级：从 8 年级到 12 年级）MANOVA。分析的多元变量是青少年应对量表的 5 个子表。使用多元技术可以相互独立地估计独立变量（性别、种族和年级）对 5 个子量表中每一个量表的影响。

  是否想了解更多？查阅文献：查阅普吕克（Plucker, J.A.）1998 年发表在《天才教育杂志》（*Journal for the Education of the Gifted*）第 21 期 423～436 页的文章"天才青少年的应对策略的性别、种族和年级差异（Gender, race, and grade difference in gifted adolescents' coping strategies）。"

重复测量的方差分析

  这是方差分析的另一种形式。重复测量的方差分析非常类似于其他的方差分析,你可以回顾第12章的两个或两个以上群体均值的差异检验。就重复测量的方差分析来说,参与者在一个要素上要测试两次。这也是叫作"重复"的原因,你要对相同的因素在不同的时点重复测量。

例如,B.伦迪、T.菲尔德、C.麦克布莱德、T.菲尔德与S.拉尔吉(B. Lundy,T.Field,C.Mcbride,T.Field & S.Largie)使用高中三年级和四年级的数据检验同性和异性最好朋友之间的相互影响。他们的主要分析之一是三个因素的方差分析:性别(男性或女性),友谊(同性或异性)以及在高中的年级(三年级或四年级)。重复测量的要素是年级,因为是在不同年级重复测量过程。

是否想了解更多? 查阅文献:B.伦迪、T.菲尔德、C.麦克布莱德、T.菲尔德与S.拉尔吉(B.Lundy,T.Field,T.Mcbride,T.Field,& S.Largie)发表在1998年《青少年》(Adolescence)第33卷130期280~289页的文章"高中三年级和四年级中同性和异性最好朋友之间的相互影响(Same-sex and opposite-sex best friend interaction among high school juniors and seniors)。"

协方差分析

这是我们介绍的最后一种方差分析。协方差分析(ANCOVA)是特别有趣的一种形式,因为它允许你将群体之间最初的差异等量化。我们假定你赞助一个提高速度的项目,而且你想比较两组运动员在100码冲刺中能够跑多快。因为力量通常和速度有关,你必须做一些修正,这样力量就不能解释项目结束时的差异了。同时,你想了解去除力量因素之后的培训效果。你应该在培训项目开始之前测量培训者的力量,然后使用协方差分析来调整基于最初力量的最后速度。

麦吉尔大学的米夏埃拉·希涅、约翰·林登与阿里·塔达什(Michaela Hyine,John Lyndon & Ali Tardash)在关于亲密行为和承诺对婚前性行为的接受程度和使用避孕物品的影响的研究中使用了协方差分析。他们使用协方差分析以社会接受度作为依赖变量(在其中寻找群体差异)、特殊事件的排序作为协变量。协方差分析能够保证社会接受度的差异将会以排序进行修正,这就会成为受到控制的一种差异。

若想了解更多,请查阅:希涅、林登与塔达什(Hyine,M.,Lyndon,J.,& Tardash,A.)发表在1997年《妇女心理学季刊》(Psychology of Women's, Quarterly)第21期447~464页的文章"承诺、亲密行为以及女性对婚前性行为和避孕物品的准备的认识(Commitment,intimacy,and Women's per-ceptions of premarital sex and contraceptive readiness)。"

多元回归

你已经在第15章学习了如何利用一个变量的值来估计另一个变量的值。通常社会科学和行为科学的研究者都使用不止一个变量来估计另一个变量。我们在第5章和第15章都有所涉及,这里更多地介绍多元回归。

例如,我们可以很容易假定父母读写方面的行为(如家里有很多书)与他们子女读书的多少和好坏有关。那么研究父母的年龄、教育水平、读写活动以及与子女共同阅读这些变量对子女的早期语言能力、读书兴趣的影响一定十分有趣。保拉·吕蒂宁、玛丽亚-莱纳·拉克索与安娜-迈亚·波伊凯乌斯（Paula Lyytinen, Marja-Leena Laakso, & Anna-Maija Poikkeus）进行了这方面的研究，并使用逐步回归分析来检验父母背景变量对孩子的读写能力的影响。他们发现母亲的读写活动和母亲的教育水平能够显著地影响子女的语言能力，而母亲的年龄和共同阅读没有显著影响。

　　是否想了解更多？查阅文献：吕蒂宁、拉克索与波伊凯乌斯（Lyytinen, P., Laakso, M-L.& Poikkeus, A-M.）1998 年发表在《欧洲教育心理学杂志》（*European Journal of Psychology of Education*）第 3 期 297～308 页的文章"父母对子女的早期语言和读书兴趣的影响（Parental contributions to child's early language and interest in books）。"

因子分析

　　因子分析是基于不同项目的彼此相关程度并形成因子或聚类的技术。每一个因子代表几个不同的变量，而在特定的研究中用因子表示结果比单个变量更有效。在使用这项技术的过程中，目标是用更综合的名称如一个因子来描绘彼此相关的项目。而且用于描述变量群的因子的名称不能是随心所欲的——名称要反映内容和概念的彼此相关。

　　例如，西安大略大学的戴维·沃尔夫（David Wolfe）和他的同事尝试着去了解 12 岁以前发生的被虐待的经历对青少年时期的同伴关系和交往关系的影响程度。为了完成这项研究，研究者收集了多个变量的数据而且分析了所有变量之间的关系。那些似乎包含彼此相关项目的变量被认定为因子，如这项研究中名称为虐待/责备因子。另一个因子的名称是积极的沟通，由 10 个不同的项目构成，这些项目之间都彼此相关。

　　是否想了解更多？查阅文献：沃尔夫、韦克勒、莱策尔-贾菲与勒费弗（Wolfe, D.A., Wekerle, C., Reitzel-Jaffe, D., & Lefebvre, L.）1968 年发表在《发展心理学》（*Developmental Psychopathology*）第 10 期 61～85 页的文章"受到虐待和没有受到虐待的年轻人中间与消极关系相关的因子（Factors associated with abusive relationships among maltreated and nonmaltreated youth）。"

路径分析

　　这是分析相关的另一项统计技术，但是在分析因素之间的关系时允许一定意义上确定相关的方向和因果关系。路径分析基本上通过变量间关系的理论假定来分析关系的方向，接着检验关系的方向是否得到数据的支持。

　　例如，埃夫克里德、帕帕扎基、帕帕托尼奥斯与基奥赛格鲁（Efklides, M.Papadaki, G.Papantonious, & G.Kiosseoglou）研究个体学习数学过程中对难度的感知。为完成这项研究，他们进行了几项不同类型的测试（如认知领域的那些测试）而且发现对难度的感知主要受到认知（问题解决）因素而不是情感(情绪)因素的影响。路径分析最有趣的应用之一是结构方程技术,它是以图形展示所有考虑到的不同因素之间的关系。应用这项技术,你可以看到某个变量和某个变量之间相关以及相关的强度。接着你就可以判断数据与模型之间的适合程度。

　　是否想了解更多? 查阅文献:埃夫克里德、帕帕扎基、帕帕托尼奥斯与基奥赛格鲁(Efklides, Papadaki, Papantonious, & Kiosseoglou)1998 年发表在《欧洲教育心理学杂志》(*European Journal of Psychology of Education*)第 2 期 207~226 页的文章"个体困难度感知差异:以学校数学课为案例(Individual differences in feelings of difficulty: the case of school mathematics)"。

结构方程模型

　　结构方程模型(SEM)是比较新的技术,但是自从 1960 年代早期引入以来已经变得十分流行。一些研究者觉得这项技术是回归、因子分析和路径分析的统称。其他的研究者相信这项技术本身代表着完全不同的方法,是基于变量之间关系的方法(类似于之前我们描述的三项技术)。

　　结构方程模型和其他高级统计技术如因子分析的主要差别是结构方程模型是实证的,而不是解释的。换句话说,研究者更多的使用结构方程模型来确定已经提出的模型是否发挥功效(也就是数据适合模型)。解释性技术用于发现特定的关系,很少(不是没有)预先进行模型建构。

　　例如,希瑟·约塔姆、肯尼斯·舍尔与飞利浦·伍德(Heather Gotham, Kenneth Sher, & Phillip Wood)研究年轻人的酒精饮用紊乱、成年前的变量(性别、家庭酒精饮用历史、儿童期的压力、高中班级的排序、宗教背景、神经过敏症、个性外向、精神病史)和年轻人的发展任务(完成学位、全职工作、婚姻)之间的关系。他们使用结构方程模型技术发现成年前的变量相比年轻人的发展任务更为突出地导致年轻人酒精饮用紊乱。

　　是否想了解更多? 查阅文献:约塔姆、舍尔与伍德(Gotham, H. J., Sher, K. J., & Wood, P. K.)2003 年发表在《酒精研究杂志》(*Journal of Studies on Alcohol*)第 64(1) 期 32~34 页的文章"青年期的酒精依赖和发展任务的完成(Alcohol involvement and development task completion during young adulthood)。"

小　结

　　即使你近期不会使用这些高级的统计过程,但是你至少需要对它们有所了解,因为你肯定会在不同的研究出版物中看到这些技术被提到,或者在你选修的其他课程中被提到。随着对基本的统计技术(本书到现在为止的所有章节)的了解,你可以确信你已经掌握了大量的基础统计学知识。

统计软件简介 **18**

● 介绍可用于分析、绘图以及更好地理解数据的各种类型的统计软件

在你努力学习和使用基础统计时不需要让自己成为笨蛋,也就是不需要了解并深入到所有各种可用的计算机软件中。本章的目的是大概介绍一些常用的统计软件,包括它们的特征以及用法。但是在进行具体描述之前,先给出几个建议。

> 你会在网页 http//www. psychstat. smsu. edu/scripts/dws148f/ statisticsresourses-main.asp 发现一个软件的清单(而且可在页面的左侧看到统计软件包),以及与编制这些软件的公司的链接。我们不可能在这里介绍所有的软件,但是至少你可以查找并了解你感兴趣的软件。感谢西南密苏里州大学的心理学教授戴维 · W.斯托克伯格(David W.Stockburger)将所有的重要网址放在了一起。之后我们还会讨论。

选择合适的统计软件

这里给出的建议经得起时间的检验,可以确保你得到你想要的统计软件。

1.不论统计软件的价格高昂(如 SPSS)还是低廉(类似 EcStatic),在你购买之前一定要先试用。上述清单中的统计软件几乎都提供了试用软件(通常在官方网站给出),你可以下载,而且在一些情况下你甚至可以请他们给你邮寄试用版本的软盘或者 CD。这些版本通常具备全部功能而且可以持续使用 30 天,给予你足够的时间在购买之前试用。

2.既然我们刚才提到价格,直接从制造商购买软件可能是最昂贵的方式,特别是你直接购买没有要求学生或教师折扣(有时他们把这叫作教育折扣)。你学校的书店可能给你一个折扣,而邮购公司可能给你更好的折扣(再一次要求教育折扣)。你可以在大众计算机杂志中找到这些销售商的免费电话。你也可以发现一些统计学教材(例如一些教授 SPSS 使用的书)附带软件的学生版或限制版。有时候,它们拥有全部功能,立即就能用。

3.许多编制统计分析软件的销售商提供两种版本。一种是商业版本,一种是学术版本。他们在内容上通常都一样但是价格有差异(有时非常大),如果你想要学术版本,要确定这个版本和商业版本完全相同,如果不相同,你就要问自己是否可以忍受这种差异。为什么学术版本这么便宜?公司希望,如果你是学生,等你毕业之后,你就会进入一些薪水高的公司并购买完全的版本。

4.很难准确地知道在开始之前需要什么,但是一些软件包以模块的形式出现,而且你不需要购买全部便可得到你工作需要的统计工具。阅读公司的宣传手册,打电话咨询。

5.共享软件是另一个选择,而且有许多这样的共享软件。共享软件是分割软件的方法,这样只要你喜欢你就可以购买。共享软件价格几乎都很合理,通常比商业版本好;而且,如果你已经付费,你可以帮助聪明的作者继续努力开发比现在的版本更好的软件。

6.不要购买任何不提供电话技术支持的软件,或者至少要有类似电子邮件的联系。这很好验证,拨打技术支持电话(在你购买之前)来确定等待多长时间他们才接电话。如果你等待了 20 分钟,这意味着他们不能提供足够的技术支持来快速回答使用者的问题。或者你给他们发邮件却没有得到回复,那么就考虑其他软件。

7.几乎所有的大型统计软件包都有相同的功用——差别在于完成的方式。例如,SPSS、Minitab 与 JMP 在数据分析方面都做得很好,而且很受欢迎。但是很小的不同也可能是很大的差异。例如 Minitab 可以同时打开两个数据文件而 SPSS 却不可以。亲自验证一下。

8.确定你的硬件可以运行你要使用的软件。例如,大多数软件不受限于你要分析的个案和变量的数量,唯一的限制通常是你要用于储存数据文件的硬件驱动的大小。如果你的电脑运行速度很慢(不是奔腾系列),而且 RAM(随机存储器)小于 64 字节,那么你就可能要等待,在 CPU 缓慢运行程序时眼巴巴看着时间流逝。在下载试用版本之前要确定硬件可以运行你要用的软件。同样要确定你的硬件可以支持 Mac 操作系统或 Windows 操作系统,并且可以实现兼容。

具体介绍

可以得到的统计软件(超过 200 种)比你需要的多。下面列出一些最流行、特点最显著的软件。记住许多软件功用相同。就如之前强调的,要尽可能在购买前试用。你可以在 http://www.statistics.com 网站下的 Resources→Software 找到非常全面的清单。

首先,免费的那些

什么也别做,先查阅在 http://statpages.org/javasta2.html 列出的免费软件。查看"Completely Free"(完全免费)部分,但是也不要忽略"Free, but ..."(免费的,但是……)部分。你可以下载软件,并使用这些软件完成你在《爱上统计学》中学到的大多数统计分析过程。我们不能评述所有的软件,但是可以花点时间看一看来确定适应你需要的软件。

我最喜欢哪个软件？爱荷华州立大学 Bill Miller 博士编写的 OpenStat4（网址是 http://www.statpages.org/miller/opemstat/）。这个软件最大的优点是什么？首先这个软件是完全免费的——没有"免费使用 124 天"或类似的限制。其次这个软件和 SPSS 一样或者某种程度上比 SPSS 更容易使用。最后,对于喜欢解密软件的人来说,OpenStat 的"开放"意味着软件的资源是开放的。这个软件使用 C++编写,如果你了解这种语言,你可以按照你的方式来修改软件。这个软件真的很了不起。

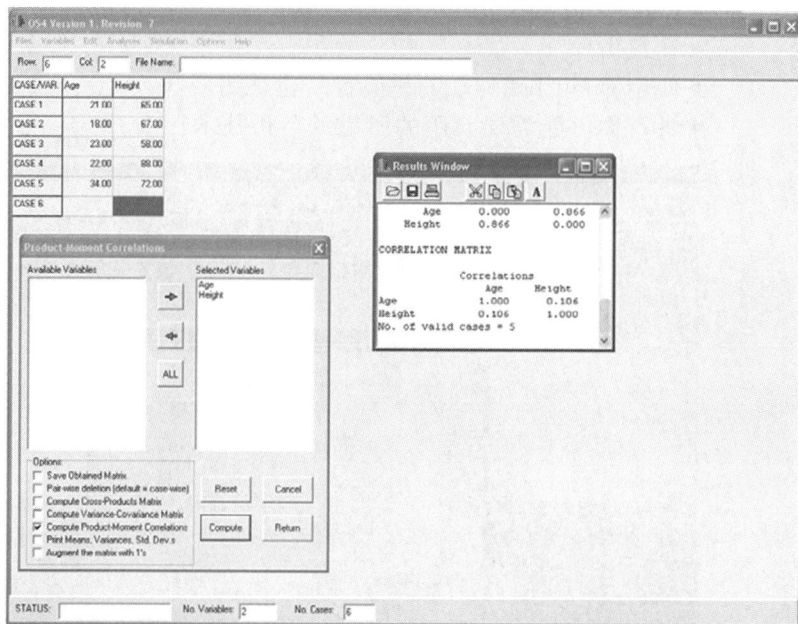

图 18.1　不同的 OpenStat 窗口,包括简单相关系数计算结果

付费软件

WebSat

WebStat 3.0（http://www.webstat.com/）可用于 Windows 和 Mac 操作系统,过去是免费的,现在只有 14 天试用期。WebStat 3.0 最大的优点是什么？首先,这个软件由网站支持,不需要下载软件——只需要"激活",就如 WebStat 工作人员所说,录入数据,然后按照你的需要进行计算。令人印象非常深刻,而且十分有趣。

JMP

JMP（现在是第 6 版）如广告上所说是"统计发现软件"。这个软件可以在 Windows 和 Mac 平台运行,而且是"将统计和图形结合在一起分析、理解和视觉化数据"的软件。JMP 的一个特点是用图形展示每一个统计分析结果,这样你总是可以看到文本和图形展示的两类分析结果。而且这是自动完成的,不需要你进行选择。

需要更多的信息,请查阅网站 http://www.jmp.com。

成本:商业版本是 1 195 美元,学术版本是 595 美元。名称为 JMPIN 的学生版本是 60 美元,可以从一个 ITP 公司——Duxberry Press 得到。

Minitab

这是第一批可用于个人电脑的软件之一,而且现在已经是第 14 版(已经转了一整圈)了,这意味着可以看到这些年为了回应使用者的需求而变化的部分。新的版本的一些显著特征如下:

- Mentoring by Minitab,提供免费的初始咨询
- StatGuide™,帮助解释结果
- ReportPad™,是报告产生器
- 在线指导
- 使用 One-Click Graphs™很容易建立图形
- 具有你可能需要使用的所有的分析技术

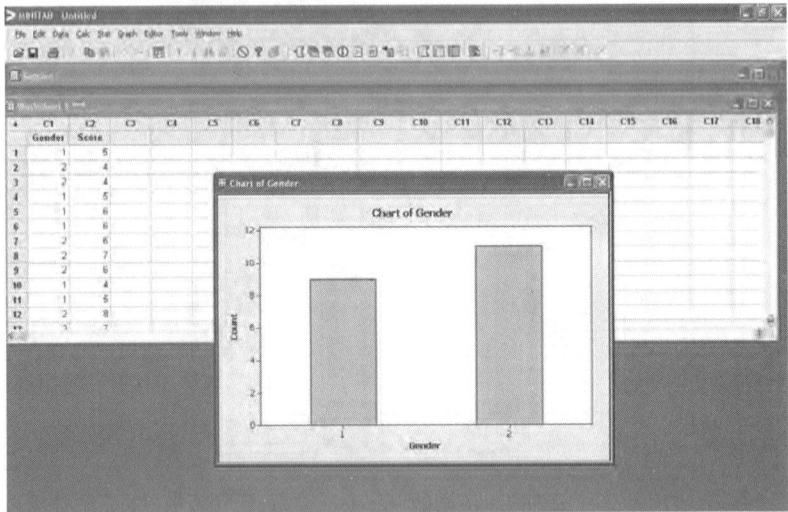

图 18.2　Minitab 简单条形图示例

在图 18.2 中,你可以看到 Minitab 输出结果的示例类似于简单条形图——整洁、有序。

需要更多的信息,请查阅网站 http://www.minitab.com。

成本:99 美元,但是有多种租用选择——不同的时间和价格。

STATISTICA

StatSoft 提供了用于 Windows 和 Mac 操作平台的 STATISTICA 产品的集合。这个强有力的软件的一些优点是:自我产生对话框(点击 OK,STATISTICA 会告诉你要输入什么);可定制的界面;很容易和其他软件整合;STATISTICA Visual Basic 可以允许你实现 10 000 多种功能,而且可以依据需要设置新的功能;有使用宏命令实现任务自动化的能力。网站的一个优点是提供电子版 STATISTICA 教科书,你可以完整下载(要有耐心,因为可能需要 30 分钟,这依赖你的网络连接速度)。

需要更多的信息,请查阅网站 http://www.statsoftinc.com。

成本:基础版本是 795 美元(有许多分析模块,而且你还能增加),学生版本是 70 美元(软件的输出结果有水印,意在提醒你没有花费 795 美元)。

SPSS：Mac，Windows，MS-DOS，OS/2，UNIX，VMS.MVS-VM/CMS

SPSS 是现在使用的最流行的统计软件包之一，这也是为什么在本书的附录部分要进行专门的介绍。SPSS 有许多不同的模块，包括了统计分析的所有方面。

SPSS15.0 版的新优点之一是通过使用 SPSS TablesTM 可以展示按照你的想法建立的图表，而且也很容易将图表输出到其他的应用方面，如图18.3 所示，图表很容易建立，也容易编辑。

Tables

Patient Diagnosis	Anorexia Nervosa	97
	Anorexia with Bulimia Nervosa	36
	Bulimia Nervosa after Anorexia	56
	Atypical Eating Disorder	28

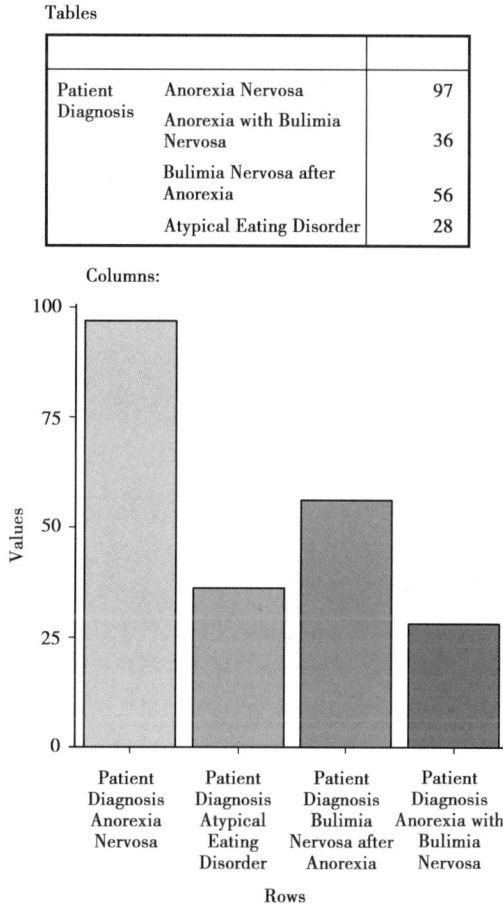

图18.3　SPSS 中从数据表到建立图形

需要更多的信息，请查阅网站 http://www.spss.com。

成本：基础版是 1 599 美元，Mac 版本是 1 399 美元，每个版本的学术版是 599 美元。

SYSTAT

生物学和心理学的研究者更常用 SYSTAT，而社会科学和行为科学的研究者喜欢 SPSS（虽然 SYSTAT 人员在最新发布的 11.0 版本中努力吸引社会和行为科学的研究者）。初学者可以使用这个软件，但是它更适合于高年级学生或专业人员。

需要更多的信息,请查阅网站 http://www.systat.com。

成本:商业版本是 1 299 美元(只用于 Windows 操作系统),学术版本是 499 美元。

STATISTIX for Windows

STATISTIX 8.1 版提供的主菜单驱动界面,使得这个软件特别容易学习和使用,几乎和这里提到的每个软件一样功能强大;公司还提供免费技术支持。不但如此,还提供纸质的 330 页的使用手册——你想到这个没?而且当你打电话寻求技术支持时,你可以和实际参与的程序设计人员谈话,他们知道在讨论什么(我的问题在 10 秒内得到解答)。图 18.4 给出 STATISTIX 的两样本 t 检验输出结果。结果全面又清晰。

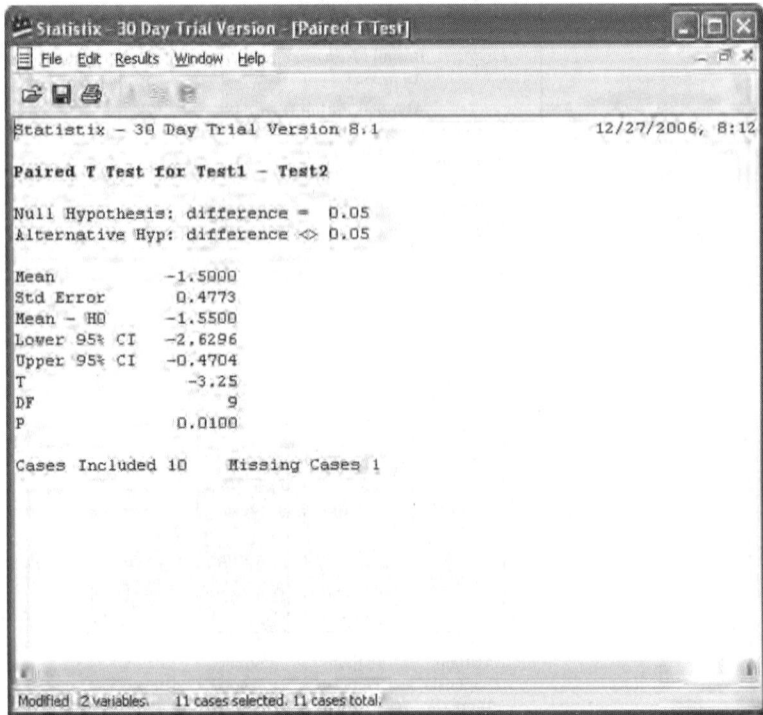

图 18.4　配对 t 检验的 STATISTIX 输出结果

需要更多的信息,请查阅网站 http://www.statistix.com。

成本:商业版本是 695 美元,学术版本是 395 美元,两个版本只能用于 Windows 操作系统。

EcStatic

Someware in Vermont 的工作人员的目标是"以合理的价格提供智能化便捷型统计和绘图软件"。其实他们做得更多。EsStatic 很能赚钱。EsStatic 是可以运行的软件中最便宜的,而且可以肯定的是相对于这里描述的大型软件支付的费用而言,这个软件物超所值。如果你认为这个软件遗漏了什么,看看下面列出的该软件可以分析的清单:

- 方差分析

- 分裂点
- 数值转换
- 相关
- 交互表和卡方
- 频数分布和直方图
- 非参数统计
- 回归
- 散点图
- 汇总统计
- 变量转换
- t 检验

下载试用版本体验一下吧！

需要更多的信息,请查阅网站 http://www.somewareinvt.com。

成本:99.95 美元就可以下载,还可以得到 10 美元或更多的折扣(49.95美元)——告诉你的指导老师。

小 结

这是第Ⅳ部分的最后一章,也应该是《爱上统计学》的最后部分。但是我认为你还需要继续往下读。下一章介绍全世界最好的 10 个统计信息网址,接着第 20 章介绍收集数据的原则。祝你接下来的学习愉快。

你得了解
和记忆的内容

Tons of Things You'll Want to Know and Remember

网络逮住他了……重启！重新启动！

10个(或更多)最好的统计网址 19

在《爱上统计学》的第 1 版我们已经告诉读者,如果你还没有使用网络作为学习和研究活动的一部分,你就会遗漏许多重要的资源。现在,更多的学生、研究者以及其他人员肯定已经从这个巨大的资源中获益,但是仍然有些人对使用网络犹豫不决。

我们都已经认识到网络资源不能弥补学习或动机的缺失——这是无法弥补的——但是你肯定可以找到许多的信息丰富你整个的大学经验。而且这还不包括你在这个过程中能得到的乐趣。

因此,你现在是统计分析的新手,你一定会发现下面给出的网址十分有用,而且你也会想对统计学了解更多。一些是和以前相同的网址,一些完全是新的。

> 虽然网络上的网址比以前稳定,但是仍然在快速地变化。今天还有效的 URL(同一资源定位符)明天可能就无效了。这也是你可以在《爱上统计学》的网页找到所有的网址的原因,你可以在 http://www.soe.ku.edu/faculty/Salkind/stats_fpwhs.找到《爱上统计学》的网页,登录这个网页,查找资源链接。

成堆的资源

这简直可以用矿脉形容。你可能需要的整页的不同类型的统计资源已经由戴维·W.斯托克伯格(David W. Stockburger)教授创造性地分类整理在网页 http://www.psychstat.smsu.edu/dws148f/statisticsresourcesmain.asp 中。这个网址是统计学网址中最好的。不要忘掉。

例如,打开 Berrie 的网页(http://www.huizen.dds.n~berrie)然后看一些特定数据点变化对均值和标准差的影响的 QuickTime(短片,很短的电影),或者查看全国范围的课程指导老师建立的不同的主页,或者查看所有可以进行统计分析的不同的软件包(在撰写第 18 章时我就提供了软件清单)。

大量的计算器

想画直方图吗? 随机数表呢? 样本规模计算器呢? 在 http://www.stat.ucla.edu/calculators/的统计计算器网页给出每一类(超过 15 种)你可能需要的计算器和表格。足够帮助你通过你选修的统计学课程,甚至还绰绰有余。

例如,你可以点击 Random Permutations(随机排序)链接并且完成两个随机数表(如图 19.1 中所示的整数 100 之内的 2 位数的随机排序),你可以得到你想要的随机数字。当你需要将特定数量的参与者分配到不同的群体中时就需要随机数表,这时这样的计算器就非常方便。

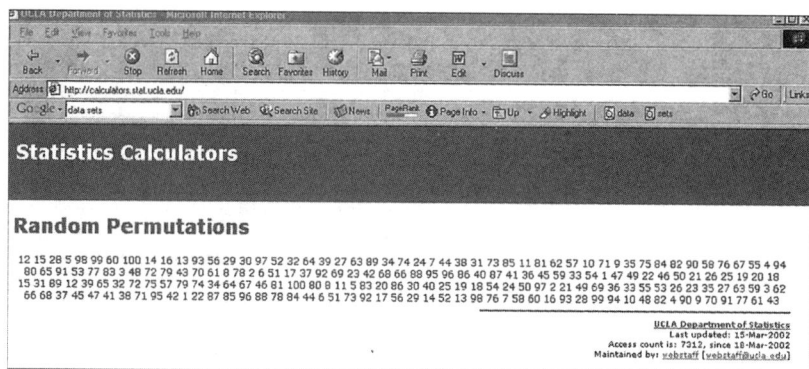

图 19.1   产生随机数集

谁是谁以及发生了什么

在 http://www. Anselm. edu/homepage/jpitocch/biostatshist. html 的 History of Statistics(统计学历史)网页中有著名统计学家的肖像和生平,以及他们在统计学领域做出重要贡献的时间段。一些名字如贝努利、高尔顿、费希尔和斯皮尔曼(Bernoulli, Galton, Fisher, & Spearman)是否引起你的好奇? 在 20 世纪初两个均值之间的首次检验的发展状况如何? 这似乎有些沉闷,但是你有机会阅读关于填补了统计学空白的人的生平以及他们的思想——总之,都是非常奇妙的思想和非常奇妙的人。

都在这里

SurfStat Australia (在 http://www. anu. edu. au/nceph/surfstathome/sufrstat.html)是澳大利亚纽卡斯尔大学基础统计学课程的在线构成部分,但是其发展已经超过了 1987 年最初的撰写者安妮特·多布森(Annette Dobsonzai)提供的范围,这些年安妮·扬与鲍勃·吉伯德等人(Anne Young, Bob Gibberd)不断上传新的内容。在这些内容中,SurfStat 包含完整的统计学讨论主题。除了讨论主题之外,还有练习题,网上的统计学网址清单,以及 Java 程序集(可以与其他不同的统计程序共用的小程序)。

超级统计(HyperStat)

这是 http://www.davidmlane.com/hyperstat.index.html 的在线教程,包含 18 个课时,提供了设计优良、面向使用者的重要的基础主题。我们喜欢这个网址的真正原因是术语,这些术语使用网络文本和其他概念链接。例如,在图 19.2 中你可以看到描述统计的定义和其他的术语链接,如均值、标准差以及箱形图。点击其中任何一个术语就会迅速看到链接的术语。

你可以按图索骥地逐步深入学习。

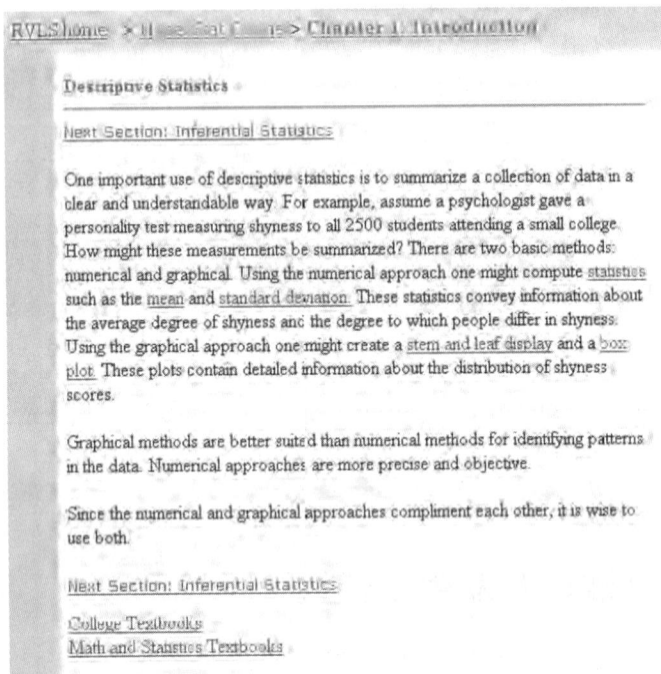

图 19.2　超级统计屏幕显示范例

数据，你想要数据

数据到处都是，只等着你去选择。这里提供的仅是少数。怎么应用这些数据？下载数据在你的学习中或者你想进行的分析中使用，而且你还可以使用这些数据作为范例。

- 统计索引数据库（Statistical Reference Datasets）：http://www.itl.nist.gov/div898/strd/
- 美国人口调查局（这个巨大的数据库可谓数据的金矿）：http://factfinder.census.gov/servlet/DataseMainpageServlet? _lang=en
- 拥有大量数据注解的"数据和故事图书馆"（http://lib.stat.cmu.edu/DASL/）。你可以查找故事链接。
- 增长数据库（http://www.bris.ac.uk/Depts/Economics/Growth/datasets.htm）的大量的经济数据集。

还可以在联邦政府得到的所有的数据库。你交税支持这些数据的提供，为什么不使用呢？例如 FEDSTATS（http://www.fedstats.gov/）提供美国联邦政府70多个机构收集计算的与公共利益相关的数据。联邦内部关于统计政策的委员会维护这个网址并为公众的使用提供获得这些机构生成的全面的统计资料和信息的入口。在这个网站你可以发现 CIA 提供的国家概况；公立学校的学生、教师和职工的数据（来自国家教育统计中心）；以及美国人口死亡率图谱（来自国家健康统计中心）。数据非常的庞大！

越来越多的资源

密歇根大学的网上统计资源(the University of Michigan's Statistics Resources on Web)(http://www.lib.umich.edu/govdocs/stats.html)有成千上万的资源链接,包括银行业务、图书出版、老龄化,以及为患有过敏症的人提供的花粉信息。浏览、查找你需要的准确的信息——不论是什么,你准能找到些有趣的信息。

容易,但是有趣

在 http://mathforum.org/workshops/sum96/data.collections/datalibrary/data.set6.html 上,你能找到的数据包括 1994 年的全国棒球联合会的薪水数据,以及电视、医生或预期寿命的数据。不必感到惊讶,只需高兴地下载你需要的数据,好好分析。

通过网络学习统计学如何

世界范围内的网络视频图书馆:统计学是一个页面的名称,但是这个简短的名称让人误解,因为这个网址(来自佛罗里达州立大学的研究人员建立的 http://www.stat.ufl.edu/vlib/statistics.html)包含了这一主题下各个方面的内容,具体包括数据资源、工作启事、统计学校、系和部门(世界范围的大量项目的描述)、统计学研究团体、机构和协会、统计服务、统计档案和资源、统计软件销售商和软件、统计学杂志、邮寄清单档案和相关的领域。这里可以获得的信息太多了。沿着这条路往下走之前你可得先停下来想想。

在线统计学教学资料

如果你曾经教授统计学,或者指导过学生,这会是你想要浏览的网址:http://noppa5.pc.Helsinki.fi/links.html。这个网址包括《爱上统计学》的每个主题以及数以百计的其他更多主题的资源。你输入名称就能查找到:回归、Demos、历史、Sila(推论统计演示)、交互式的在线指导、统计图、课程大纲、教学资料、杂志文章,甚至包括被测验者的信息。很了不起。这里提供的资料可能不适合你在这个课堂上的需要,但是在广阔的网络肯定能抓住对你有用的信息。

越来越多的资料

Statistics.com(www.statistics.com)具备所有的信息——丰富的课程、教学和咨询信息。例如你想列出所有可用的商业软件(需要付费的),看图19.3,在大写字母 S 下方就是你要的清单。接着你就可以安装的软件(如SPSS),然后系统的要求学习软件从执行到输出的操作。

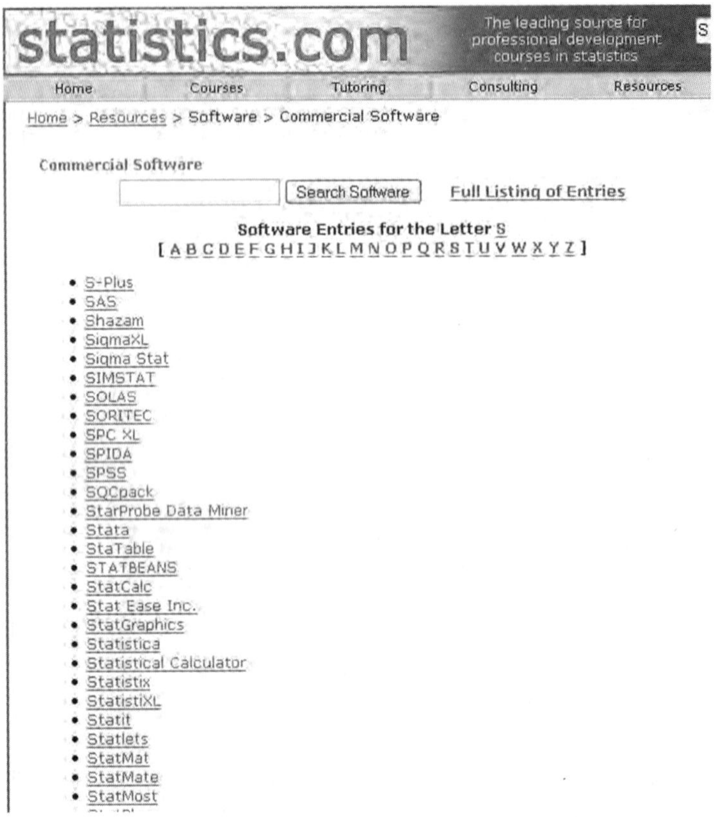
statistics.com
The leading source for professional development courses in statistics
Home
Courses
Tutoring
Consulting
Resources
Home > Resources > Software > Commercial Software
Commercial Software
Search Software
Full Listing of Entries
Software Entries for the Letter S
[A B C D E F G H I J K L M N O P Q R S T U V W X Y Z]
S-Plus
SAS
Shazam
SigmaXL
Sigma Stat
SIMSTAT
SOLAS
SORITEC
SPC XL
SPIDA
SPSS
SQCpack
StarProbe Data Miner
Stata
StaTable
STATBEANS
StatCalc
Stat Ease Inc.
StatGraphics
Statistica
Statistical Calculator
Statistix
StatistiXL
Statit
Statlets
StatMat
StatMate
StatMost

图 19.3　搜索统计软件

收集数据的 10 个原则 **20**

本书你主要学习的是如何分析数据,你还应该了解的是如何收集数据。数据收集过程很长也很严格,即使这个过程只是向学生、家长、病人或选举人等不同群体发放单页的简单问卷。数据收集过程也是你的研究项目中最耗时的部分。但是按照大多数研究者的经验,收集数据时期也可用于思考即将进行的分析以及分析中的问题。

这里给出 10 个原则确保你依据数据的用途收集数据。与最初的 10 个原则不同,这些原则不应该死记硬背(这些原则肯定会发生变化),但是如果你遵循这些原则,就可以避免很多失误。

原则 1. 在你思考研究问题之初,就要开始思考回答问题需要收集的数据类型。访谈? 问卷调查? 纸和笔? 阅读你感兴趣的相关领域的期刊了解过去其他人如何收集数据并思考他们收集数据的目的。

原则 2. 在思考收集什么类型数据的同时,要思考从何处得到数据。如果是使用图书馆获得历史数据或者其他数据已经收集完全的文件,如人口调查数据(从美国人口调查局获得,或者上网在线获得),你可能不会遇到什么问题。但是如果你想评价新出生的孩子和父母之间的相互影响如何? 教师对加入工会的态度? 刚过 50 岁的人是否觉得自己老了? 所有这些问题都需要人们提供答案,找到调查的人是很难的。要尽早开始。

原则 3. 保证你用于收集数据的表格简单容易。以飞行员的数据集进行练习,这样你可以保证从最初的记分表到数据收集表都很容易。

原则 4. 始终记得对数据文件进行备份,并且存储在不同的地方。记住有且只有两类人:一类已经丢失了数据,另一类将会丢失数据。在不同的位置备份数据收集表。如果你的数据以电子文档录入,也确保要进行备份。

原则 5. 不要依赖他人收集或转换数据,除非你对他们进行了培训,而且确信他们像你一样理解数据收集过程。让他人帮助你很好,而且在很长的收集数据期间对保持士气十分有帮助。但是,除非帮助你的人无可怀疑地具备这样的能力,否则你很容易破坏你所有的工作和计划。

原则 6. 计划何时何地收集数据的详细的日程表。如果你需要参观 3 个学校而且每个学校有 50 个学生要分别进行 10 分钟的测试,那就需要 25 个小时进行测试。这并不意味着你在日程表中为这项活动分配 25 小时。从一个学校到另一个学校的时间呢? 如果轮到测试的孩子刚好在卫生间而且你必须等 10 分钟直到他回到教室呢? 你访问的这天刚好牛仔鲍伯是特别的客人,等等。为任何可能做好准备,要在日程表中分配25%～50%的多余时间应对不可预测的事件的发生。

原则 7.只要有可能就为你的项目培育可能的数据来源。你已经对你的学科知识有了一定的了解,那么就可能知道谁和你需要的类型的人一起工作或者谁可能帮助你获得这些样本。如果你是在大学社区,那么就可能有好几百人竞争你需要的相同的调查样本。如果不想竞争,为什么不尝试在学校社区之外(大约 30 分钟的距离)的社区、社会群体、市民组织或医院调查? 在这些地方不需太多竞争就能够得到样本。

原则 8.尽力追踪遗漏了的测试或者访谈对象。把他们找回来并重新安排日程。一旦你习惯了跳过可能的参与者,那么样本规模将很容易缩小。而且你永远不能觉察——遗漏的人可能是由于与你的研究相关的原因而遗漏的,这意味着你最后的样本从性质上不同与你研究开始时设定的样本。

原则 9.永远不要销毁你的原始数据,如测试手册、访谈笔记等等。其他的研究者可能想使用相同的数据库,或者你想要回到原始数据获得更多的信息。

原则 10.遵循前 9 个原则。这可不是开玩笑!

统计魔术将老旧的、散漫的数据转变成闪闪发光的、显著性水平小于 5%的新结论。

30 分钟 SPSS 教学

SPSS in Less Than 30 Minutes

这部分对 SPSS 进行充分的讲解,让你可以完成《爱上统计学》中的练习。学习 SPSS 不是火箭科学——需要花费一些时间,按照你的节奏安排进度,如果需要可以向同学或教师寻求帮助。

你可能很熟悉 Windows 系统的其他应用软件,而且你会发现 SPSS 的许多模块的操作非常相似。我们可以假定你懂得拖动、点击、双击鼠标,也会操作 Windows 系统。如果不会,你可以查阅对你有帮助的大量的计算机图书中的任何一本。要记住的是 SPSS 的设计是用于 Windows98、2000、ME 以及 XP 系统,而不能用于任何更早版本的操作系统。SPSS 的设计者还没去取得 VISTA 系统的正式认证,目前的应用还是非官方的。但是目前状况如何? 可以在 VISTA 系统中顺利地操作。SPSS 15.0 很好地利用了 Windows 的特定框架结构和其他的特点,如快捷方式、右键点击和多任务操作。

这部分是 SPSS 15.0 简介,并向你展示 SPSS 可以完成的任务。这部分的大多数内容都适用于 SPSS 之前的版本,从第 11 版到现在的第 15 版。在这部分使用的案例,我们都使用附录 C 中名称为 Sample Data 的样本数据。你可以手动录入数据或者从 Sage 出版社的网站下载数据,网址是 Http://www.sagepub.com/salkindstudy,或者作者的网址 http://soe.ku.edu/faculty/Salkind/status-fpwhs3e/下载数据。

启动 SPSS

与其他的 Windows 应用软件一样,SPSS 是套装软件而且可以出现在开始菜单中。在安装软件时就建立了这种套装软件。按照下面的步骤启动 SPSS:

1—点击 Start(开始),然后点击 Programs(程序)。

2—点击 SPSS 选项。点击之后你就会看到如图 A.1 所示的启动窗口。要注意一些计算机的设置不同,SPSS 图标可能显示在桌面上。在这种情况下只要双击图标就可以打开 SPSS。

SPSS 的打开窗口

就如图 A.1 中看到的,打开窗口中显示出一系列你可以选择的选项:运行 SPSS 自学指导(running the SPSS tutorial)、录入数据(entering data)、打开已建立的 query(posing an established query),使用数据库建立向导建立新的 query(creating a new query using the database wizard),或者打开现有的数据资源(数据文件)(opening an existing source of data)。如果你不想每次打开 SPSS 看到这个显示页面,可以在窗口的左下角选中"不再打开这个对话框"(Don't show this dialog in the future box)这个选项。

根据目的我们点击 Type in data 选项,因为这可能是你打开和学习 SPSS 选择的第一个选项。点击之后就激活图 A.2 所示的 Data View(数据显示)(或 Data Editor 数据

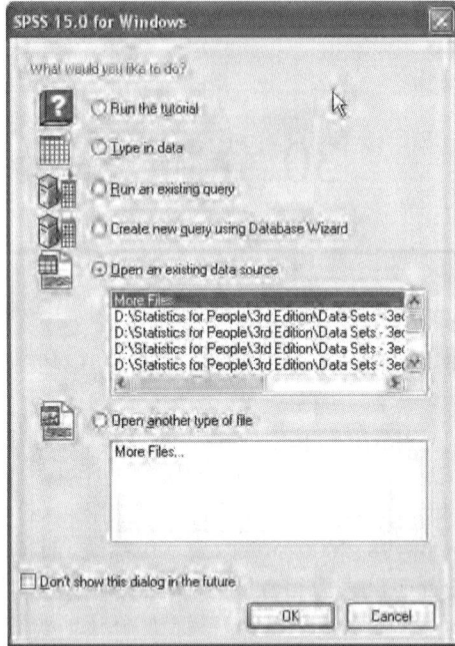

图 A.1　SPSS 启动窗口

编辑)窗口。对数据进行定义之后就在这个窗口录入你想应用 SPSS 分析的数据。虽然在第一次打开 SPSS 时看不到,但是还有另一个(没有激活的)打开窗口。这就是 Variable view(变量显示窗口),也就是定义变量并设置变量参数的窗口。

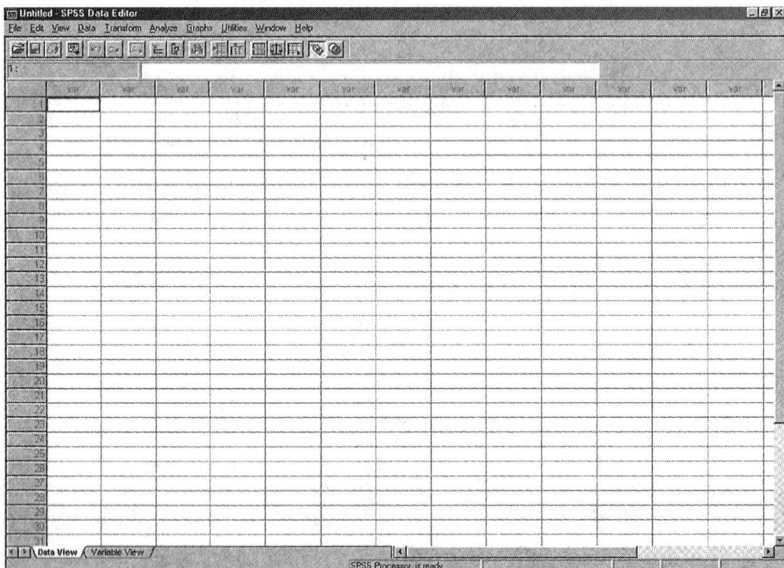

图 A.2　数据显示窗口

　　结果观察窗口(Viewer)展示你分析得到的统计结果和图表。图 A.3 所示是一个结果观察窗口例子。使用数据编辑栏建立数据集,一旦数据集经过分析并建立了图表,你就可以研究结果观察窗口的分析结果。

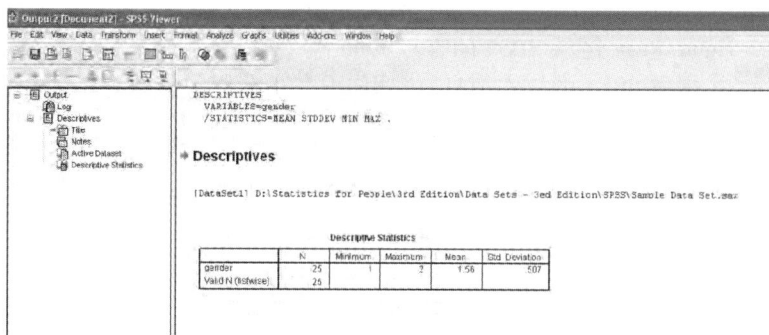

图 A.3　结果观察窗口

如果你认为数据编辑窗口在形式和功能上类似于电子表格,你是正确的。形式上的确类似,因为数据编辑栏包含类似于 Excel 和 Lotus1-2-3 的行和列,具体数值可以录入并且操作。功能上也类似,数据编辑栏非常类似电子表格。已经录入的数据可以转换、分类、重新整理等。

SPSS 的工具栏和状态栏

使用工具栏——菜单之下的图标集——可以非常便利地操作 SPSS。如果你想知道工具栏每个图标的含义,将鼠标指向对应图标,你就可以看到这个工具可以做什么的解释。工具栏中一些按钮颜色比较暗,这意味着这些工具没有激活。

状态栏在 SPSS 的低端,是另一个非常有用的显示在屏幕上的工具。你可以看到 SPSS 正在进行的活动的在线报告。状态栏显示 *SPSS for Windows processor is ready* 就是告诉你 SPSS 可以执行你的命令或者录入数据。或者 *Running Means*…告诉你 SPSS 正处于名称为 Means 的过程中。

使用 SPSS 帮助

如果你需要帮助,这就找对了地方。SPSS 提供帮助,只要点击鼠标就可以,而且在你已经打开数据文件并且需要了解 SPSS 的特征时特别的有用。SPSS 帮助十分容易理解,即使你是个 SPSS 新手,也能很好地向你提供帮助。你可以按功能键 F1 得到 SPSS 帮助(见图 A.5)或者使用图 A.4 所示的 Help 菜单。

Help 菜单中有 10 个选项,相对于 SPSS 的早期版本来说是极大的扩展,其中 6 项直接给你提供帮助。

- Topics 提供你可以得到的帮助的主题清单。
- Tutorial 提供使用 SPSS 的所有方面的简短指导。
- Case Studies 提供如何应用 SPSS 的真实案例。
- Statistics Coach 让你按步骤了解运行过程。

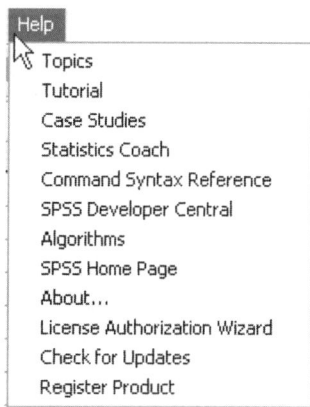

图 A.4　不同的帮助选项

- Command Syntax Reference 帮助你学习和使用 SPSS 的命令语言。
- SPSS Home Page 链接 SPSS 的官方主页。
- About… 提供 SPSS 的技术信息,包括你现在正在使用的版本。
- License Authorization Wizard 提供获得授权许可的工具。
- Register Product 让你注册 SPSS 产品。
- Check for Updates 自动和 SPSS 官方网站连接,检测软件是否需要升级。

使用功能键 F1

任何时候需要 SPSS 的任何方面的帮助,可以使用快捷、简易的方式得到。需求帮助时按功能键 F1,你就会看到图 A.5 所示的 Help 对话框。

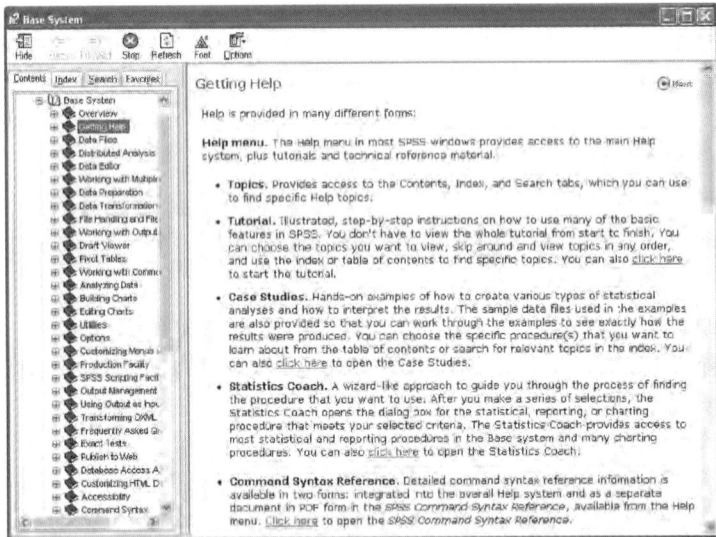

图 A.5　SPSS 帮助

内容表(The contents tab)

内容表描述所有帮助的大标题。双击任何一个大标题就会提供一个你可能需要咨询或求助的主题清单。SPSS Help 中的索引表提供按字母排序的帮助主题。搜索表允许你键入可能出现在帮助页面中的任何单词。接着 SPSS 搜索这个单词,而不是仅仅提供一个主题的帮助。实际上,你在搜索所有主题中的所有的这一单词,最后帮助菜单的常用项(Favorites)可以让你将你认为需要返回去获得更多帮助的主题区别开来。这也是储存你常用的帮助主题的一种方式,这样你可以很快获得相同主题的帮助。

SPSS 的简短旅程

现在坐好了,享受 SPSS 提供的简单旅程。这里没有任何想象。只是一些简单的数据描述、显著性检验以及一个或两个图表。我们尽力向你们展示的是 SPSS 的使用是多么的容易。

打开一个数据文件

你可以录入自己的数据建立新的 SPSS 数据文件,或使用现有的文件,甚至将其他应用软件如 Microsoft Excel 的数据转换为 SPSS 数据文件。无论你采用哪种方式，你需要数据。在图 A.6 中显示的是附录 C 中名称为样本数据(Sample Data)的数据文件，这些数据也可以从网上下载。

	id	gender	group	test1	test2
1	1	Male	Control	98	32
2	2	Female	Exp	87	33
3	3	Female	Control	89	54
4	4	Female	Control	88	44
5	5	Male	Exp	76	64
6	6	Male	Control	68	54
7	7	Female	Control	78	44
8	8	Female	Exp	98	32
9	9	Female	Exp	93	64
10	10	Male	Exp	76	37
11	11	Female	Control	75	43
12	12	Female	Control	65	56
13	13	Male	Control	76	78
14	14	Female	Control	78	99
15	15	Female	Control	89	87
16	16	Female	Exp	81	56
17	17	Male	Control	78	78
18	18	Female	Control	83	56
19	19	Male	Control	88	67
20	20	Female	Control	90	88
21	21	Male	Control	93	81
22	22	Male	Exp	89	93
23	23	Female	Exp	86	87
24	24	Male	Control	77	80
25	25	Male	Control	89	99

图 A.6　打开的 SPSS 数据文件

简单的图和表

现在是了解我们首选 SPSS 原因的时候——可以获得不同的分析工具。

首先，假定我们想知道男性和女性的总体分布。这仅仅是我们分析的总体样本中男性女性各有多少的计数问题。我们还想建立一个简单的分布条形图。

在图 A.7 中，你会看到输出结果中给出了我们需要的准确的信息，也就是男性和女性的频数。我们使用 Descriptive Statistics(在 Analyze 主菜单下)中的 Frequencies 选项计算这些值。接着使用 Grophs 选项建立频数的简单的条形图，如图 A.7 中所见。

简单分析

我们想分析男性和女性的 test1 的平均成绩是否不同。这是需要独立样本 t 检验的简单分析。分析过程就是比较男性和女性的 test1 的成绩均值。

图 A.8 中所见就是 t 检验的部分结果。注意在 SPSS 观察结果窗口(Viewer)的左侧方框内列出的条目是 Frequencies，Graph 和 t-test 过程。我们想看其中任何一个部分，所有需要做的是点击相应的条目。一般来说，SPSS 在观察结果窗口中产生输出结果时，你需要滑动鼠标才能看到全部结果。

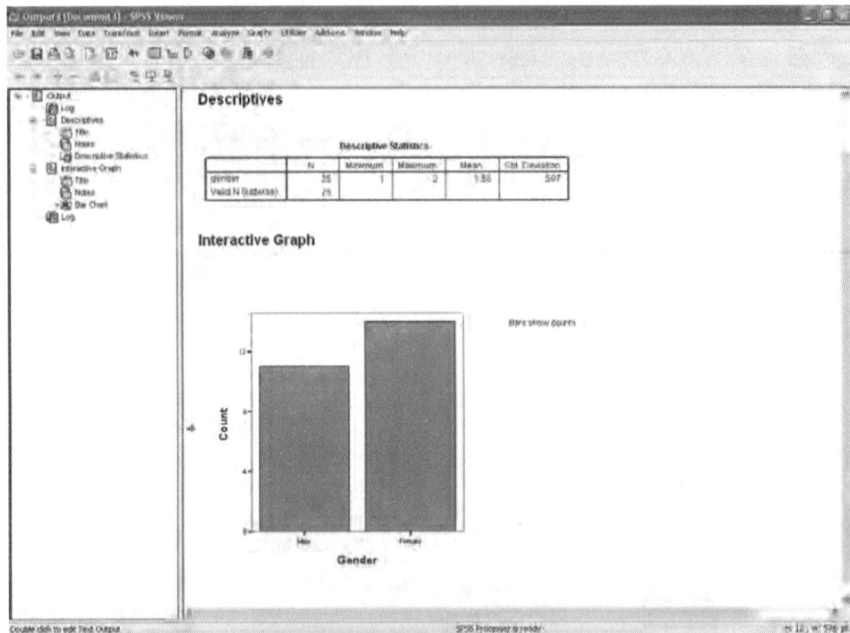

图 A.7　简单描述分析的结果

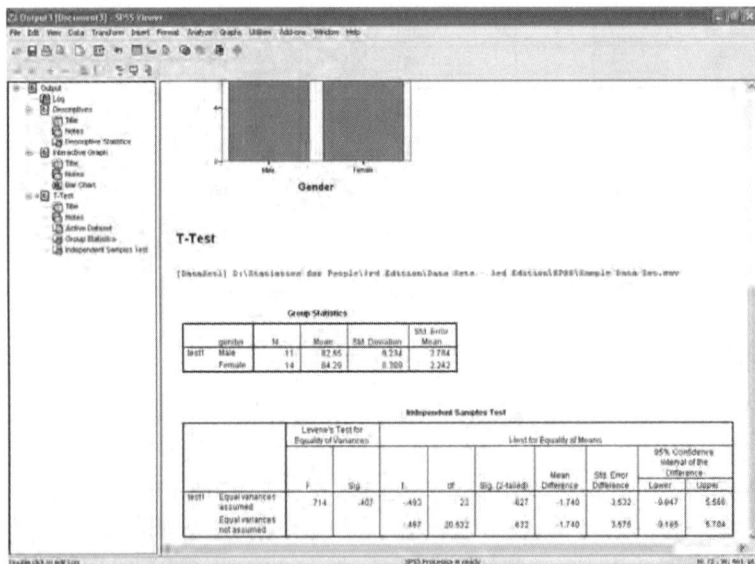

图 A.8　独立样本 *t* 检验的输出结果

建立和编辑数据文件

为便于练习我们建立附录 C 中所见的 Sample Data 文件。第一步是定义数据集中的变量,接着录入数据。现在打开新的数据编辑窗口(点击 File→New→Data)。

定义变量

不定义变量 SPSS 不能工作。你可以让 SPSS 为你定义变量,或者你自己定义,这样就可以更好地控制变量显示或运行的方式。SPSS 自动将第一个变量命名为

VAR00001。如果你在第 1 行第 5 列定义一个变量，SPSS 会将这个变量命名为 VAR00005，而且按次序命名其他列的变量。但是你也可以自己定义变量，使用你确定的名称。

自己定义变量：使用变量显示窗口（Variable View window）

要定义变量，必须首先进入变量显示窗口，点击 SPSS 显示窗口底部的 Variable View 栏就可以进入。点击之后就看到图 A.9 所示的变量显示窗口，也就可以定义任何一个你认为适合的变量。

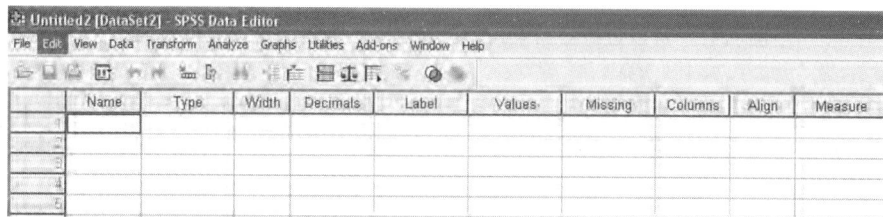

图 A.9　变量显示窗口

一旦进入变量显示窗口，你可以按照下面的参数定义变量：

Name 提供最多 8 个字节的变量名。

Type 定义变量的类型，如 text、数值型、字符串、科学计数等。

Width 定义变量所占据的列的字节数。

Decimals 定义在数据显示栏（Data View）中显示的小数点的位数。

Label 定义最多 256 个字节的变量的标签。

Value 定义特定的数值对应的标签（如 1 为男性，2 为女性）。

Missing 表示如何处理缺失的数据。

Columns 定义数据显示窗口（Data View window）中变量占据的字节数。

Align 定义数据在每一格中如何显示（左对齐、右对齐或居中）。

Measure 定义最好的描述变量特征的测量尺度（定类、定序或定距）。

把光标置于 Name（名称）列的第一格，然后键入任何名称，并且按 Enter 键，然后 SPSS 将自动提供变量所有特征的默认值。如果是在数据显示窗口（点击窗口底部的按钮）键入数据，SPSS 将自动命名变量为 VAR00001、VAR00002、VAR00003 等。

在变量显示窗口键入图 A.10 中所示的变量的名称。

图 A.10　在变量显示窗口定义变量

现在你就可以切换到数据显示窗口（Data View）（见图 A.11），接着录入图 A.6 所示的数据。不过，首先让我们来看一下没有录入数据的空白的 Data View。

定义变量标签

你可以在 SPSS Data Editor 让数据以数值出现，或者以标签表示数值（如图 A.6

图 A.11　可以进行数据录入的已经定义了变量的数据显示窗口

所见）。

为什么你想改变变量的标签？可能你已经知道，一般说来改变标签在总体上使得对数值（如 1 或 2）的处理比对字符串或文字类型的变量（如男性或女性）的处理更有意义。

但是看文字比看数字更容易了解数据文件。考虑一下以数字表示变量水平（如 1 和 2）的数据文件与以实际标签值（如男性和女性）表示的数据文件之间的差异。变量显示窗口的 values 选项可以让你在每一格键入变量值，但是你看到的是变量值的标签。

如果在 Values 列（见图 A.12）点击省略号按钮，你就会看到如图 A.13 所示的 Value 对话框。

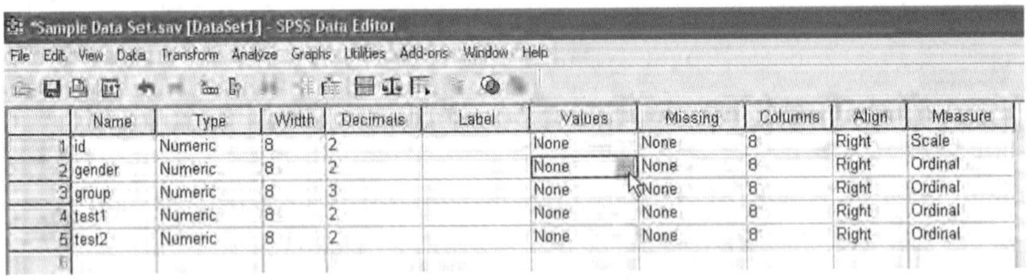

图 A.12　变量显示窗口的变量值列

图 A.13　变量值标签对话框

改变变量标签

按照下面的步骤分配或改变变量标签。这里我们定义男性对应的标签值为 1，女性的标签值为 2。

1.对性别变量来说，点击省略号（见图 A.12）打开 Value Labels 对话框。

2.键入变量的一个数值，在这个案例中就是 1 为 male。

3.键入变量值对应的标签，也就是 male。

4.点击 Add。

5.同样的过程定义 2 的标签为 female。在完成定义标签的对话框的任务(见图 A.14),点击 OK,新的标签就会显现。

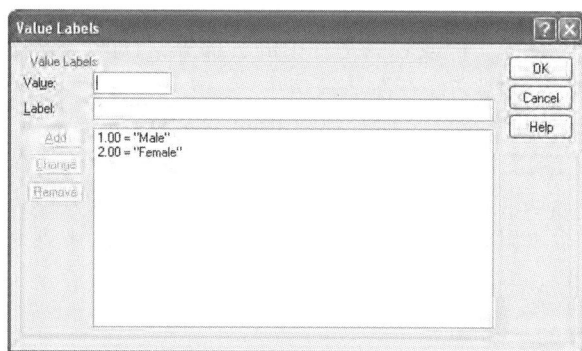

图 A.14 完成的变量值标签对话框

如果从主菜单选择 View→Variable Labels,你会在数据显示窗口看到标签,如图 A.15 所示。要注意的是图 A.15 中对应格实际上键入的值是 2,即使格中显示的标签是 Female。

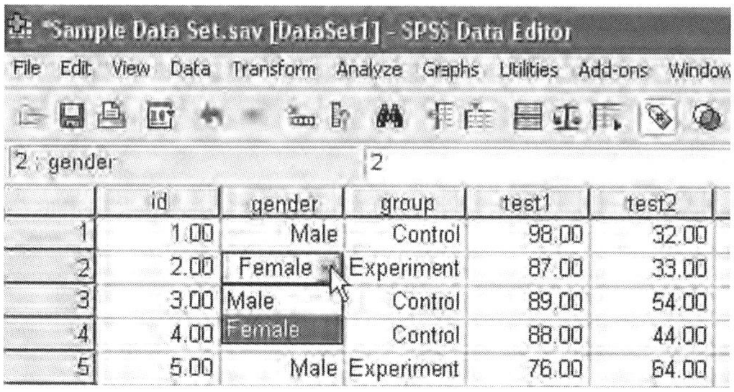

图 A.15 显示变量标签

打开数据文件

一旦文件保存之后,就必须在再次使用时打开或回到这个文件。这个过程很简单。

1.点击 File→Open。你会看到 Open Data File 对话框。

2.找到你想打开的数据文件,然后选中。

3.点击 OK。

快速找到并打开 SPSS 文件的方式是在 File 菜单的底部直接点击文件的名称。SPSS 会在 File 菜单列出最近使用的文件。

SPSS 与打印过程

现在介绍数据文件建立之后你要完成的最后一件事。建立了你想建立的文件,或者完成了某类分析或图表,你可能会为了安全的保存或者在报告或文章中引用而需要打印出一份纸质复件。那么,当 SPSS 文件已经打印好,而且你也想结束工作时,就是退出 SPSS 的时候了。

打印过程和编辑和保存过程一样重要。如果不能打印,你就不能取得这个阶段的任何结果。你可以将 SPSS 的数据文件转换到其他的应用软件中,但是从 SPSS 直接获得打印件通常来说更省时也更为重要。

打印 SPSS 数据文件

不论是打印整个数据文件或者只是其中的一部分,打印过程都很简单。

1.确定你想打印的数据文件在激活窗口中。

2.点击 File→Print。结果就是你看到的 Print 对话框。

3.点击 OK,任何激活状态的内容都会被打印出来。

就如你看到的,你可以选择打印整个文件或者一个特定的部分(你已经在数据编辑窗口做了选择),也可以选择增加打印的复件数量,也就从 1 到 99(99 是最大的可以打印的复件数量)。

打印 SPSS 数据文件的一部分

打印数据文件的一部分的步骤和上面列出的打印整个数据文件的步骤一样,只是在数据编辑窗口你选择了你想打印的部分并且在 Print 对话框选择了 Selection 选项。步骤如下:

1.确定选择了你想打印的数据文件。

2.点击 File→Print。

3.在 Print 对话框点击 Selection。

4.点击 OK,任何你选择的内容都会被打印出来。

建立 SPSS 图表

一幅图胜过千言万语,而且 SPSS 具备建立图表的模块,可以使分析结果生动地体现出来。在附录 A 部分,我们会逐步介绍几种不同图表的建立过程并提供不同图表的案例。接着我们会展示如何调整图表,包括添加图表的标题、数轴的标签,调整大小,调整字体和格式等等。需要注意一下,SPSS 中"图(graphs)"、"表(charts)"两个词代表的意思差不多。

建立简单的图表

所有图表的一个共同点是图表的建立都是基于数据的。你可能会输入数据建立图表,但是在这里的案例中,我们使用附录 C 的数据建立每个群体中男性数量和女性数量的条形图(如图 A.7 中所示)。

建立条形图

建立任何图表的步骤基本上都相同。首先录入用于建立图表的数据,接着从 Graphs 菜单中选择你想建立的图表的类型,然后定义图表呈现的形式,最后点击 OK。下面是建立图 A.7 所示图表的步骤。

1.录入用于建立图表的数据。

2.点击 Graphs→Legacy Dialogs→Bar。之后你就会看到图 A.16 所示的 Bar Charts 对话框。

3.点击 Simple。

4.点击 Summaries for groups of cases。

5.点击 Define。之后你就会看到 Define Simple Bar:Summaries for Groups of Cases

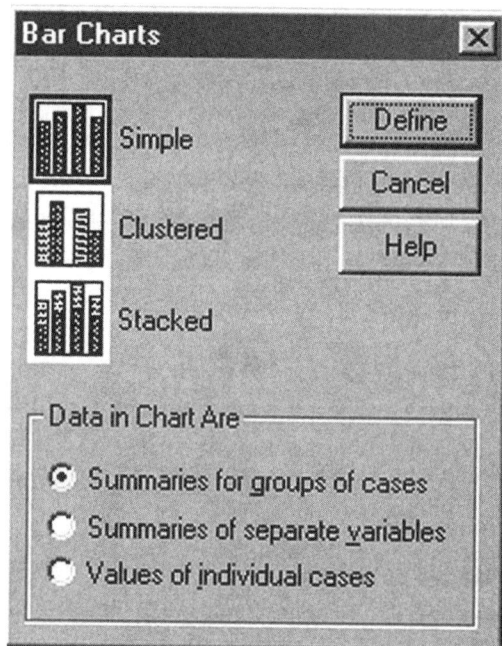

图 A.16　条形图对话框

对话框。

6.点击 Cum n of cases。

7.点击 gender,接着点击▶将变量移到 Category Axis 框中。

8.点击 OK,你就会看到如图 A.17 所示的条形图。

Graph

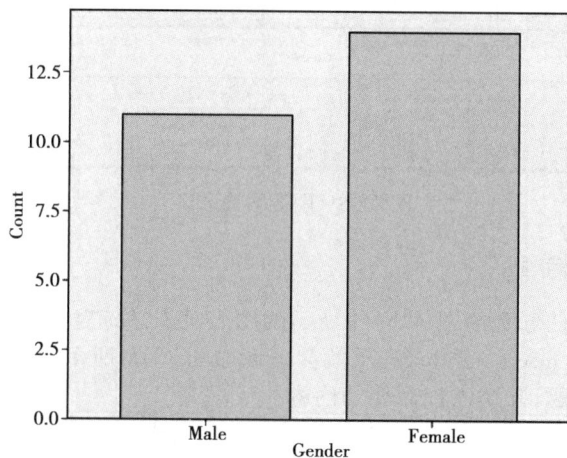

图 A.17　简单的条形图

保存图表

图表不是输出窗口的唯一构成。图表是执行一定类型的分析所产生的结果的一部分。图表不是只代表自身的独立的部分,也不能就这样保存。要保存图表,你需要保存结果观察窗口的所有内容。可以按照下面的步骤进行：

1.点击 File→Save。

2.给结果观察窗口命名。

3.点击 OK。输出结果就会保存在你提供的名称之下，扩展名是.spo。

修饰 SPSS 图表

一旦建立我们在之前所示的图表，你可以通过编辑图表来准确地反映你想表达的内容。颜色、形状、规模、字体等都可以改变。我们以最早在图 A.7 中所示的条形图来说明。

编辑图表

编辑图表的第一步就是双击图标，然后点击最大化按钮。你就会在图 A.18 中所示的图表编辑窗口（Chart Editor Window）看到整个图表。

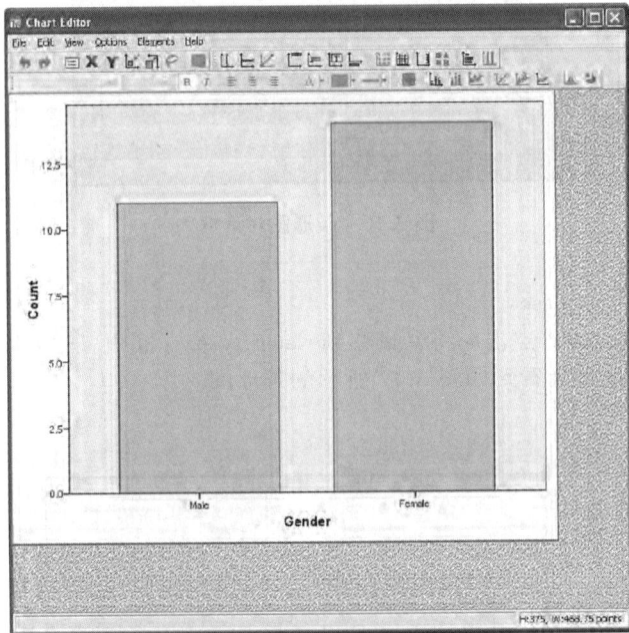

图 A.18　图表编辑窗口

修改总标题和次级标题

我们的第一个任务是给图 A.17 中所示的图表键入总标题和次级标题。

1.点击工具栏"Insert a Title"选项就会出现如图 A.19 所示对话框，你就可以编辑屏幕所示的主要标题，并键入你需要的内容。

2. 继续点击工具栏的"Insert a Title"，插入次级标题（实际上你想插入多少标题都可以）。

修饰字体

建立标题或者次级标题之后，双击你希望调整的标题区域，你可以看到如图 A.20 所示的 Properties 对话框，你就可以修饰字体。点击对话框中的"Text Style"选项，你就可以进行你希望进行的修改。

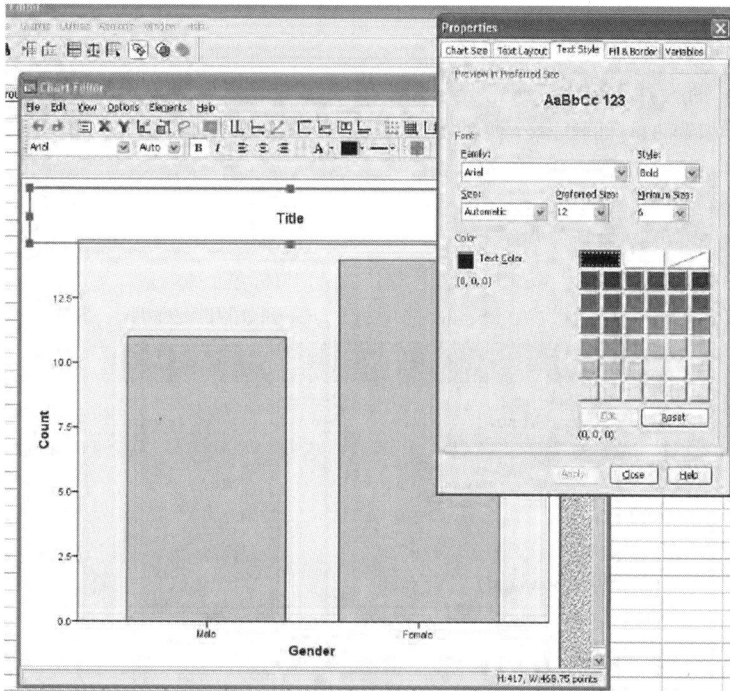

图 A.19　插入标题

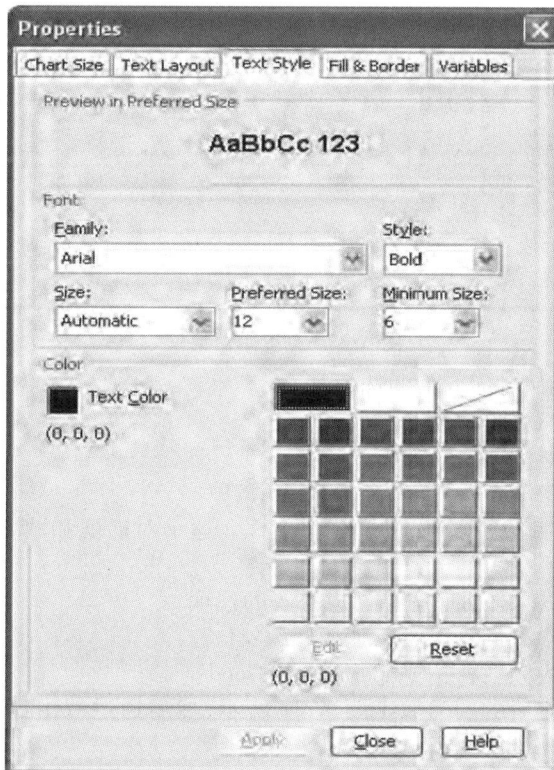

图 A.20　修饰字体

修饰坐标轴

x 轴和 y 轴为独立变量(通常是 x 轴)和依赖变量(通常是 y 轴)提供刻度。SPSS 将 y 轴称为刻度轴,x 轴称为分类轴。每个数轴都能够以不同的方式调整。双击数轴的标题就可以进行调整。

如何调整刻度(y)轴?

按照下面的步骤调整 y 轴:

1.还在图形编辑窗口? 希望如此。双击坐标轴标签。

2.点击 Properties 对话框中的 Scale 选项,就会看到如图 A.21 所示 Scale Axis 对话框。

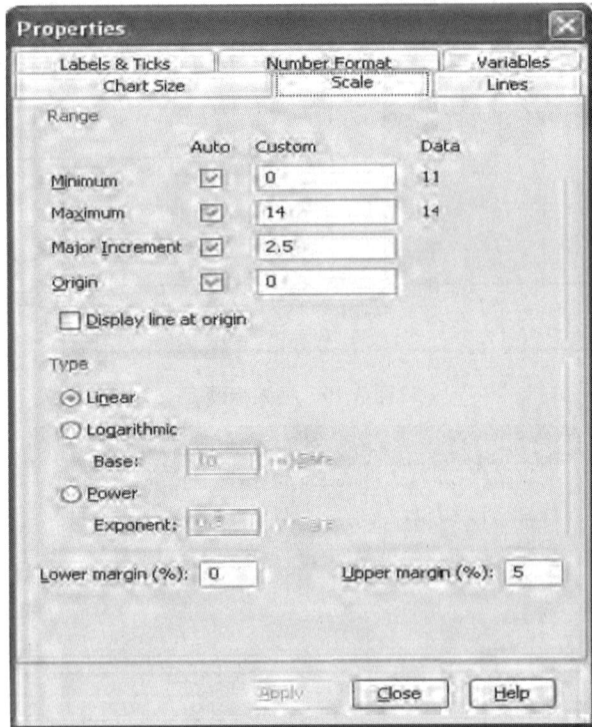

图 A.21　刻度轴对话框

3.选择 Scale Axis 对话框中的选项。

如何调整分类(x)轴?

调整 x 轴和调整 y 轴一样容易。

按照下面的步骤调整:

1.双击 x 轴标签打开 Category Axis 对话框。这个对话框和图 A.21 中看到的对话框非常类似。

2.从 Category Axis 对话框选择你想修改的选项。

在最后的图形中我们可以做以下的修改:

将累计频数改为频数,将"gender"改为"Gender"。

完成这些修改之后的图类似于图 A.21 所示,然后通过双击窗口图标或选择 File →Close 关闭图表编辑窗口。

描述数据

现在你对于如何在 SPSS 中建立数据文件已经有了一定的了解。接下来我们举例学习简单的分析。

频数和交互表

　　频数简单地计算特定数值出现的次数。交互表可以计算一个数值在一个或多个分类维度上出现的次数,如性别和年龄。频数和交互表一般都在研究报告中出现,因为两者给出数据的总体描述。按照下面的步骤计算频数。首先你应该进入数据编辑窗口。

　　1.点击 Analyze→Descriptive Statistics→Frequencies。之后你就会看到如图 A.22 所示的 Frequencies 对话框。

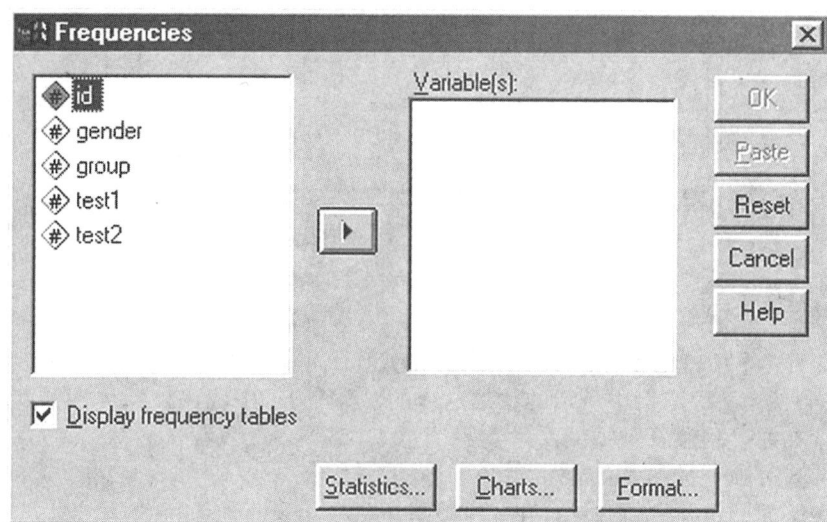

图 A.22　频数对话框

　　2.双击想要进行频数计算的变量。在这个案例中是 Test1 与 Test2。

　　3.点击 Statistics。你就会看到如图 A.23 所示的 Frequencies:Statistics 对话框。

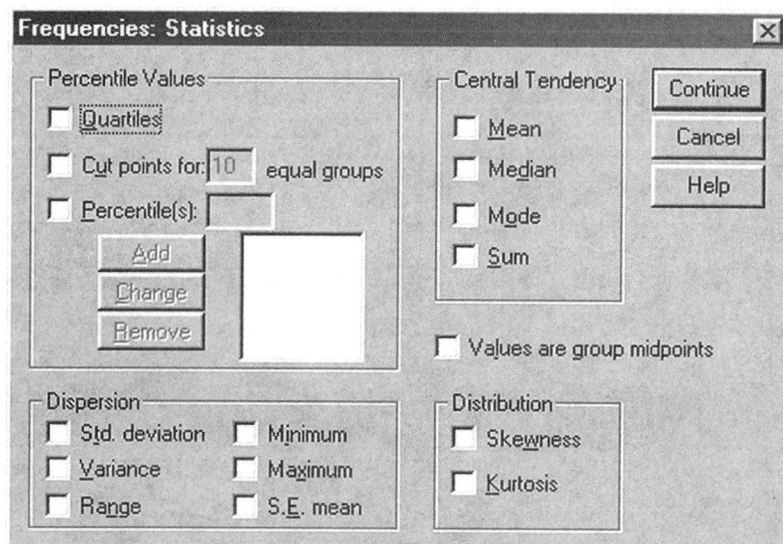

图 A.23　频数:统计对话框

4.在 Dispersion 部分,选择 Std.deviation。

5.在 Central Tendency 部分,选择 Mean。

6.点击 Continue。

7.点击 OK。

输出结果包括 test1 和 test2 的频数清单,以及每个值的汇总统计(均值和标准差),如图 A.24 所示。

Frequencies

Statistics

		test1	test2
N	Valid	25	25
	Missing	0	0
Mean		83.5200	64.2400
Std.Deviation		8.62709	21.64155

图 A.24　test1 与 test2 的汇总统计

应用独立样本 t 检验

独立样本 t 检验用于分析来自不同类型的研究的数据,包括试验、准试验和田野调查数据,就像下面案例中所示的数据这样的,这个例子中我们检验男性和女性在阅读方面存在差异的假设。

如何执行独立样本 t 检验

按照下面的步骤执行独立样本 t 检验:

1.点击 Analyze→Compare Means→Independent-Sample t Test。之后你就会看到如图 A.25 所示的 Independent-Sample t Test 对话框。

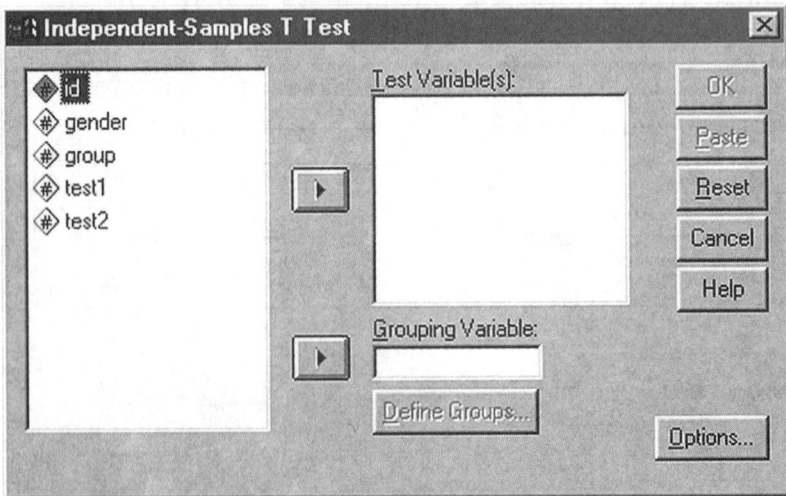

图 A.25　独立样本 t 检验对话框

独立样本 t 检验对话框

在对话框的左侧你会看到可用于分析的所有变量的清单。现在你需要做的就是定义检验变量和分组变量。

2.点击 test1,然后点击 Test Variable(s)框对应的 ► 将变量移入 Test Variable(s)框。

3.点击 gender,然后点击 Grouping Variable 框对应的 ► 将变量移入 Grouping Variable 框。

4.点击 Define Groups。

5.在 Group1 键入 1。

6.在 Group2 键入 2。

7.点击 Continue。

8.点击 OK。

输出结果包括每个变量的均值、标准差,以及 t 检验的结果,如图 A.26 所示。

T-Test

Group Statistics

	Group	N	Mean	Std.Deviation	Std.Erroe Mean
test1	Experimental	8	85.7500	7.81482	2.76296
	Control	17	82.4706	9.01469	2.18638

Independent Samples Test

		Levene's Test for Equality of Variances		t-test for Equality of Means					95% Confidence Interval of the Difference	
		F	Sig.	t	df	Sig. (2-tailed)	Mean Difference	Std.Error Difference	Lower	Upper
test1	Equal variances assumed	.679	.418	.883	23	.387	3.27941	3.71600	−4.40771	10.96654
	Equal variances not assumed			.931	15.801	.366	3.27941	3.52338	−4.19748	10.75630

图 A.26 简单 t 检验的输出结果

我们对 SPSS 进行了最简单的介绍。如果你不了解最初建立的数据的值和意义,那么这些技能肯定没有任何用处。因此不要受到他人使用类似 SPSS 的软件的技能影响,而是要更多地关注那些能够告诉你输出结果的含义以及如何反映你最初的问题的人。如果自己就能完成那就更好了。

退出 SPSS

退出 SPSS 点击 File→Exit 就行。SPSS 会确保你有机会保存任何没有保存或已经编辑过了的文件,然后才退出。

好啦,你的学习已经结束。

表 B.1：正态曲线下的面积

如何使用这个表：

1.依据样本的原始数值和均值计算 z 值。

2.依据 z 值确定正态曲线下面积的百分比或者确定均值和计算的 z 值之间面积的百分比。

表 B.2：拒绝零假设需要的 t 值

如何使用这个表：

1.计算检验统计量 t 值。

2.比较实际值 t 值和这个表中的临界值。确定你正确地计算了自由度，而且选择了合适的显著水平。

3.如果实际值大于临界值或这个表中的值，零假设（均值相等）不是观察到的任何差异的最有力解释。

4.如果实际值小于临界值或这个表中的值，零假设就是观察到的任何差异的最有力解释。

表 B.3：方差分析或者 F 检验的临界值

如何使用这个表：

1.计算 F 值。

2.计算分子的自由度 $(k-1)$，分母的自由度 $(n-k)$。

3.依据分子自由度和分母自由度交错的位置确定临界值。临界值就是行和列交错位置的值。

4.如果实际值大于临界值或这个表中的值，零假设（均值彼此相等）不是观察到的任何差异的最有力解释。

5.如果实际值小于临界值或这个表中的值，零假设就是观察到的任何差异的最有力解释。

表 B.4：拒绝零假设需要的相关系数值

如何使用这个表：

1.计算相关系数值。

2.比较相关系数值和这个表中的临界值。

3.如果实际值大于临界值或这个表中的值，零假设（相关系数等于 0）不是观察到的任何差异的最有力解释。

4.如果实际值小于临界值或这个表中的值,零假设就是观察到的任何差异的最有力解释。

表 B.5:卡方检验的临界值

如何使用这个表:

1.计算 χ^2 值。

2.计算行的自由度($R-1$)和列的自由度($C-1$)。如果是一维表,就只有列的自由度。

3.依据标题为(df)列的自由度和合适的显著水平所在的列确定对应的临界值。

4.如果实际值大于临界值或这个表中的值,零假设(频数彼此相等)不是观察到的任何差异的最有力解释。

5.如果实际值小于临界值或这个表中的值,零假设就是观察到的任何差异的最有力解释。

"他从这个大楼晃荡出来,摔倒在地上,然后就开始滔滔不绝地大说随机数字……"

表 B.1　正态曲线下的面积

z值	均值和z值之间的面积	z值	均值和z值之间的面积	z值	均值和z值之间的面积	z值	均值和z值之间的面积	z值	均值和z值之间的面积	z值	均值和z值之间的面积	z值	均值和z值之间的面积	z值	均值和z值之间的面积
.00	.00	.50	19.15	1.00	34.13	1.50	43.32	2.00	47.72	2.50	49.38	3.00	49.87	3.50	49.98
.01	.40	.52	19.50	1.01	34.38	1.51	43.45	2.01	47.78	2.51	49.40	3.01	49.87	3.51	49.98
.02	.50	.53	19.85	1.02	34.61	1.52	43.57	2.02	47.83	2.52	49.41	3.02	49.87	3.52	49.98
.03	1.20	.54	20.19	1.03	34.85	1.53	43.70	2.03	47.88	2.53	49.43	3.03	49.88	3.53	49.98
.04	1.60	.55	20.54	1.04	35.08	1.54	43.82	2.04	47.93	2.54	49.45	3.04	49.88	3.54	49.98
.05	1.99	.56	20.88	1.05	35.31	1.55	43.94	2.05	47.98	2.55	49.46	3.05	49.89	3.55	49.98
.06	2.39	.57	21.23	1.06	35.54	1.56	44.06	2.06	48.03	2.56	49.48	3.06	49.89	3.56	49.98
.07	2.79	.58	21.57	1.07	35.77	1.57	44.18	2.07	48.08	2.57	49.49	3.07	49.89	3.57	49.98
.08	3.19	.59	21.90	1.08	35.99	1.58	44.29	2.08	48.12	2.58	49.51	3.08	49.9	3.58	49.98
.09	3.59	.60	22.24	1.09	36.21	1.59	44.41	2.09	48.17	2.59	49.52	3.09	49.9	3.59	49.98
.10	3.98	.61	22.57	1.10	36.43	1.60	44.52	2.10	48.21	2.60	49.53	3.10	49.9	3.60	49.98
.11	4.38	.62	22.91	1.11	36.65	1.61	44.63	2.11	48.26	2.61	49.55	3.11	49.91	3.61	49.98
.12	4.78	.63	23.24	1.12	36.86	1.62	44.74	2.12	48.30	2.62	49.56	3.12	49.91	3.62	49.98
.13	5.17	.64	23.57	1.13	37.08	1.63	44.84	2.13	48.34	2.63	49.57	3.13	49.97	3.63	49.98
.14	5.57	.65	23.89	1.14	37.29	1.64	44.95	2.14	48.38	2.64	49.59	3.14	49.92	3.64	49.98
.15	5.96	.66	24.54	1.15	37.49	1.65	45.05	2.15	48.42	2.65	49.60	3.15	49.92	3.65	49.98
.16	6.36	.67	24.86	1.16	37.70	1.66	45.15	2.16	48.46	2.66	49.61	3.16	49.92	3.66	49.98
.17	6.75	.68	25.17	1.17	37.90	1.67	45.25	2.17	48.50	2.67	49.62	3.17	49.92	3.67	49.98
.18	7.14	.69	25.49	1.18	38.10	1.68	45.35	2.18	48.54	2.68	49.63	3.18	49.93	3.68	49.98
.19	7.53	.70	25.80	1.19	38.30	1.69	45.45	2.19	48.57	2.69	49.64	3.19	49.93	3.69	49.98
.20	7.93	.71	26.11	1.20	38.49	1.70	45.54	2.20	48.61	2.70	49.65	3.20	49.93	3.70	49.99
.21	8.32	.72	26.42	1.21	38.69	1.71	45.64	2.21	48.64	2.71	49.66	3.21	49.93	3.71	49.99
.22	8.71	.73	26.73	1.22	38.88	1.72	45.73	2.22	48.68	2.72	49.67	3.22	49.94	3.72	49.99

.23	9.10	.74	27.04	1.23	39.07	1.73	45.82	2.23	48.71	2.73	49.68	3.23	49.94	3.73	49.99
.24	9.48	.75	27.34	1.24	39.25	1.74	45.91	2.24	48.75	2.74	49.69	3.24	49.94	3.74	49.99
.25	.99	.76	27.64	1.25	39.44	1.75	45.99	2.25	45.78	2.75	49.70	3.25	49.94	3.75	49.99
.26	10.26	.77	27.94	1.26	39.62	1.76	46.08	2.26	48.81	2.76	49.71	3.26	49.94	3.76	49.99
.27	10.64	.78	28.23	1.27	39.80	1.77	46.16	2.27	48.84	2.77	49.72	3.27	49.94	3.77	49.99
.28	11.03	.79	28.52	1.28	39.97	1.78	46.25	2.28	48.87	2.78	49.73	3.28	49.94	3.78	49.99
.29	11.41	.80	28.81	1.29	40.15	1.79	46.33	2.29	48.90	2.79	49.74	3.29	49.94	3.79	49.99
.30	11.79	.81	29.10	1.30	40.32	1.80	46.41	2.30	48.93	2.80	49.74	3.30	49.95	3.80	49.99
.31	12.17	.82	29.39	1.31	40.49	1.81	46.49	2.31	48.96	2.81	49.75	3.31	49.95	3.81	49.99
.32	12.55	.83	29.67	1.32	40.66	1.82	46.56	2.32	48.98	2.82	49.76	3.32	49.95	3.82	49.99
.33	12.93	.84	29.95	1.33	40.82	1.83	46.64	2.33	49.01	2.83	49.77	3.33	49.95	3.83	49.99
.34	13.31	.85	30.23	1.34	40.99	1.84	46.71	2.34	49.04	2.84	49.77	3.34	49.95	3.84	49.99
.35	13.68	.86	30.51	1.35	41.15	1.85	46.78	2.35	49.06	2.85	49.78	3.35	49.96	3.85	49.99
.36	14.06	.87	30.78	1.36	41.31	1.86	46.86	2.36	49.09	2.86	49.79	3.36	49.96	3.86	49.99
.37	14.43	.88	31.06	1.37	41.47	1.87	46.93	2.37	49.11	2.87	49.79	3.37	49.96	3.87	49.99
.38	14.80	.89	31.33	1.38	41.62	1.88	46.99	2.38	49.13	2.88	49.80	3.38	49.96	3.88	49.99
.39	15.17	.90	31.59	1.39	41.77	1.89	47.06	2.39	49.16	2.89	49.81	3.39	49.96	3.89	49.99
.40	15.54	.91	31.86	1.40	41.92	1.90	47.13	2.40	49.18	2.90	49.81	3.40	49.97	3.90	49.99
.41	15.91	.92	32.12	1.41	42.07	1.91	47.19	2.41	49.20	2.91	49.82	3.41	49.97	3.91	49.99
.42	16.28	.93	32.38	1.42	42.22	1.92	47.26	2.42	49.22	2.92	49.82	3.42	49.97	3.92	49.99
.43	16.64	.94	32.64	1.43	42.36	1.93	47.32	2.43	49.25	2.93	49.83	3.43	49.97	3.93	49.99
.44	17.00	.95	32.89	1.44	42.51	1.94	47.38	2.44	49.27	2.94	49.84	3.44	49.97	3.94	49.99
.45	17.36	.96	33.15	1.45	42.65	1.95	47.44	2.45	49.29	2.95	49.84	3.45	49.98	3.95	49.99
.46	17.72	.97	33.40	1.46	42.79	1.96	47.50	2.46	49.31	2.96	49.85	3.46	49.98	3.96	49.99
.47	18.08	.98	33.65	1.47	42.92	1.97	47.56	2.47	49.32	2.97	49.85	3.47	49.98	3.97	49.99
.48	18.44	.99	33.89	1.48	43.06	1.98	47.61	2.48	49.34	2.98	49.86	3.48	49.98	3.98	49.99
.49	18.79	1.00	34.13	1.49	43.19	1.99	47.67	2.49	49.36	2.99	49.86	3.49	49.98	3.99	49.99

表 B.2　拒绝零假设需要的 t 值

	单侧检验				双侧检验		
df	.10	.05	.01	df	.10	.05	.01
1	3.078	6.314	31.821	1	6.314	12.706	63.657
2	1.886	2.92	6.965	2	2.92	4.303	9.925
3	1.638	2.353	4.541	3	2.353	3.182	5.841
4	1.533	2.132	3.747	4	2.132	2.776	4.604
5	1.476	2.015	3.365	5	2.015	2.571	4.032
6	1.44	1.943	3.143	6	1.943	2.447	3.708
7	1.415	1.895	2.998	7	1.895	2.365	3.5
8	1.397	1.86	2.897	8	1.86	2.306	3.356
9	1.383	1.833	2.822	9	1.833	2.262	3.25
10	1.372	1.813	2.764	10	1.813	2.228	3.17
11	1.364	1.796	2.718	11	1.796	2.201	3.106
12	1.356	1.783	2.681	12	1.783	2.179	3.055
13	1.35	1.771	2.651	13	1.771	2.161	3.013
14	1.345	1.762	2.625	14	1.762	2.145	2.977
15	1.341	1.753	2.603	15	1.753	2.132	2.947
16	1.337	1.746	2.584	16	1.746	2.12	2.921
17	1.334	1.74	2.567	17	1.74	2.11	2.898
18	1.331	1.734	2.553	18	1.734	2.101	2.879
19	1.328	1.729	2.54	19	1.729	2.093	2.861
20	1.326	1.725	2.528	20	1.725	2.086	2.846
21	1.323	1.721	2.518	21	1.721	2.08	2.832
22	1.321	1.717	2.509	22	1.717	2.074	2.819
23	1.32	1.714	2.5	23	1.714	2.069	2.808
24	1.318	1.711	2.492	24	1.711	2.064	2.797
25	1.317	1.708	2.485	25	1.708	2.06	2.788
26	1.315	1.706	2.479	26	1.706	2.056	2.779
27	1.314	1.704	2.473	27	1.704	2.052	2.771
28	1.313	1.701	2.467	28	1.701	2.049	2.764
29	1.312	1.699	2.462	29	1.699	2.045	2.757
30	1.311	1.698	2.458	30	1.698	2.043	2.75
35	1.306	1.69	2.438	35	1.69	2.03	2.724
40	1.303	1.684	2.424	40	1.684	2.021	2.705
45	1.301	1.68	2.412	45	1.68	2.014	2.69
50	1.299	1.676	2.404	50	1.676	2.009	2.678
55	1.297	1.673	2.396	55	1.673	2.004	2.668
60	1.296	1.671	2.39	60	1.671	2.001	2.661
65	1.295	1.669	2.385	65	1.669	1.997	2.654
70	1.294	1.667	2.381	70	1.667	1.995	2.648
75	1.293	1.666	2.377	75	1.666	1.992	2.643
80	1.292	1.664	2.374	80	1.664	1.99	2.639
85	1.292	1.663	2.371	85	1.663	1.989	2.635
90	1.291	1.662	2.369	90	1.662	1.987	2.632
95	1.291	1.661	2.366	95	1.661	1.986	2.629
100	1.29	1.66	2.364	100	1.66	1.984	2.626
Infinity	1.282	1.645	2.327	Infinity	1.645	1.96	2.576

表 B.3 方差分析或 F 检验的临界值

分母自由度	第 I 类错误	分子自由度					
		1	2	3	4	5	6
1	.01	4 052.00	4 999.00	5 403.00	5 625.00	5 764.00	5 859.00
	.05	162.00	200.00	216.00	225.00	230.00	234.00
	.10	39.90	49.50	53.60	55.80	57.20	58.20
2	.01	98.50	99.00	99.17	99.25	99.30	99.33
	.05	18.51	19.00	19.17	19.25	19.30	19.33
	.10	8.53	9.00	9.16	9.24	9.29	9.33
3	.01	34.12	30.82	29.46	28.71	28.24	27.91
	.05	10.13	9.55	9.28	9.12	9.01	8.94
	.10	5.54	5.46	5.39	5.34	5.31	5.28
4	.01	21.20	18.00	16.70	15.98	15.52	15.21
	.05	7.71	6.95	6.59	6.39	6.26	6.16
	.10	.55	4.33	4.19	4.11	4.05	4.01
5	.01	16.26	13.27	12.06	11.39	10.97	10.67
	.05	6.61	5.79	5.41	5.19	5.05	4.95
	.10	4.06	3.78	3.62	3.52	3.45	3.41
6	.01	13.75	10.93	9.78	9.15	8.75	8.47
	.05	5.99	5.14	4.76	4.53	4.39	4.28
	.10	3.78	3.46	3.29	3.18	3.11	3.06
7	.01	12.25	9.55	8.45	7.85	7.46	7.19
	.05	5.59	4.74	4.35	4.12	3.97	3.87
	.10	3.59	3.26	3.08	2.96	2.88	2.83
8	.01	11.26	8.65	7.59	7.01	6.63	6.37
	.05	5.32	4.46	4.07	3.84	3.69	3.58
	.10	3.46	3.11	2.92	2.81	2.73	2.67
9	.01	10.56	8.02	6.99	6.42	6.06	5.80
	.05	5.12	4.26	3.86	3.63	3.48	3.37
	.10	3.36	3.01	2.81	2.69	2.61	2.55
10	.01	10.05	7.56	6.55	6.00	5.64	5.39
	.05	4.97	4.10	3.71	3.48	3.33	3.22
	.10	3.29	2.93	2.73	2.61	2.52	2.46
11	.01	9.65	7.27	6.22	5.67	5.32	5.07
	.05	4.85	3.98	3.59	3.36	3.20	3.10
	.10	3.23	2.86	2.66	2.54	2.45	2.39
12	.01	9.33	6.93	5.95	5.41	5.07	4.82
	.05	4.75	3.89	3.49	3.26	3.11	3.00
	.10	3.18	2.81	2.61	2.48	2.40	2.33
13	.01	9.07	6.70	5.74	5.21	4.86	4.62
	.05	4.67	3.81	3.41	3.18	3.03	2.92
	.10	3.14	2.76	2.56	2.43	2.35	2.28
14	.01	8.86	6.52	5.56	5.04	4.70	4.46
	.05	4.60	3.74	3.34	3.11	2.96	2.85
	.10	3.10	2.73	2.52	2.40	2.31	2.24
15	.01	8.68	6.36	5.42	4.89	4.56	4.32
	.05	4.54	3.68	3.29	3.06	2.90	2.79
	.10	3.07	2.70	2.49	2.36	2.27	2.21

续表

分母自由度	第 I 类错误	分子自由度					
		1	2	3	4	5	6
16	.01	8.53	6.23	5.29	4.77	4.44	4.20
	.05	4.49	3.63	3.24	3.01	2.85	2.74
	.10	3.05	2.67	2.46	2.33	2.24	2.18
17	.01	8.40	6.11	5.19	4.67	4.34	4.10
	.05	4.45	3.59	3.20	2.97	2.81	2.70
	.10	3.03	2.65	2.44	2.31	2.22	2.15
18	.01	8.29	6.01	5.09	4.58	4.25	4.02
	.05	4.41	3.56	3.16	2.93	2.77	2.66
	.10	3.01	2.62	2.42	2.29	2.20	2.13
19	.01	8.19	5.93	5.01	4.50	4.17	3.94
	.05	4.38	3.52	3.13	2.90	2.74	2.63
	.10	2.99	2.61	2.40	2.27	2.18	2.11
20	.01	8.10	5.85	4.94	4.43	4.10	3.87
	.05	4.35	3.49	3.10	2.87	2.71	2.60
	.10	2.98	2.59	2.38	2.25	2.16	2.09
21	.01	8.02	5.78	4.88	4.37	4.04	3.81
	.05	4.33	3.47	3.07	2.84	2.69	2.57
	.10	2.96	2.58	2.37	2.23	2.14	2.08
22	.01	7.95	5.72	4.82	4.31	3.99	3.76
	.05	4.30	3.44	3.05	2.82	2.66	2.55
	.10	2.95	2.56	2.35	2.22	2.13	2.06
23	.01	7.88	5.66	4.77	4.26	3.94	3.71
	.05	4.28	3.42	3.03	2.80	2.64	2.53
	.10	2.94	2.55	2.34	2.21	2.12	2.05
24	.01	7.82	5.61	4.72	4.22	3.90	3.67
	.05	4.26	3.40	3.01	2.78	2.62	2.51
	.10	2.93	2.54	2.33	2.20	2.10	2.04
25	.01	7.77	5.57	4.68	4.18	3.86	3.63
	.05	4.24	3.39	2.99	2.76	2.60	2.49
	.10	2.92	2.53	2.32	2.19	2.09	2.03
26	.01	7.72	5.53	4.64	4.14	3.82	3.59
	.05	4.23	3.37	2.98	2.74	2.59	2.48
	.10	2.91	2.52	2.31	2.18	2.08	2.01
27	.01	7.68	5.49	4.60	4.11	3.79	3.56
	.05	4.21	3.36	2.96	2.73	2.57	2.46
	.10	2.90	2.51	2.30	2.17	2.07	2.01
28	.01	7.64	5.45	4.57	4.08	3.75	3.53
	.05	4.20	3.34	2.95	2.72	2.56	2.45
	.10	2.89	2.50	2.29	2.16	2.07	2.00
29	.01	7.60	5.42	4.54	4.05	3.73	3.50
	.05	4.18	3.33	2.94	2.70	2.55	2.43
	.10	2.89	2.50	2.28	2.15	2.06	1.99
30	.01	7.56	5.39	4.51	4.02	3.70	3.47
	.05	4.17	3.32	2.92	2.69	2.53	2.42
	.10	2.88	2.49	2.28	2.14	2.05	1.98

分母自由度	第 I 类错误	分子自由度					
		1	2	3	4	5	6
35	.01	7.42	5.27	4.40	3.91	3.59	3.37
	.05	4.12	3.27	2.88	2.64	2.49	2.37
	.10	2.86	2.46	2.25	2.14	2.02	1.95
40	.01	7.32	5.18	4.31	3.91	3.51	3.29
	.05	4.09	3.23	2.84	2.64	2.45	2.34
	.10	2.84	2.44	2.23	2.11	2.00	1.93
45	.01	7.23	5.11	4.25	3.83	3.46	3.23
	.05	4.06	3.21	2.81	2.61	2.42	2.31
	.10	2.82	2.43	2.21	2.09	1.98	1.91
50	.01	7.17	5.06	4.20	3.77	3.41	3.19
	.05	4.04	3.18	2.79	2.58	2.40	2.29
	.10	2.81	2.41	2.20	2.08	1.97	1.90
55	.01	7.12	5.01	4.16	3.72	3.37	3.15
	.05	4.02	3.17	2.77	2.56	2.38	2.27
	.10	2.80	2.40	2.19	2.06	1.96	1.89
60	.01	7.08	4.98	4.13	3.68	3.34	3.12
	.05	4.00	3.15	2.76	2.54	2.37	2.26
	.10	2.79	2.39	2.18	2.05	1.95	1.88
65	.01	7.04	4.95	4.10	3.65	3.31	3.09
	.05	3.99	3.14	2.75	2.53	2.36	2.24
	.10	2.79	2.39	2.17	2.04	1.94	1.87
70	.01	7.01	4.92	4.08	3.62	3.29	3.07
	.05	3.98	3.13	2.74	2.51	2.35	2.23
	.10	2.78	2.38	2.16	2.03	1.93	1.86
75	.01	6.99	4.90	4.06	3.60	3.27	3.05
	.05	3.97	3.12	2.73	2.50	2.34	2.22
	.10	2.77	2.38	2.16	2.03	1.93	1.86
80	.01	3.96	4.88	4.04	3.56	3.26	3.04
	.05	6.96	3.11	2.72	2.49	2.33	2.22
	.10	2.77	2.37	2.15	2.02	1.92	1.85
85	.01	6.94	4.86	4.02	3.55	3.24	3.02
	.05	3.95	3.10	2.71	2.48	2.32	2.21
	.10	2.77	2.37	2.15	2.01	1.92	1.85
90	.01	6.93	4.85	4.02	3.54	3.23	3.01
	.05	3.95	3.10	2.71	2.47	2.32	2.20
	.10	2.76	2.36	2.15	2.01	1.91	1.84
95	.01	6.91	4.84	4.00	3.52	3.22	3.00
	.05	3.94	3.09	2.70	2.47	2.31	2.20
	.10	2.76	2.36	2.14	2.01	1.91	1.84
100	.01	6.90	4.82	3.98	3.51	3.21	2.99
	.05	3.94	3.09	2.70	2.46	2.31	2.19
	.10	2.76	2.36	2.14	2.00	1.91	1.83
Infinity	.01	6.64	4.61	3.78	3.32	3.02	2.80
	.05	3.84	3.00	2.61	2.37	2.22	2.10
	.10	2.71	2.30	2.08	1.95	1.85	1.78

表 B.4 拒绝零假设需要的相关系数值

	单侧检验			双侧检验	
df	.05	.01	*df*	.05	.01
1	.9877	.9995	1	.9969	.9999
2	.9000	.9800	2	.9500	.9900
3	.8054	.9343	3	.8783	.9587
4	.7293	.8822	4	.8114	.9172
5	.6694	.832	5	.7545	.8745
6	.6215	.7887	6	.7067	.8343
7	.5822	.7498	7	.6664	.7977
8	.5494	.7155	8	.6319	.7646
9	.5214	.6851	9	.6021	.7348
10	.4973	.6581	10	.5760	.7079
11	.4762	.6339	11	.5529	.6835
12	.4575	.6120	12	.5324	.6614
13	.4409	.5923	13	.5139	.6411
14	.4259	.5742	14	.4973	.6226
15	.412	.5577	15	.4821	.6055
16	.4000	.5425	16	.4683	.5897
17	.3887	.5285	17	.4555	.5751
18	.3783	.5155	18	.4438	.5614
19	.3687	.5034	19	.4329	.5487
20	.3598	.4921	20	.4227	.5368
25	.3233	.4451	25	.3809	.4869
30	.2960	.4093	30	.3494	.4487
35	.2746	.3810	35	.3246	.4182
40	.2573	.3578	40	.3044	.3932
45	.2428	.3384	45	.2875	.3721
50	.2306	.3218	50	.2732	.3541
60	.2108	.2948	60	.2500	.3248
70	.1954	.2737	70	.2319	.3017
80	.1829	.2565	80	.2172	.2830
90	.1726	.2422	90	.2050	.2673
100	.1638	.2301	100	.1946	.2540

表 B.5 卡方检验的临界值

df	显著水平		
	.10	.05	.01
1	2.71	3.84	6.64
2	4.00	5.99	9.21
3	6.25	7.82	11.34
4	7.78	9.49	13.28
5	9.24	11.07	15.09
6	10.64	12.59	16.81
7	12.02	14.07	18.48
8	13.36	15.51	20.09
9	14.68	16.92	21.67
10	16.99	18.31	23.21
11	17.28	19.68	24.72
12	18.65	21.03	26.22
13	19.81	22.36	27.69
14	21.06	23.68	29.14
15	22.31	25.00	30.58
16	23.54	26.30	32.00
17	24.77	27.60	33.41
18	25.99	28.87	34.80
19	27.20	30.14	36.19
20	28.41	31.41	37.57
21	29.62	32.67	38.93
22	30.81	33.92	40.29
23	32.01	35.17	41.64
24	33.20	36.42	42.98
25	34.38	37.65	44.81
26	35.56	38.88	45.64
27	36.74	40.11	46.96
28	37.92	41.34	48.28
29	39.09	42.56	49.59
30	40.26	43.77	50.89

数据集

Data Sets

　　这是《爱上统计学》中使用的数据集。这些数据可以在这里手动录入，也可以从下面的两个网址下载。

　　第一个是 Sage 出版社的网址：http://www.sagepub.com/salkindstudy。

　　第二个是作者堪萨斯大学的网址：http://soe.ku.edu/faculty/salkind/stats_fp-whs3e/。

　　两个网址都可以下载 SPSS 格式或 Excel 格式数据。注意这里只包括数值（如 1 和 2），但是不包括数值的标签（如男性和女性）。例如第 9 章数据集 2 中性别由 1（男性）和 2（女性）表示。如果使用 SPSS，你可以应用贴标签的功能给这些数值贴标签。

"就如你们从这个饼图中所看到的，我们消费的大部分，嗯，就是饼。"

第 2 章数据集 1

Prejudice	Prejudice	Prejudice	Prejudice
87	87	76	81
99	77	55	82
87	89	64	99
87	99	81	93
67	96	94	94

第 2 章数据集 2

Score1	Score2	Score3
3	34	154
7	54	167
5	17	132
4	26	145
5	34	154
6	25	145
7	14	113
8	24	156
6	25	154
5	23	123

第 2 章数据集 3

Number of Beds	Infection Rate	Number of Beds	Infection Rate
234	1.7	342	5.3
214	2.4	276	5.6
165	3.1	187	1.2
436	5.6	512	3.3
432	4.9	553	4.1

第 3 章数据集 1

Reaction Time	Reaction Time	Reaction Time	Reaction Time	Reaction Time
0.4	0.3	1.1	0.5	0.5
0.7	1.9	1.3	2.6	0.7
0.4	1.2	0.2	0.5	1.1
0.9	2.8	0.6	2.1	0.9
0.8	0.8	0.8	2.3	0.6
0.7	0.9	0.7	0.2	0.2

第 3 章数据集 2

Math Score	Reading Score	Math Score	Reading Score
78	24	72	77
67	35	98	89
89	54	88	76
97	56	74	56
67	78	58	78
56	87	98	99

续表

Math Score	Reading Score	Math Score	Reading Score
67	65	97	83
77	69	86	69
75	98	89	89
68	78	69	73
78	85	79	60
98	69	87	96
92	93	89	59
82	100	99	89
78	98	87	87

第 3 章数据集 3

Height	Weight	Height	Weight
53	156	57	154
46	131	68	166
54	123	65	153
44	142	66	140
56	156	54	143
76	171	66	156
87	143	51	173
65	135	58	143
45	138	49	161
44	114	48	131

第 4 章数据集 1

Comprehension Score	Comprehension Score	Comprehension Score	Comprehension Score
12	36	49	54
15	34	45	56
11	33	45	57
16	38	47	59
21	42	43	54
25	44	31	56
21	47	12	43
8	54	14	44
6	55	15	41
2	51	16	42
22	56	22	7
26	53	29	
27	57	29	

第 5 章数据集 1

Income	Education	Income	Education
$ 36577	11	$ 64543	12
$ 54365	12	$ 43433	14
$ 33542	10	$ 34644	12
$ 65654	12	$ 33213	10
$ 45765	11	$ 55654	15
$ 24354	7	$ 76545	14
$ 43233	12	$ 21324	11

Income	Education	Income	Education
$ 44321	13	$ 17645	12
$ 23216	9	$ 23432	11
$ 43454	12	$ 44543	15

第 5 章数据集 2

Number Correct	Attitude	Number Correct	Attitude
17	94	14	85
13	73	16	66
12	59	16	79
15	80	18	77
16	93	19	91

第 6 章数据集 1

Fall Results	Spring Results	Fall Results	Spring Results
21	7	3	30
38	13	16	26
15	35	34	43
34	45	50	20
5	19	14	22
32	47	14	25
24	34	3	50
3	1	4	17
17	12	42	32
32	41	28	46
33	3	40	10
15	20	40	48
21	39	12	11
8	46	5	23

第 10 章数据集 1

Group	Memory Test	Group	Memory Test	Group	Memory Test
1	7	1	5	2	3
1	3	1	7	2	2
1	3	1	1	2	5
1	2	1	9	2	4
1	3	1	2	2	4
1	8	1	5	2	6
1	8	1	2	2	7
1	5	1	12	2	7
1	8	1	15	2	5
1	5	1	4	2	6
1	5	2	5	2	4
1	4	2	4	2	3
1	6	2	4	2	2
1	10	2	5	2	7
1	10	2	5	2	6
1	5	2	7	2	2
1	1	2	8	2	8
1	1	2	8	2	9
1	4	2	9	2	7
1	3	2	8	2	6

第 10 章数据集 2

Gender	Hand Up	Gender	Hand Up
1	9	1	8
2	3	2	7
2	5	1	9
2	1	2	9
1	8	1	8
1	4	2	7
2	2	2	3
2	6	2	7
1	9	2	6
1	3	1	10
2	4	1	7
1	8	1	6
2	3	1	12
1	10	2	8
2	6	2	8

第 10 章数据集 3

Group	Attitude	Group	Attitude
1	6.50	1	4.23
2	7.90	1	6.95
2	4.30	2	6.74
2	6.80	1	5.96
1	9.90	2	5.25
1	6.80	2	2.36
1	4.80	1	9.25
2	6.50	1	6.36
2	3.30	1	8.99
1	4.00	1	5.58
2	13.17	2	4.25
1	5.26	1	6.60
2	9.25	2	1.00
1	8.00	1	5.00
2	1.25	2	3.50

第 11 章数据集 1

Pretest	Posttest	Pretest	Posttest	Pretest	Posttest
3	7	6	8	9	4
5	8	7	8	8	4
4	6	8	7	7	5
6	7	7	9	7	6
5	8	6	10	6	9
5	9	7	9	7	8
4	6	8	9	8	12
5	6	8	8		
3	7	9	8		

第 11 章数据集 2

Before	After	Before	After
20	23	23	22
6	8	33	35
12	11	44	41
34	35	65	56
55	57	43	34
43	76	53	51
54	54	22	21
24	26	34	31
33	35	32	33
21	26	44	38
34	29	17	15
33	31	28	27
54	56		

第 11 章数据集 3

Before	After	Before	After
1.30	6.50	9.00	8.40
2.50	8.70	7.60	6.40
2.30	9.80	4.50	7.20
8.10	10.20	1.10	5.80
5.00	7.90	5.60	6.90
7.00	6.50	6.20	5.90
7.50	8.70	7.00	7.60
5.20	7.90	6.90	7.80
4.40	8.70	5.60	7.30
7.60	9.10	5.20	4.60

第 12 章数据集 1

Group	Language Score	Group	Language Score
1	87	2	81
1	86	2	82
1	76	2	78
1	56	2	85
1	78	2	91
1	98	3	89
1	77	3	91
1	66	3	96
1	75	3	87
1	67	3	89
2	87	3	90
2	85	3	89
2	99	3	96
2	85	3	96
2	79	3	93

第 12 章数据集 2

Pratice	Time	Pratice	Time
1	58.7	2	54.6
1	55.3	2	51.5

续表

Pratice	Time	Pratice	Time
1	61.8	2	54.7
1	49.5	2	61.4
1	64.5	2	56.9
1	61.0	3	68.0
1	65.7	3	65.9
1	51.4	3	54.7
1	53.6	3	53.6
1	59.0	3	58.7
2	64.4	3	58.7
2	55.8	3	65.7
2	58.7	3	66.5
2	54.7	3	56.7
2	52.7	3	55.4
2	67.8	3	51.5
2	61.6	3	54.8
2	58.7	3	57.2

第 13 章数据集 1

Treatment	Gender	Loss	Treatment	Gender	Loss
1	1	76	2	1	88
1	1	78	2	1	76
1	1	76	2	1	76
1	1	76	2	1	76
1	1	76	2	1	56
1	1	74	2	1	76
1	1	74	2	1	76
1	1	76	2	1	98
1	1	76	2	1	88
1	1	55	2	1	78
1	2	65	2	2	65
1	2	90	2	2	67
1	2	65	2	2	67
1	2	90	2	2	87
1	2	65	2	2	78
1	2	90	2	2	56
1	2	90	2	2	54
1	2	79	2	2	56
1	2	70	2	2	54
1	2	90	2	2	56

第 13 章数据集 2

Severity	Treatment	Pain Score	Severity	Treatment	Pain Score
1	Drug#1	6	2	Drug#2	7
1	Drug#1	6	2	Drug#2	5
1	Drug#1	7	2	Drug#2	4
1	Drug#1	7	2	Drug#2	3
1	Drug#1	7	2	Drug#2	4
1	Drug#1	6	2	Drug#2	5
1	Drug#1	5	2	Drug#2	4
1	Drug#1	6	2	Drug#2	4

Severity	Treatment	Pain Score	Severity	Treatment	Pain Score
1	Drug#1	7	2	Drug#2	3
1	Drug#1	8	2	Drug#2	3
1	Drug#1	7	2	Drug#2	4
1	Drug#1	6	2	Drug#2	5
1	Drug#1	5	2	Drug#2	6
1	Drug#1	6	2	Drug#2	7
1	Drug#1	7	2	Drug#2	7
1	Drug#1	8	2	Drug#2	6
1	Drug#1	9	2	Drug#2	5
1	Drug#1	8	2	Drug#2	4
1	Drug#1	7	2	Drug#2	4
1	Drug#1	7	2	Drug#2	5
2	Drug#1	7	1	Placebo	2
2	Drug#1	8	1	Placebo	1
2	Drug#1	8	1	Placebo	3
2	Drug#1	9	1	Placebo	4
2	Drug#1	8	1	Placebo	5
2	Drug#1	7	1	Placebo	4
2	Drug#1	6	1	Placebo	3
2	Drug#1	6	1	Placebo	3
2	Drug#1	6	1	Placebo	3
2	Drug#1	7	1	Placebo	4
2	Drug#1	7	1	Placebo	5
2	Drug#1	6	1	Placebo	3
2	Drug#1	7	1	Placebo	1
2	Drug#1	8	1	Placebo	2
2	Drug#1	8	1	Placebo	4
2	Drug#1	8	1	Placebo	3
2	Drug#1	9	1	Placebo	5
2	Drug#1	0	1	Placebo	4
2	Drug#1	9	1	Placebo	2
2	Drug#1	8	1	Placebo	3
1	Drug#2	6	2	Placebo	4
1	Drug#2	5	2	Placebo	5
1	Drug#2	4	2	Placebo	6
1	Drug#2	5	2	Placebo	5
1	Drug#2	4	2	Placebo	4
1	Drug#2	3	2	Placebo	4
1	Drug#2	3	2	Placebo	6
1	Drug#2	3	2	Placebo	5
1	Drug#2	4	2	Placebo	4
1	Drug#2	5	2	Placebo	2
1	Drug#2	5	2	Placebo	1
1	Drug#2	5	2	Placebo	3
1	Drug#2	6	2	Placebo	2
1	Drug#2	6	2	Placebo	2
1	Drug#2	7	2	Placebo	3
1	Drug#2	6	2	Placebo	4
1	Drug#2	5	2	Placebo	3
1	Drug#2	7	2	Placebo	2
1	Drug#2	6	2	Placebo	2
1	Drug#2	8	2	Placebo	1

第 14 章数据集 1

Quality of Marriage	Quality Parent-Child	Quality of Marriage	Quality Parent-Child
1	58.7	2	54.6
1	55.3	2	51.5
1	61.8	2	54.7
1	49.5	2	61.4
1	64.5	2	56.9
1	61.0	3	68.0
1	65.7	3	65.9
1	51.4	3	54.7
1	53.6	3	53.6
1	59.0	3	58.7
2	64.4	3	58.7
2	55.8	3	65.7
2	58.7	3	66.5
2	54.7	3	56.7
2	52.7	3	55.4
2	67.8	3	51.5
2	61.6	3	54.8
2	58.7	3	57.2

第 14 章数据集 2

Motivation	GPA	Motivation	GPA
1	3.4	6	2.6
6	3.4	7	2.5
2	2.5	7	2.8
7	3.1	2	1.8
5	2.8	9	3.7
4	2.6	8	3.1
3	2.1	8	2.5
1	1.6	7	2.4
8	3.1	6	2.1
6	2.6	9	4.0
5	3.2	7	3.9
6	3.1	8	3.1
5	3.2	7	3.3
5	2.7	8	3.0
6	2.8	9	2.0

第 14 章数据集 3

Income	Level of Education	Income	Level of Education
$ 45 675	1	$ 74 776	3
$ 34 214	2	$ 89 689	3
$ 67 765	3	$ 96 768	2
$ 67 654	3	$ 97 356	3
$ 56 543	2	$ 38 564	2
$ 67 865	1	$ 67 375	3
$ 78 656	3	$ 78 854	3
$ 45 786	2	$ 78 854	3
$ 87 598	3	$ 42 757	1
$ 88 656	3	$ 78 854	3

第 15 章数据集 1

Training	Injuries	Training	Injuries
12	8	11	5
3	7	16	7
22	2	14	8
12	5	15	3
11	4	16	7
31	1	22	3
27	5	24	8
31	1	26	8
8	2	31	2
16	2	12	2
14	7	24	3
26	2	33	3
36	2	21	5
26	2	12	7
15	6	36	3

第 15 章数据集 2

Time	Correct	Time	Correct
14.5	5	13.9	3
13.4	7	17.3	12
12.7	6	12.5	5
16.4	2	16.7	4
21	4	22.7	3

第 16 章数据集 1

Voucher	Voucher	Voucher	Voucher	Voucher
1	1	2	3	3
1	1	2	3	3
1	1	2	3	3
1	1	2	3	3
1	1	3	3	3
1	2	3	3	3
1	2	3	3	3
1	2	3	3	3
1	2	3	3	3
1	2	3	3	3
1	2	3	3	3
1	2	3	3	3
1	2	3	3	3
1	2	3	3	3
1	2	3	3	3
1	2	3	3	3
1	2	3	3	3
1	2	3	3	3

第 16 章数据集 2

Gender	Gender	Gender	Gender	Gender
1	1	1	2	2
1	1	1	2	2
1	1	1	2	2
1	1	1	2	2
1	1	1	2	2
1	1	2	2	2
1	1	2	2	2
1	1	2	2	2
1	1	2	2	2
1	1	2	2	2
1	1	2	2	2
1	1	2	2	2
1	1	2	2	2
1	1	2	2	2
1	1	2	2	2
1	1	2	2	2
1	1	2	2	2
1	1	2	2	2
1	1	2	2	2
1	1	2	2	2

样本数据集

Gender	Treatment	Test 1	Test 2
1	1	98	32
2	2	87	33
2	1	89	54
2	1	88	44
1	2	76	64
1	1	68	54
2	1	78	44
2	2	98	32
2	2	93	64
1	2	76	37
2	1	75	43
2	1	65	56
1	1	76	78
2	1	78	99
2	1	89	87
2	2	81	56
1	1	78	78
2	1	83	56
1	1	88	67
2	1	90	88
1	1	93	81
1	2	89	93
2	2	86	87
1	1	77	80
1	1	89	99

练习题参考答案

第 2 章

1.均值 = 28.375

中位数 = 25.5

众数 = 23

2.

	Score 1	Score 2	Score 3
均值	5.6	27.6	144.3
中位数	5.5	25.0	149.5
众数	5	25.34	154

3.下面是 SPSS 输出结果。

statistics

		Hosp Size	Infection Rate
N	Valid	10	10
	Missing	10	0
Mean		335.10	3.7200

4.你写的报告可能是这样的：

与通常一样,Chicken Littles(众数)销售量最高。食品销售总额是 303 美元,特惠食品的平均价格是 2.55 美元。

5.没有出现太大或太小或看起来很怪异的数值,所以我们使用均值。表中最后一列给出了三个商店的均值。目前你管理的所有商店的平均值就是你预计新建的商店应该接近的数值。

平均值	Store 1	Store 2	Store 3	Store 4	均值
销售额(千)	$323.6	$234.6	$308.3	?	$288.83
销售数量	3454	5645	4565	?	4554.67
顾客数量	4534	6756	6654	?	5984.33

6.如果有极值就使用中位数,不然极值就会给均值带来偏差。例如分析收入状况时,收入中位数比均值更适合。因为收入变化很大,你需要集中趋势量数对极值不敏

感。另一种情况是你有一个极值或异常值,如青少年 100 码跑的速度,其中总会有一两个人的速度异常快。

7.

包含最大值	均值	$83111
	中位数	$77153
不包含最大值	均值	$75318
	中位数	$76564

中位数是最好的集中趋势量数,可以最好地代表整个数据集。为什么?因为这个数值没有受到 199 000 美元这个异常数据的影响,而你可以从上面的表格中看出均值受到了影响(均值一下子上升到 83 000 美元)。

第 3 章

1.极差是最方便的离散趋势量数,只需要用一个数(最大值)减去另一个数(最小值)。极差没有考虑一个数据分布中最大值和最小值之间的其余数值,不太精确。如果你只是大概地(不是很精确)估计数据分布的变异性,就可以选择使用极差。

2.

最高成绩	最低成绩	包含极差	不包含极差
7	6	2	1
89	45	45	44
34	17	18	17
15	2	14	13
1	1	1	0

3.大多数大学一年级学生已经停止生长了,儿童和青少年早期所能看到的个体之间比较大的差异已经消失。但是人格所测量的那些个人差异似乎保持不变,表现在所有年龄阶段。

4.因为每个个体的得分很类似,接近于均值,那么与均值之间的偏差就很小。因此标准差也很小。

5.极差 = 30。

	无偏估计	有偏估计
S	10.19	9.60

样本标准差无偏估计值等于 10.19,有偏估计值等于 9.60。两者之间的差异是由于一个使用样本规模 8 作除数(无偏估计),另一个使用样本规模 9 作除数(有偏估计)。方差的无偏估计是 103.78,有偏估计是 92.25。

6.组合输出结果

测试 1		测试 2		测试 3	
均值	49.30	均值	50.10	均值	50.50
标准误差	1.07	标准误差	1.03	标准误差	0.92
中位数	48.00	中位数	51.50	中位数	52.00
众数	48.00	众数	53.00	众数	52.00
标准差	3.37	标准差	3.25	标准差	2.92
样本方差	11.34	样本方差	10.54	样本方差	8.50
峰度	−0.79	峰度	−1.03	峰度	−0.37
偏度	0.64	偏度	−0.84	偏度	−0.86
极差	10.00	极差	8.00	极差	9.00
最小值	45.00	最小值	45.00	最小值	45.00
最大值	55.00	最大值	53.00	最大值	54.00
合计	493.00	合计	501.00	合计	505.00
样本量	10.00	样本量	10.00	样本量	10.00

7.标准差是 1.64,方差是 2.68。

8.标准差是方差(25)的平方根,所以标准差是 5。知道标准差或者方差之后不可能知道极差。因为不知道测量什么,测量的尺度,甚至都不能推断极差的大小。

9.下面是结果汇总表。是不是看到过类似的表? 这个汇总表应该——实际上就是 SPSS 输出结果的形式。

statistics

		HEIGHT	WEIGHT
N	Valid	20	20
	Missing	0	0
Std.Deviation		11436	15652
Variance		130779	244997
Range		43	59

10.好吧,你应该这样来回答问题。使用分母是 $n-1$ 的标准差公式(无偏估计)手动计算 10 个数值的数据集的标准差。使用 SPSS 计算相同的数据集,然后比较输出结果。结果是相同的,这表明 SPSS 计算的也是无偏估计。如果你得出正确的结论,你很聪明,肯定是班级的前几名。

第 4 章

1a.下面就是频数分布表。

组 距	频 数
45~50	1
40~44	2
35~39	3
30~34	8
25~29	10
20~24	10
15~19	8
10~14	4
5~9	2
0~4	2

下面是使用 SPSS 建立的直方图。

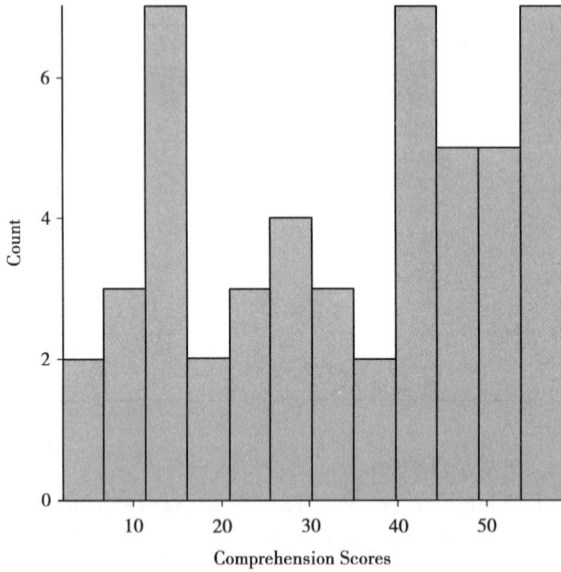

图 D.1　第 4 章数据 1 数据的直方图

你可能注意到你建立的直方图的 X 轴和这里显示的不同。双击 X 轴,进入图形编辑窗口,改变 X 轴的刻度数量、间距和起点。其实没有什么差异,只是更好看一些。

1b.我们以组距 5 建立直方图,这样我们就有 10 个组距,而且也符合我们本章讨论的决定组距的标准。

1c.分布是负偏度分布,因为均值小于中位数。

2.我们使用 Excel 和图形编辑选项建立如图 D.2 所示的简单条形图。

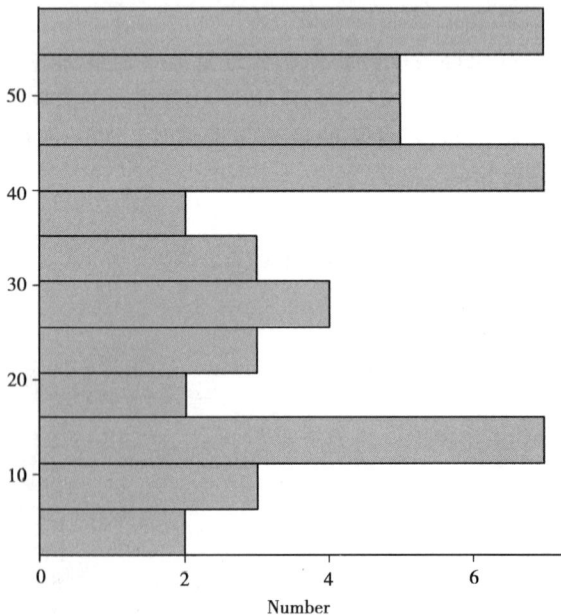

图 D.2

3a.这是负偏度分布,因为大多数运动员的得分是在较高的值域区间。

3b.没有偏度——实际上这个分布像长方形,因为每个人的得分都相同。

3c.正偏度,因为大多数拼写者的得分都比较低。

4a.饼图。

4b.线图。

4c.条形图。

4d.线图。

4e.条形图。

5.自己建立几个案例,下面是我们给出的几个案例。

5a.儿童从 12 个月到 36 个月知道的单词的数量。

5b.不同性别和种族的老年人参加美国退休人员协会的比例。

5c.私立和公立大学的学生获得奖学金的比例。

6.自己来完成。

7.我们使用 SPSS 和图形编辑器来完成这个图——既难看又没有什么信息。

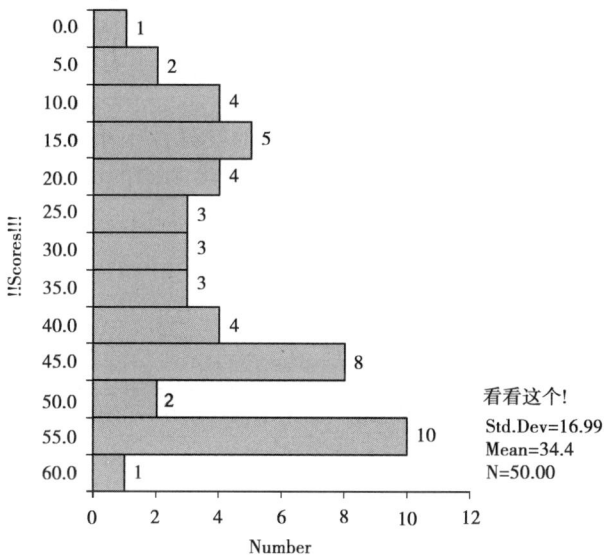

图 D.3 非常非常难看的图

第 5 章

1a. $r = .596$。

1b.依据 1a 的答案,你已经知道相关是正向的。但是依据图 D.4 所示的散点图(我们使用 SPSS,但是你应该手动绘制),你可以预测这样的结论(即使实际并不知道相关系数的正负号),因为数据点集合本身是从图的左下角到右上角,可以假定是正斜率。

2a. $r = .269$。

2b.依据这一章之前提供的相关系数强度表,这个规模的相关强度是弱相关。决定系数是 $.269^2$,即方差的 7.2%(.072)可以得到解释。主观分析(弱相关)和客观数值(可解释方差的 7.2%)一致。

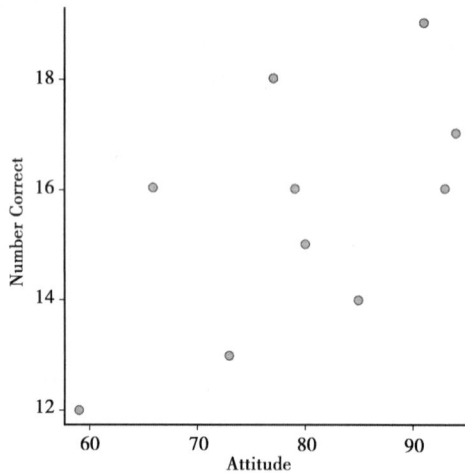

图 D.4　数据集 2 的散点图

3.相关系数是.64,这意味着预算增加和班级成绩增加之间是正相关(但是要注意的是我们还得检验相关的显著性)。从描述统计的角度来看,这两个变量大概共享36%的方差。

4.相关系数是.14,太低了,因为 GPA 数据集的变异性很小。如果变异性这么低,那么可能共享的内容就很少,也就是说这两个数据集共同的部分很少——也就是低相关。

5a..8。

5b.非常强的相关。

5c.1-.64,或者.36(36%)。

6.下面就是矩阵

	受伤年龄	治疗水平	12 月治疗得分
受伤年龄	1		
治疗水平	0.055 7	1	
12 个月治疗得分	−0.154	0.389	1

7.你应该使用卡方系数检验种族和政党背景的关系,因为这两个变量的属性是定类的。你应该使用点二列相关系数检验俱乐部成员身份和高中平均成绩(GPA)的关系,因为这两个变量一个是定类的(俱乐部成员身份),另一个是定距的(GPA)。

8.两个变量相关并不意味着一个变量引起另一个变量的变化。许多中等体力的竞跑者跑得很快,身体强壮的竞跑者跑得很慢。体力可以使得人们跑得很快——但是技巧更重要(换句话说就是可以解释更多的方差)。

第6章

1.自己来完成。

2.如果你对不同时期评价的一致性感兴趣,你可以使用再测信度,例如前测和后测研究或者追踪研究。复本信度是测定相同测验的不同复本之间的相似性的重要形式。

3.再测信度是计算两次测验的相关系数。例如春季和秋季得分之间的相关系数是.139,相应的随机概率是.483。相关系数是.139,没有达到统计上的标准(最少应该是.85),不能支持不同时间的测试是可信的这样的结论。

4.这很简单。一项测试能够测量要测量的内容(效度)之前必须能够重复地测试要测试的内容(信度)。如果一项测试不具有一致性(或者是不可信的),那么也不可能是有效的。例如一个测试的项目类似于下面的题目,

$15 \times 3 = ?$

应该是可信的,但是如果这项 15 个题目的测试贴上"拼写测试"的标签,那么这项测试肯定是无效的。

5.你一定要使用可信和有效的测试,否则当你得到无效的结论时,你就不能确定是测试工具没有测量应该测量的内容还是假设是错误的。

问题 1 和问题 4 依据你的兴趣答案有所不同。虽然正确答案不是唯一的,但是却有许多错误的答案。

第 7 章

1.自己来完成。

2.科学的方法就像是来自上天的礼物。实际上没有人可以确信科学的发现,但是它可以成为与我们现在所能知道的不同的影响、观念或想法。

那么科学的方法如何发挥作用? 一般来说,观察到的某些现象可以进行不同的解释,科学的方法允许科学家排除其中某些解释。你可以考虑科学解释中所有可能的重要变量,或者检验这些变量,或者忽略这些变量,或者控制变量的影响。如果你完成了这一步或者这几步的工作,你就会发现 x 的变化是否真的可以解释 y 的变化。

3.一个好的样本可以很好地代表从中选取样本的总体。如果是好的样本,意味着你可以得到更真实的总体的特征,你的基本发现推论到其他总体的准确性也随之提高。

4a.零假设:依据注意时间观察量表的测量,注意时间短的学生和注意时间长的学生不专心听课行为的频率相同。

有方向研究假设:依据注意时间观察量表的测量,注意时间短的学生比注意时间长的学生不专心听课行为的频率要高。

无方向假设:依据注意时间观察量表的测量,注意时间短的学生不专心听课行为的频率不同于注意时间长的学生。

4b.零假设:婚姻质量和夫妇双方与他们兄弟姐妹关系的好坏之间没有关系。

有方向研究假设:婚姻质量和夫妇双方与他们兄弟姐妹关系的好坏之间有正向关系。

无方向假设:婚姻质量和夫妇双方与他们兄弟姐妹关系的好坏有关。

4c.零假设:结合传统心理治疗的药物治疗和单独的传统心理治疗对治疗厌食症有相同的效果。

有方向研究假设:结合传统心理治疗的药物治疗比单独的传统心理治疗对治疗厌食症更有效。

无方向假设:结合传统心理治疗的药物治疗和单独的传统心理治疗对治疗厌食症具有不同的效果。

5.假定你正在研究一个问题(接着会形成一个研究假设),你对于结果所知甚少

（这就是你为什么问这个问题，并进行检验），那么零假设就是很好的开始，因为零假设是一个相等的命题陈述，这是最基本的假定。"假定对于正在研究的关系没有更多的信息，我只能从零开始，也就是我知道的很少。"零假设是完美的、无偏的、客观的起点，因为任何事物都假定是相等的，除非可以证明是不相等。

6.自己来完成。

7.就如你已经知道的，零假设命题是两个变量之间没有关系。为什么？很简单，这是没有其他信息的情况下最好的研究起点。例如，你调查早期事件在语言技能发展中的作用，你最好假定没有作用，除非你可以证明有作用。这就是为什么我们**检验**零假设而不是**证明**零假设。我们要尽可能地进行无偏估计。

第 8 章

1.对于正态曲线，均值、中位数和众数相等；曲线是以均值为中心对称的；曲线尾是渐近的。例如身高、体重、智力或问题解决能力都可能呈正态分布。

2.因为都是用相同的测量单位——标准差，我们可以以标准差为单位来比较数据。

3.因为 z 值是基于不同数据分布的离散度计算的，所以是标准化的值（可以与其他同类型数值比较）。

因为 z 值是测量均值和横轴上其他数据点之间的距离（不论数据分布在均值和标准差上的具体差异如何），使用相同的单位（标准差单位），因而不同数据分布能够相互比较。

4a.$z = (55-50)/5 = +1.00$

4b.$z = (50-50)/5 = 0$

4c.$z = (60-50)/5 = +2.00$

4d.$z = (57.5-50)/5 = +1.5$

4e.$z = (46-50)/5 = -0.8$

5.

原始值	z 值
68.0	−0.3
57.2	−1.6
82.0	1.5
84.1	1.8
69.0	−0.1
65.7	−0.5
85.0	1.9
83.4	1.7
72.0	0.3

6a.一个数值落在原始数值 70 和 80 之间的概率是.564 6。原始数值 70 的 z 值是 −.78，80 的 z 值是.78。均值与 z 值.78 之间曲线覆盖的面积是 28.23%。这两个 z 值之间曲线覆盖的面积是 28.32%×2，或 56.46%。

6b.一个数值落在原始数值 80 以上的概率是.216 7。原始数值 80 的 z 值是.78。均值与 z 值.78 之间曲线覆盖的面积是 28.23%。z 值.78 之下曲线覆盖的面积是.50+.282 3，或.782 3。曲线覆盖的总面积 1 和.782 3 之间的差是.217 7,或 21.77%。

6c.一个数值落在原始数值 81 和 83 之间的概率是.068。原始数值 81 的 z 值是 .94,83 的 z 值是 1.25。均值与 z 值.94 之间曲线覆盖的面积是 32.64%。均值与 z 值 1.25 之间曲线覆盖的面积是 39.44%。这两个 z 值之间曲线覆盖的面积是.394 4－ .326 4＝.068,或者 6.8%。

6e.一个数值落在原始数值 63 以下的概率是.03。原始数值 63 的 z 值是－1.88。均值与 z 值－1.88 之间曲线覆盖的面积是 46.99%。z 值－1.88 之下曲线覆盖的面积是 1－(.50+.469 9)＝.03,或者 3%。

7.我们可以通过微小的改变来解决原始数值的问题,这一章都在讲使用相同的公式计算 z 值,转换公式如下:

$$X = (s \times z) + \bar{X}$$

再往前迈一步,我们必须知道曲线下面积是 90%(或者表 B1 中的 40%)对应的 z 值,是 1.29。

或者 $X = 78 + (5.5 \times 1.29) = 85.10$

如果得到这个分数,Jake 就可以放心地带着证书回家了。

8.这不是因为原始数值属于不同的分布而不能比较。数学测试的班级平均值是 40,原始得分是 80,这个值不能和写作技巧测试成绩 80 分进行比较,在写作测试中,每个人尽量使一个问题的答案正确。不同数据分布(就像不同人一样)并不总是可以互相比较。并不是所有的事物(人)可以和其他事物(人)进行比较。

9.未知数值的计算结果以黑体显示。

数学			
班级均值	81		
班级标准差	2		
阅读			
班级均值	87		
班级标准差	10		
原始值			
	数学成绩	阅读成绩	平均数
Noah	85	88	86.5
Talya	87	81	84
标准值			
	数学成绩	阅读成绩	平均数
Noah	2	0.1	1.05
Talya	3	−0.6	1.2

Noah 原始得分的平均值比较高(Noah 是 86.5,Talya 是 84),但是 Talya 的 z 值的平均值比较高(Noah 是 1.05,Talya 是 1.2)。要记住我们的问题是相对其他人来说谁是学习较好的学生,这就需要使用标准分(我们使用 z 值)。但是为什么 Talya 是比 Noah 更好的学生?这是因为在变异性最小(数学测试的标准差是 2)的测试中,Talya 的 z 值是 3,这说明她的成绩排在了前列。

第9章

1.显著性概念是研究和使用推论统计的关键,因为显著性(一般使用显著性水平)设定我们可以确信观察到的结果是"真实的"的水平,以及在什么程度上可以将这些结果推论到样本代表的更大的总体。

2.临界值表示零假设不再是我们观察到的任何差异的可接受解释的最小值。这是一个分界点,更大的统计值表示等式不成立了,统计值和参数值之间存在差异(差异的性质由提出的问题决定)。

3a.显著性水平只用于单一的、独立的零假设检验,而不是多元假设检验。

3b.设定错误的概率水平是 0 是不可能的,因为我们可能在零假设为真的情况下拒绝零假设。这样的小概率事件始终存在。

3c.零假设为真的情况下拒绝零假设你愿意承担的的风险水平,与研究结果的意义之间没有关系。你可以得到显著性水平很高但是没有意义的结论,或者第一类错误的概率水平很高(.10),但却非常有意义的发现。

4.在 0.01 的显著水平下,因为检验更稳健,误差或者错误的概率非常小。换句话说,如果结果出现的概率比较小(比如是.01)而不是比较大(比如是.05),就更"难"说结果的出现是随机因素导致的(零假设)。

5.你可以自己完成,但是可以参考下面的案例。

a.已经发现两个读者群体之间存在显著性差别,也就是接受特别阅读理解培训的群体在阅读理解测试中所取得的成绩要高于没有接受任何培训的群体。

b.通过大样本的研究(大样本正是结果是显著的原因),研究者发现鞋子的大小和每个人每天卡路里的摄入量之间存在非常强的正相关关系。

6.在可能的拒绝真实的零假设的过程中我们愿意承担的风险水平(第一类错误)反映了随机因素的存在。这始终是对可能观察到的差异的最初的和最好的解释,也是在没有其他信息的情况下最有说服力的解释。

7a.阴影面积表示这个区域的数值足够大,不能支持零假设。

7b.更多的数值反映了更高的第一类错误的概率水平。

第10章

1.男孩的举手次数的均值是 7.93,女孩的均值是 5.31。统计值 t 值是 3.006,在.05 的显著水平下单侧检验拒绝零假设的临界值 t 值是 1.701。那么结论是什么? 男孩举手的次数显著地高于女孩。

2.现在的问题更有趣。我们有完全相同的数据,但是假设却不同。现在的假设是举手次数是不同的(而不是多或者少),所以需要进行双侧检验。因此使用附录表B2,在.01 的显著水平下双侧检验的临界值是 2.467。实际值 3.006(与分析问题 1 所得结果相同)超过了我们的随机预期值,而且就这个假设而言,男生和女生的举手次数不同。因此两项检验比较而言,使用相同的数据得出相同的结论(接受研究假设)情况下单侧检验的结果(见问题 1)不需要和双侧检验结果一样。

3.首先,使用 SPSS 进行两个独立样本 t 检验的结果如下:

Group Statistics

	Group	N	Mean	Std. Deviatoion	Std. Error Mean
Score	In Home	20	4.15000	2.20705	.49351
	Out of Home	20	5.5000	1.73205	.38730

Independent Samples Test

	Levene's Test for Equality of Variances		t-tset for Equality of Means						
	F	Sig	t	df	Sig. (2-tailed)	Mean Difference	Std.Error Difference	95%Confidence Interval of the Difference	
								Lower	Upper
Score Equal variances assumed	.938	.339	−2.152	38	.038	−1.35000	.62734	−2.61998	−.08002
Equal variances not assumed			−2.152	35.968	.038	−1.35000	.62734	−2.62234	−.07766

可能的结论如下:接受家内治疗的群体的疗效均值与接受家外治疗的群体的疗效均值之间存在显著差异。家内治疗群体的疗效均值是4.15,家外治疗群体的疗效均值是5.5。均值差异的概率是.038,也就是说观察到的差异是由于随机因素引起的概率不足4%。结论是家外治疗项目似乎更有效。

4.SPSS的输出结果如图 D.5 所示,农村居民和城市居民对枪支控制的态度没有显著性差异($p=.253$)。

5.这是很值得思考的问题,存在许多不同的"正确"答案,也带来许多问题。如果你们都只关注第一类错误的水平,我们可以假定 L 博士的发现更为可信,因为这些结论暗示着不太可能犯第一类错误。但是这两项发现都是显著的,即使其中一项发现已经处于边缘位置,因此这些结论的个人评价体系如果这样说,"我相信显著的结果是意义的——这才是重要的方面",那么这两项结论都应该被认为是有效的和可信的。但是你一定要记住的是结果有意义也是关键(如果你要进行这方面的讨论,还需要增加其他的论点。)对我们来说不论第一类错误水平是多高,两项研究都很有意义,因为这项计划会促进儿童安全措施的增加。

6.下面是数据和答案:

实验	效应量
1	2.6
2	1.3
3	0.65

T-Test

Group Statistics

	Group	N	Mean	Std.Deviation	Std.Error Mean
Attitude	Urban	16	6.5112	1.77221	.44305
	Rural	14	5.3979	3.31442	.88582

Independent Samplea Test

		Levene's Test for Equality of Variances		t-test for Equality of Means						
									95% Confidence Interval of the Difference	
		F	Sig.	t	df	Sig. (2-tailed)	Mean Difference	Std.Error Difference	Lower	Upper
test1	Equal variances assumed	4.463	.044	1.168	28	.253	1.11339	.95311	−.83897	3.06576
	Equal variances not assumed			1.124	19.273	.275	1.11339	.99044	−.95763	3.18442

图 D.5　独立均值 T 检验的 SPSS 输出结果

　　就如你所看到的,标准差增加两倍,效应量减少一半。为什么？回忆一下,效应量是另一个可表明群体之间差异有意义的指标。如果变异性很小,也就是个体之间的差异不大,任何均值之间的差异就变得很有意思(也可能更有意义)。我们的样本的标准差是 2,效应量是 2.6。当变异性增加到 8(第三个实验),有意思的是效应量减少到0.65。如果群体成员之间的相似性越来越小,就很难讨论群体之间的差异多有意义。

第 11 章

　　1.独立均值 t 检验用于检验两个不同的参与者群体,每个群体接受一次测试。非独立均值 t 检验用于一个参与者群体,其中每一个参与者接受两次测试。

　　2a.独立均值检验

　　2b.独立均值检验

　　2c.非独立均值检验

　　2d.非独立均值检验

　　2e.非独立均值检验

　　3.回收项目执行之前的均值是 34.44,项目执行之后的均值是 34.84。回收量增加了。这 25 个街区前后回收量的差异是否显著？统计值 t 值是.262,自由度是 24。在.01的显著水平——研究假设检验确定的显著水平下,差异不显著。结论是回收项目没有促进废纸回收量的增加。

　　4.下面是非独立均值和配对均值 t 检验的 SPSS 输出结果。

Paired Samples Statistics

		Mean	N	Std. Deviation	Std. Error Mean
Pair 1	Before_Treatment	32.8500	20	9.05117	2.02390
	After_Treatment	36.9500	20	7.41602	1.65827

Paired Samples Test

		Paired Differences							
		Mean	Std. Deviation	Std. Error Mean	95%Confidence Interval of the Difference		t	df	Sig (2-tailed)
					Lower	Upper			
Pair 1	Before_Treatment After_Treatment	−4.10000	10.59245	2.36854	−9.05742	.85742	−1.731	19	.100

结论是什么？咨询之前的均值高于咨询之后的均值。这两个均值之间的差异不显著，而且假定均值差异的方向是不恰当的。

5.满意水平有所增长，从 5.48 增长到 7.60，相应的 t 值是−3.893。相应的差异的概率水平是.001。也就是社会服务项目在发挥作用。

6.偏好 Nibbles 的均值是 5.1，偏好 Wribbles 的均值是 6.5，自由度是 19，非独立均值检验的 t 值是−1.965，拒绝零假设的临界 t 值是 2.093。因为统计值 t 值是−1.965，没有超过临界值，市场咨询人员的结论是人们对这两种薄饼的偏好大致上是相同的。

第 12 章

1.虽然都是检验均值之间的差异，但是在比较两个以上均值时方差分析更合适。方差分析可用于简单的两个均值的检验，但是假定这两个群体相互独立。

2.

设 计	分组变量	检验变量
简单方差分析	培训时间分为四个层级——2、4、6 和 8 个小时	打字的准确程度
	三个年龄群体——20 岁、25 岁和 30 岁	力量
	六种工作类型	工作绩效
两因素方差分析	培训的两个层级和性别（2×2 设计）	打字的准确程度
	三个年龄群体——5、10、15 岁，兄弟姐妹的数量	社交技能

续表

设　计	分组变量	检验变量
三因素方差分析	课程类型(类型 1 和类型 2),GPA(3.0 以上和以下),以及活动参与度(参与和不参与)	ACT 成绩

3.三个群体的均值分别是 58.05 秒、57.96 秒和 59.03 秒,F 值($F_{2,33}=.160$),差异来自于随机因素的可能性是.853,远远大于我们预期的由于处理变量引起的可能性。我们的结论是什么? 训练时间并不对游泳速度产生影响。

第 13 章

1.很容易区别,析因方差分析只用于不止一个因素或独立变量的分析。当你假设交互作用存在时,实际上获得结果不是很容易(但是只要你获得结果,你就会真正理解)。

2.这里可以给出许多不同的可能的案例,下面是其中之一。一个处理变量(因素)有三个层级,疾病严重性分为两个层级。

		处理变量		
		药品 1	药品 2	药品 3
疾病严重性	严重			
	轻微			

3.源表类似如下所示:

主效应与交互效应检验
被解释变量:PAIN_SCO

来　源	第三类平方和	df	均　方	F	Sig.
Corrected Model	266.742	5	53.348	26.231	.000
Intercept	3 070.408	1	3 070.408	1 509.711	.000
SEVERITY	.075	1	.075	.037	.848
TREATMEN	263.517	2	131.758	64.785	.000
SEVERITY * TREATMEN	3.150	2	1.573	.774	.463
Error	231.850	114	2.034		
Total	3 569.000	120			
Corrected Total	498.592	119			

就我们的解释来说,在这个数据集中,疾病严重性没有主效应,处理变量有主效应,两个主要因素之间没有交互效应。

4.下面就是分析源表,截取自 SPSS 的输出结果。

来　源	第三类平方和	自由度(df)	均方	F	Sig.
Gender	17.326	1	17.326	18.225	.000
Treatment	.990	2	.495	.521	.596
Gender * Treatment	.706	2	.353	.371	.691
Error	89.362	94	.951		
Total	3 178.000	100			

　　治疗方式没有主效应,两个变量之间没有交互效应。性别的主效应是显著的,但是必须通过均值确定效应的方向。在这个案例中男性治疗效果的均值是 5.96,女性治疗效果的均值是 5.12。

第 14 章

　　1a.自由度是 18($df=n-2$)、显著水平是.05 的情况下拒绝零假设的临界值是.516。速度和力量之间是显著相关,而且相关系数解释方差的 32.15%。

　　1b.自由度是 78、显著水平是.05 的情况下单侧检验拒绝零假设的临界值是.183。所以正确的数量和完成时间之间显著相关。因为研究假设变量间关系是负向的,所以使用单侧检验,而且大约解释方差的 20%。

　　1c.自由度是 48、显著水平是.05 的情况下双侧检验拒绝零假设的临界值是.273。所以朋友的数量和可能取得的 GPA 之间显著相关,而且相关系数可以解释方差的 13.69%。

　　2a 与 2b.我们使用 SPSS 计算得出相关系数为 0.434,显著水平为.017 的双侧检验是显著的。图 D.6 给出最后的分析结果。

Correlations

		Motivation	GPA
Motivation	Pearson Correlation	1	.434*
	Sig.(2-tailed)		.017
	N	30	30
GPA	Pearson Correlation	.434*	1
	Sig.(2-tailed)	.017	
	N	30	30

*Correlaation is significant at the 0.05 level (2-tailed).

图 D.6　第 14 章数据集 2 的 SPSS 输出结果

　　2c.正确。动机水平越高越愿意学习;而且学习越多,动机水平也越高。但是(很重要的"但是")更多的学习并不能引起更高的动机水平,同样的,更高的动机水平并不能导致更多的学习。

　　3a.查看 SPSS 的输出结果,你可以知道收入和教育水平之间的相关系数是.629。

　　3b.在.003 的概率水平下相关系数是显著的。

　　3c.你可以进行的唯一讨论是这两个变量有共享的部分(共享的部分越多相关系数越大),而且不能认为一个变量引起另一个变量的变化。

Correlations

		收　入	教育水平
收入	Pearson Correlation	1	.629(**)
	Sig.(2-tailed)		.003
	N	20	20
教育水平	Pearson Correlation	.629(**)	1
	Sig.(2-tailed)	.003	
	N	20	20

* Correlation is significant at the .01 level (2-tailed)

4a.相关系数是.763。

4b.自由度是 8、显著水平是.05 的情况下拒绝零假设的临界值是.549 4(见表 B.4)。统计值是.763,大于临界值(或随机预期的值),我们的结论是相关系数是显著的,也就是说这两个变量相关。

4c.回顾一下,解释皮尔逊积距相关系数的最好方式是取平方值,我们得到决定系数是.58,也就是说年龄的方差的 58% 可以由识字数量的方差来解释。这个值不是很大,但是对关于人类行为的变量来说已经非常不错了。

5.这个案例是学习的时间和第一次统计学考试成绩。这两个变量不是因果上相关。例如,你的同学因为不理解内容,即便学习了几个小时,学习效果还是很差;而有的同学可能在其他课程学习了同样的内容,即使不学习成绩也很好。假设我们强迫一些人在考试前四个晚上坐在书桌前每晚学习 10 个小时,这能保证他或者她得到好的成绩? 当然不能。不能因为变量相关就认为其中一个变量的变化就会引起另一个变量的变化。

第 15 章

1a.回归等式是 $Y' = -.214(正确的数量) + 17.202$

1b.$Y' = -.214(8) + 17.202 = 15.49$。

1c.

时间(Y)	正确数量(X)	Y'	$Y-Y'$
14.5	5	16.13	-1.63
13.4	7	15.70	-2.30
12.7	6	15.92	-3.22
16.4	2	16.77	-0.37
21.0	4	16.35	4.65
13.9	3	16.56	-2.66
17.3	12	14.63	2.67
12.5	5	16.13	-3.63
16.7	4	16.35	0.35
22.7	3	16.56	6.14

2a.其他的估计变量不能和任何一个估计变量相关。 只有这些变量相互独立才能够在估计依赖变量或结果变量时提供独特的贡献。

2b.例如,生活安排(单独过或者与他人一起生活)和获得医疗服务的机会(高、中和低)。

2c.老年痴呆病的存在 $= b_1$(教育水平) $+ b_2$(一般健康状况) $+ b_3$(生活安排) $+ b_4$(获得医疗服务的机会) $+ a$。

3.自己来完成。

4a.计算这两个变量之间的相关系数,是.204。依据第 5 章的信息,这样的相关系数值比较低。你可以得出的结论是胜利次数不是队伍是否赢得超级杯的很好的估计变量。

4b.许多变量依据属性特征(性别、种族、社会阶级和党派)分类,并且很难依据类似 1~100 的等级进行测量。使用分类变量可以给我们很大的弹性空间。

4c.其他的变量可能是全美球员的数量、教练的输/赢记录和家庭护理。

5.最好的预测变量是(a)相互之间不相关,(b)只与被预测的变量相关。回归是基于这样的观点——每个预测变量都能对理解你要预测的变量提供特别的信息。换句话说,一个变量可提供的信息不能和其他变量提供的信息重叠。在比较理想的状况下,你希望独立的预测变量都与结果变量或者要预测的变量相关(也就是提供信息)。这也是将预测变量的效用和效率最大化的方法。这也可以让你选择神奇的黄金数字——恰好(太少会丢失信息,太多就会浪费资源)。

6a.下面就是 SPSS 输出结果。

最好的预测变量是教育水平。

6b.回归方程是, $Y' = 1.6662(X_1) - 7.017(X_2) - 2.555(X_3) + 97.237$

如果我们将数字代入 X_1, X_2, X_3, 得到下面的等式,

$Y' = 1.6662(12) - 7.017(2) - 2.555(5) + 97.237$

首席厨师预期得分是 90.48。

	Unstandardized Coefficients		*Standardized Coefficients*		*Sig.*
	B	*Std.Error*	*Beta*	*t*	
(Constant)	97.237	7.293		13.334	.000
Years_Ex	1.662	.566	1.163	2.937	.010
Level_Ed	−7.017	2.521	−.722	−2.783	.014
Num_Pos	−2.555	1.263	−.679	−2.022	.061

同时要注意的是实践年限和教育水平是显著的预测变量。

第 16 章

1.当预期值和观察值是确定的时候卡方统计值等于0。一个例子是你预期学生在第一年和第二年的出席率不同,而实际上他们真的做到了一样(第二年出席率和第一年一样高,这意味着没人因为困难而退出。)

2.下面是计算卡方值的数据表。

分类	*O*(观察频数)	*E*(预期频数)	*D*(偏差)	$(O-E)^2$	$(O-E)^2/E$
共和党	800	800	0	0	0.00
民主党	700	800	100	10 000	12.50
民主人士	900	800	100	10 000	12.50

自由度为 2、显著水平为.05 的情况下拒绝零假设需要的临界值是 5.99。实际值是 25 表明应拒绝零假设,我们得出的结论是不同党派的投票人数具有显著性差异。

3.下面是计算卡方值的数据表。

分类	O(实际频数)	E(预期频数)	D(偏差)	$(O-E)^2$	$(O-E)^2/E$
男孩	45	50	5	25	0.50
女孩	44	50	5	25	0.50

自由度为 1、显著水平为.01 的情况下拒绝零假设需要的临界值是 6.64。实际值是 1 表明我们不能拒绝零假设,也就是踢足球的男孩和女孩的数量没有差异。

4.先来看有趣的部分。六个年级注册学生总数是 2 217,每一格的预测频数是 2 217/6,也就是 369.50。

卡方统计值是 36.98,自由度是 5,显著水平是.05,拒绝零假设的卡方值是 11.07。因为统计值 36.98 超过了临界值,结论是实际注册人数不是预期的人数,实际上每个年级的学生注册比例具有显著的差异。

5.问题 b 和 c 适合进行卡方检验,因为收集的数据属于定类数据。问题 a 和 d 处理的数据是连续数据(如平均成绩和跑步速度)。

A

Analysis of variance 方差分析
Arithmetic mean 算术平均值
Asymptotic 渐近性
Average 平均值

B

Bell-shaped curve 钟型曲线

C

Class interval 组距
Coefficient of alienation 不相关系数
Coefficient of determination 决定系数
Coefficient of nondetermination 非决定系数
Concurrent validity 同步效度
Construct validity 建构效度
Correlation coefficient 相关系数
Correlation matrix 相关矩阵
Criterion validity 准则效度
Criterion 因变量
Critical value 临界值
Cumulative frequency distribution 累计频数
分布

D

Data 数据
Data point 数据点
Data set 数据集
Degrees of freedom 自由度
Dependent variable 依赖变量
Descriptive statistics 描述统计
Direct correlation 直接相关
Directional research hypothesis 有方向的研
究假设

E

Error in prediction 预测误差
Error of estimate 估计误差
Error score 误差值

F

Factorial analysis of variance 析因方差分析
Factorial design 因子设计
Frequency distribution 频数分布
Frequency polygon 频数多边图

H

Histogram 直方图
Hypothesis 假设

I

Independent variable 独立变量
Indirect correlation 间接相关
Inferential statistics 推论统计
Interaction effect 交互效应
Internal consistency reliability 内部一致性
信度
Interrater reliability 评分者信度
Interval level of measurement 定距测量
水平

K

Kurtosis 峰度

L

Leptokurtic 高狭峰
Line of best fit 最优拟合线
Linear correlation 线性相关

M

Main effect 主效应

Mean 均值

Mean deviation 平均偏差或平均差

Measures of central tendency 集中趋势测量

Median 中位数

Midpoint 组中点

Mode 众数

Multiple regression 多元回归

N

Nominal level of measurement 定类测量水平

Nondirectional research hypothesis 无方向的研究假设

Nonparametric statistics 非参数统计

Normal curve 正态曲线

Null hypothesis 零假设

O

Observed score 观察值

Obtained value 实际值

Ogive 肩形图

One-tailed test 单尾(侧)检验

One-way analysis of variance 一元方差分析

Ordinal level of measurement 定序测量水平

Outliers 奇异值

P

Parallel forms reliability 复本信度

Parametric statistics 参数统计

Pearson product-moment correlation 皮尔森积距相关系数

Percentile point 百分位数

Platykurtic 低阔峰

Population 总体

Post hoc 事后分析

Predictive validity 预测效度

Predictor 估计变量

R

Range 极差

Ratio level of measurement 定比测量水平

Regression equation 回归方程

Regression line 回归线

Reliability 信度

Research hypothesis 研究假设

S

Sample 样本

Sampling error 抽样误差

Scales of measurement 测量尺度

Scattergram, or scatterplot 散点图

Significance level 显著水平

Simple analysis of variance 简单方差分析

Skew, or skewness 偏态或偏度

Source table 源表

Standard deviation 标准差

Standard error of estimate 标准估计误差

Standard score 标准值

Statistical significance 统计显著性

Statistics 统计学

T

Test-retest reliability 再测信度

Test statistic value 检验统计值

True score 真实值

Two-tailed test 双尾(侧)检验

Type I error 第 I 类错误

Type II error 第 II 类错误

U

Unbiased estimate 无偏估计

V

Validity 效度

Variability 变异性

Variance 方差

Y

Y' or prime Y'

Z

z score z 值